Jürgen Teipel
Unsere unbekannte Familie
Wahre Geschichten
von Tieren und Menschen

Suhrkamp

Erste Auflage 2018
suhrkamp taschenbuch 4860
Originalausgabe
© Suhrkamp Verlag Berlin 2018
Alle Rechte vorbehalten, insbesondere das der Übersetzung,
des öffentlichen Vortrags sowie der Übertragung
durch Rundfunk und Fernsehen, auch einzelner Teile.
Kein Teile des Werkes darf in irgendeiner Form
(durch Fotografie, Mikrofilm oder andere Verfahren)
ohne schriftliche Genehmigung des Verlages reproduziert
oder unter Verwendung elektronischer Systeme
verarbeitet, vervielfältigt oder verbreitet werden.
Umschlagfoto: Annie Marie Musselman,
aus: Annie Marie Musselman, Finding Trust,
Kehrer, Heidelberg 2013, S. 85
Umschlaggestaltung: hissmann, heilmann, hamburg
Druck und Bindung: CPI – Ebner & Spiegel, Ulm
Printed in Germany
ISBN 978-3-518-46860-9

Inhalt

Vorwort 7

Die Amsel auf der Hand 13
Die Rutschpartie 16
Blinder Streuner 22
Entscheidung am Wasser 27
Extrem merkwürdig und nicht verständlich 30
You don't have to talk to those cows 34
Fressen ihn die Raben 43
Die Jo-Jo-Pferde von Montegrande 54
Luna und der weiße Esel 59
Kahles Land 62
Herr Dreifuß 75
Ein langer Abschied 80
Die schönsten Stunden des Lebens 85
Die weggeworfene Katze 96
Der letzte Tag 101
Mit der Kuh auf Augenhöhe 105
Zwei Sommer mit Schweinen im Wald 109
Das fünfzehnte Kälbchen 127
Gestreifter Stoiker 139
Das sich selbst heilende Pferd 146
Duschen mit Eichhörnchen 151
Ein verrückter Hund 155
Das große Kaninchenmissverständnis 160
Leben im Überfluss 165
Freudentänze 172

Eine Katzenliebesgeschichte 179
Lektion in Demut 184
Unfassbare Kommunikationsebenen 196
Eine tolle Orangfrau 204
Die freundliche Leitkuh 209
Das alte Rennpferd 214
Im Schweinestall, mit dem Rücken zur Wand 225
Dünne Haut 236
Mutige Angsthasen 243
Ein Männlein steht im Walde 246
Schuss nach hinten 250
Geschichte einer Annäherung 255

Zugabe!

Der Traum 265
Gefleckter Schatten 276

Die Erzählerinnen und Erzähler 284

Vorwort

Es ist schwer zu sagen, was letztlich der Anlass für dieses Buch war. Vielleicht mein Faible für die Ameisen hinter unserem Wohnblock, das irgendwann – ich war acht, neun Jahre alt – dazu führte, dass ich ihnen alle möglichen Streichholzkonstruktionen baute. Brücken, Häuser (sogar mit Fenstern!) ... Wobei sie die Brücken gerne annahmen, die Häuser allerdings nie. Oder war es meine Empörung, als ich im Frühjahr 1985 im *New Musical Express* ein Interview mit der englischen Band The Smiths las über ihr neues Album *Meat is murder* – und darunter einen weiterführenden Artikel über die schlimmen Zustände in englischen Schlachthöfen. Seitdem bin ich – mit Unterbrechungen – Vegetarier. Oder war es doch der Abend mit einem australischen Freund, der in größerer Runde erzählte, wie er dem Hund seiner WG schweren Herzens ein anderes Zuhause in einer anderen Stadt gesucht hatte und wie dieser auf einmal wieder vor der Tür stand – und mir bei einem Blick in die Runde auffiel, wie sehr alle an den Lippen unseres Freundes hingen. Ein jeder wollte, dass der arme Hund wieder nach Hause kam. Und als er es geschafft hatte: »*Yeah!*«

Wie auch immer: All diese und ein paar weitere Erlebnisse stießen in mir etwas an. Ich merkte, wie leicht Tiere eine ganz andere Welt eröffnen können.

Bis sich ein weiterführender Plan entwickelt hatte, dauerte es aber erst noch mal einige Jahre. Er bestand schließlich darin, ein Buch mit dokumentarischen Tiergeschichten zu schreiben. Nur kam mir das allein zu banal vor. Oder zu wenig künstlerisch. Zu wenig selbstverwirklichend. Deshalb wollte ich diese Geschichten durch einen fiktiven Erzähler zusammenhalten, der zwar doch irgendwie ich war, aber cooler, interessanter, lustiger.

Ich ging also los und traf ein paar Leute aus meinem Umfeld oder mit denen ich über ein, zwei Ecken zu tun hatte; denn es war mir klar: Ich wollte nicht durch Recherchen nach möglichst interessanten Erzählerinnen und Erzählern suchen, sondern das Buch organisch zustande kommen lassen. Verwirrend fand ich nur, dass die dokumentarische Arbeitsweise von Anfang an derart gut funktionierte, dass sich die Idee mit dem coolen, fiktiven Ich-Erzähler eigentlich schon nach fünf Minuten erledigt hatte. Eigentlich. Denn in den nächsten beiden Jahren durchlief ich den üblichen Arbeitsprozess: Etwas liegt genau vor der eigenen Nase, aber man will oder kann es nicht sehen, weil man zu sehr auf seine starren Vorstellungen fixiert ist. Erst als ich mich davon löste, erkannte ich, dass es genau um das ging, was ich von vornherein gewollt hatte: *eine ganz einfache Sammlung von Tiergeschichten.* Nichts sonst. Eine wunderschöne, klare Form.

Nun konnte ich also wieder loslegen und das tun, was am besten funktionierte und was ich auch am liebsten mochte: Leute zu treffen, die etwas zu erzählen hatten. Jetzt allerdings nicht mehr in und um meinen Bekanntenkreis herum, sondern ich konnte das Ganze auf einmal richtig fließen, eins zum andern kommen lassen. Es war wie bei einer Dominoreihe. Ich traf jemanden, und der- oder diejenige empfahl mich hinterher anderen Leuten. Wobei meine Funktion bei den meisten Treffen erst mal darin bestand, überhaupt eine Geschichte herauszukitzeln. Oft waren die Leute sich unsicher, was sie überhaupt erzählen sollten. Nicht selten saß man stundenlang zusammen – und erst wenn man es auch hier schon aufgegeben hatte, ergab sich plötzlich eine Geschichte, ein übergreifendes Thema, ein Bild oder dergleichen.

Beim Aufschreiben der Geschichten ging es mir in erster Linie darum, die persönliche Sprache der Erzählerinnen und Erzähler weitestgehend zu erhalten. Das war nicht in allen Fällen möglich, weil die Geschichten – da Menschen nun mal nicht immer schön chronologisch erzählen – zumeist völlig umstrukturiert werden mussten. Außerdem war es nötig, das Erzählte zu verdichten, denn häufig erzählen sie Unwesentliches, lassen dafür aber Wesentliches erst mal außen vor oder nehmen eine Abkürzung genau an der Stelle, an der es eigentlich interessant geworden wäre. Es ging also auch jedes Mal um ein Abwägen zwischen der lebendig-authentischen, aber unperfekten Struktur des mündlich Erzählten und dem schönen, klaren, gewohnten Schriftdeutsch; sodass sich die Hauptfrage, die fast alle Geschichten aufwarfen, möglichst deutlich herausschälen konnte: Wie gehen wir eigentlich mit Tieren um? Und damit meine ich nicht nur den beschämenden Umgang mit sogenannten Nutztieren in der konventionellen Landwirtschaft oder in der Massentierhaltung. Ich meine damit genauso den klitzekleinen Vorbehalt, den auch eine der Erzählerinnen im Buch beschreibt, durch den der Mensch das Tier nicht als gleichwertigen Zeitgenossen auf dieser Erde akzeptiert. Denn eins ist für mich inzwischen klar: Natürlich sind Menschen und Tiere in vielem äußerst unterschiedlich, aber auf existenzieller Ebene sind sie das keineswegs. Die grundlegenden Faktoren unseres Daseins und damit auch die wichtigsten Reaktionen darauf (Freude, Angst, Habenwollen, Wut, Mitgefühl ...) sind bei ihnen ganz ähnlich wie bei uns. Das wird in den hier versammelten Erfahrungsberichten sehr deutlich, jeder kann daraus seine eigenen Schlüsse ziehen.

In puncto Mitgefühl fällt mir allerdings noch eine Geschichte ein. Vor vier Jahren saß ich mit meiner besten Freundin in einer Art Skaterstadion in München; einfach mal wieder schauen, was die Jugend heute so macht. Nun war aber gerade der Hund meiner Eltern gestorben, mit dem ich Zeit seines Lebens viel unternommen hatte, und ich war natürlich todtraurig. Auf einmal kam unten, zwischen Rampe und Zuschauertribüne, ein Hund herein. Ein sehr großer Hund. Wie ich später erfuhr, eine Mischung aus Berner Senn und Schäferhund. Rusty. Er sah sich kurz um und ging dann schnurstracks auf mich zu, obwohl wir uns nicht kannten, und legte mir seinen Riesenschädel in den Schoß. Ich dachte: »Wow, da merkt einer, was ich für einen tollen Bezug zu Tieren habe«, und streichelte ihn natürlich ausgiebig. Das ging lange. Fünf Minuten. Zehn Minuten. Er sah mich manchmal an und legte dann wieder seinen Kopf in meinen Schoß. Irgendwann ging er mit den Kids, denen er gehörte, nach draußen und meine Freundin und ich hinterher. In dem Moment kam mir die Erleuchtung: Nicht *ich* hatte mich um den Hund gekümmert, sondern *er* sich um mich! Unter den zig Befindlichkeiten, die da in diesem Skaterpark versammelt waren, hatte er, innerhalb eines Sekundenbruchteils, ausgerechnet meine Traurigkeit gespürt und hatte entsprechend gehandelt.

Schon allein diese Geschichte hat mir gezeigt, dass in Tieren viel mehr und vor allem ganz *andere* Dinge stecken, als wir ihnen normalerweise zubilligen. Ich glaube, wir könnten als Spezies viel von ihnen profitieren. Heute, Jahre später, habe ich *tatsächlich* einen anderen Kontakt mit Tieren. Es ist ein wie auch immer geartetes Mitfühlen und Hineinversetzen; ich kann mich ein Stück weit mehr auf die Art der Verbindung einlassen. Und das führt zu Erfahrungen, die auch ein kleines bisschen mit dem zu tun haben, was die Erzählerinnen und Erzähler in diesem Buch beschreiben.

> Jürgen Teipel
> Schondorf am Ammersee
> im Oktober 2017

Die Amsel auf der Hand

Erzählt von Erika Orth, München

Es war im Spätsommer. Ich kam gerade vom Einkaufen heim: Da seh ich bei uns im Hof ein paar Kinder, die waren ganz aufgeregt.

Und ich sag: »Was ist los mit euch?«

»Ach, wir haben da einen kleinen Vogel.«

Sag ich: »Den nehm ich mit.« Ich wusste ja nicht, was sie mit ihm gemacht hätten. Weiß man ja nicht – wenn fünf oder sechs Kinder beieinander sind ...

Dann war das eine junge Amsel. Ganz winzig. Ich schätze, dass sie höchstens vierzehn Tage alt war. Ich nahm sie also mit rauf – ich wohne im dritten Stock –, stellte in der Küche einen Korb mit Henkel auf die Anrichte und legte innen Zeitungen rein. Und dort saß sie dann immer, und ich fütterte sie. Meistens mit kleinen Breikügelchen aus Hackfleisch, Milch, Brot und ein bisschen Eidotter; was eben so da war. Das kam auf ein umgedrehtes Streichholz ... Bei so kleinen Vögeln kann man ja nur hoffen, dass es das Richtige ist. Man weiß nie, ob sie durchkommen. Aber die Amsel war anscheinend gesund und gewöhnte sich auch schnell an das Leben in der Wohnung. Nach ein paar Tagen saß sie schon jeden Abend beim Fernsehen bei mir auf der Schulter oder schlüpfte unter den Kragen von meiner Bluse und schlief dort ein. Total süß.

Später – ich war damals noch nicht in Rente –, da war sie schon größer, nahm ich sie immer in einer Schuhschachtel mit in die Arbeit. Mittags ging ich mit ihr raus und setzte sie auf einen Felsen, damit sie das Fliegen lernt. Jedes Mal ein bisschen höher. Auch daheim. Wir übten eine ganze Zeit lang. Und sie lernte schön langsam. Vom Korb raus, auf die Anrichte, runter auf den Boden ... Nach einer Zeit flog sie nur noch zum Fressen rauf. Sonst marschierte sie die ganze Wohnung ab. Damals hatte ich noch einen Siamkater und einen Boxer. Mit denen war sie ständig unterwegs. Die drei waren immer beieinander.

Nach einem guten halben Jahr war sie so langsam ausgewachsen. Ich ließ sie immer öfter auf den Balkon, fütterte sie auch draußen und sagte ihr: »Wenn du so weit bist, dass du von selber fliegen kannst, möchte ich dich fliegen lassen«; weil, es ist nicht gut, wenn man einen solchen Wildvogel in der Wohnung behält.

Sie flog dann manchmal auf die Balkonbrüstung, kam aber meistens gleich wieder mit rein. Auf einmal war sie weg. Ich kam fast um vor Angst, weil ich dachte: »Mein Gott, was wird aus ihr werden?« Wenn man so ein Tier längere Zeit hat, wächst es einem ja ans Herz.

Sie kam noch zwei, drei Mal zurück. Aber danach hatte sie wahrscheinlich Wichtigeres zu tun. Ich schätze, dass sie Junge hatte; es war ja ein Weibchen. Nur für mich selber war's eine schwierige Zeit. Wenn ich auf dem Balkon stand und eine Amsel sah, streckte ich die Hand aus – denn das war immer unser Zeichen gewesen – und rief: »Schatzi!«

Nach zwei Jahren rief ich immer noch. Bis ich eines Tages – das war wieder im Spätsommer – auf dem Hausdach schräg gegenüber eine Amsel sah. »Schatzi, komm-komm!« Und auf einmal hebt die da drüben ab und fliegt direkt auf meine Hand! Ich hab geheult. Sie kam auch gleich mit in die Wohnung. Es war, als ob sie nie weg gewesen wäre. Ich suchte den alten Korb raus und stellte ihn wieder auf die Anrichte. Da ruhte sie sich erst mal aus. Abends sag ich zu meinem Mann: »Wenn mir jemand ein Diamantencollier schenken tät, im Tausch für diesen Moment: Das könnt er behalten.«

Nachts war dann immer die Balkontür offen, auch wenn's kalt war. Weil, ich konnte ja nicht wissen, ob's schon irgendwo Junge gab. Aber wenn ich in der Früh aufstand – das ging die ganzen nächsten Tage über so –, saß sie meistens mit dem Hund und dem Kater unter dem Tisch im Wohnzimmer. Das war die erste Stelle, wo die Sonne ein bisschen in die Wohnung hereinschien. Das war nur so ein viereckiger Fleck. Aber warm. Und dort saßen sie dann zu dritt. Genau wie früher.

Sie blieb noch vierzehn Tage da und flog dann weg. Aber immer, jahrelang, wenn ich auf unserem Garagenplatz die Amseln fütterte, war da eine bestimmte Amsel. Es ist ja so: Amselweibchen sehen alle gleich aus. Nur gab's da eine, die meistens sofort da war, wenn ich mit dem Futter um die Ecke bog. Und diese Amsel kam, bis sie schon ganz alt und grau war – Amselweibchen werden ja mit der Zeit immer grauer, daran konnte ich sie erkennen. Das ging Jahre, Jahre und Jahre. Sie flog nie mehr auf meinen Arm, aber sie hat mich immer angeschaut.

Die Rutschpartie

Erzählt von Roland Gockel, Berlin

In den Siebzigern, als Jugendlicher, hatte ich eine Art Traumvision: Ich entwickelte ein mir selber nicht erklärbares Interesse für Meeressäuger. Deswegen reiste ich später lange Jahre herum und kuckte, wo ich eine Begegnung – vor allem mit Walen – hervorrufen kann. Ich wollte das *unbedingt* machen und erleben.

Mit dreiundzwanzig – das war 1986 – lernte ich in der Südsee endlich einen Walforscher kennen, einen Australier, der versprach, mich einen Tag lang mitzunehmen. Dann kam allerdings ein Sturm auf, es klappte nicht, meine Abreise rückte näher – und am letztmöglichen Tag nahm er mich endlich mit. Es wurde der erste Tag, an dem er *keine* Wale sah! Zum Glück hatte er ein Hydrophon – das ist ein Unterwassermikrofon –, sodass ich die Wale wenigstens hören konnte. Wunderschöne Buckelwalgesänge.

Danach machte ich noch weitere Reisen. Nur war es immer wieder wie verhext. Eigentlich waren sie da, eigentlich hätte ich sie sehen müssen, aber es kam mir so vor: Je mehr ich die Begegnung erzwingen wollte, umso weniger fand sie statt. Irgendwann gab ich's auf und wollte nur noch die Reisen genießen. Und das war die magische Wende. Weil sie dann nämlich auftauchten. Das ist zumindest mein Eindruck. Im Laufe der nächsten Jahre ergaben sich viele Begegnungen. Zuerst bei einer Whale-Watching-Tour vor der Küste von San Francisco – die Amerikaner waren mit den

Australiern die Ersten, die solche speziellen Bootstouren machten –, dann unter Wasser bei den Azoren und schließlich einige Male einfach so, als Geschenk, ungeplant.

Mit sechsunddreißig machte ich eine Reise nach Patagonien. Ich hatte als Journalist eine besondere Genehmigung, in einem Naturschutzgebiet ins Wasser zu dürfen, und wollte Filmaufnahmen machen. Das war allerdings alles andere als einfach. Das Wasser ist planktonreich, die Sicht ist nicht gut. Hier und da ein paar Schemen ...

Wiederum am letzten Tag meiner Anwesenheit nahm ich noch mal bei einer Glattwalmutter mit Kalb einen Anlauf, aber glaubte schon gar nicht mehr so recht daran. Es war der letzte Versuch. Ich ging mit Neoprenanzug und Schnorchelausrüstung ins Wasser. Walmutter und Kalb waren etwa dreißig Meter entfernt und spielten gerade miteinander. Das Spiel ging so, dass das Kalb – knapp unter der Wasseroberfläche – auf die Mutter zuschwimmt, kuckt, dass es auf den Rücken kommt, und die Mutter geht dann aus dem Wasser hoch, wodurch ihr Rücken zur Wasserrutsche wird und das Kalb in Richtung Schwanzflosse runtergleitet.

Dieses Kalb – das etwa sieben Meter lang war – hatte daran offensichtlich großen Spaß. Aber auf einmal bewegte es sich von der Mutter weg, in meine Richtung, um zu kucken, was ich wohl für ein seltsames Wesen bin. Es war höchstens vier Monate alt und hatte wahrscheinlich noch nie einen Taucher gesehen. Ich versuchte natürlich, den Abstand zu halten und weiterhin nur zu beobachten. Das Kalb war sehr ungewöhnlich. Ganz weiß, mit schwarzen Punkten überall. Und es schwamm nun also in einem für einen Wal langsamen Tempo zu mir rüber – für mich als Mensch in einem *sehr schnellen* Tempo – und positionierte sich erst mal so, dass ich mich auf einmal zwischen Mutter und Kind befand. Was mir sehr unangenehm war. Ich dachte im ersten Moment: »Oha! Das ist genau das, was man nicht tun soll!« Es gibt ein paar goldene Regeln für Tierfilmer; man soll zum Beispiel möglichst nie zwischen Tiermutter und Kind geraten, weil man dadurch beide in Stress bringt. Es ist einfach ne sensible Situation. Der Schutzinstinkt der Mütter ist groß. Und bei einer achtzehn Meter langen Glattwalmutter kann das natürlich nach hinten losgehen.

Noch dazu wurde mir klar, dass das Walbaby mit mir das gleiche Spiel machen wollte wie vorher mit der Mutter. Es wollte irgendwie auf mich drauf und dann an mir runterrutschen, merkte aber an meiner Reaktion – ich schwamm dann doch sehr aufgeregt weg –, »das passt hier von den Proportionen her alles nicht zusammen« und zog sich erst mal zurück.

Beim nächsten Mal schwamm es ganz vorsichtig und langsam heran. Es hatte sein Bewegungstempo und seine ganze Art, mit mir umzugehen, geändert. Und dadurch wurde ich ebenfalls vorsichtig und langsam. Wir kamen uns immer näher, verharrten lange unmittelbar nebeneinander, und nach kurzer Zeit traute ich mich, die Brustflosse anzufassen. Das ließ es zu. Und währenddessen waren wir uns auch mit den Augen sehr nah. Im Wasser ist das Gefühl für Nähe interessanterweise ein anderes als am Land. Viele Tiere im Wasser kommen sich näher, als das an Land der Fall ist. Das hat womöglich damit zu tun, dass die meisten Tiere im Wasser keine Arme haben, mit denen sie tasten oder greifen könnten. Was sich offenbar auf den Intimsphärenbereich um sie herum auswirkt. Er ist kleiner.

Zwischen mir und dem Walbaby betrug er vielleicht noch dreißig Zentimeter.

Und das war dann total süß: Das Walbaby machte einige Male das Auge auf und zu, was auf mich, weil ich wegen seiner Größe natürlich nur ein Auge sehen konnte, wie ein Zwinkern wirkte. Schließlich tauchte es ab, und ich blieb an der Wasseroberfläche zurück. Und dann kam es wieder hoch! Direkt unter mir! Aber langsam. Und ich blieb. Und es hob mich ganz behutsam – auf seinem Rücken – aus dem Wasser. Ich lag mit einem Mordsherzklopfen auf diesem Rücken. Und am Ende ließ es mich abrutschen; drehte dieses Spiel aus eigenem Antrieb also völlig um. Ich fand das derart faszinierend! – dass dieses doch noch kleine Jungtier dieses Spiel, das es gerade noch mit der Mutter gespielt hatte, auf einmal mit einer völlig anderen, ihm völlig fremden Spezies wieder aufnahm.

Noch dazu war ich dadurch in einer ganz anderen Rolle als sonst. Ich war viel kleiner. Ich wusste ja nicht, wie geschickt oder ungeschickt dieses Tier ist. Ich bin zwar nicht auf der Speiseliste der Glattwale, aber trotzdem liefert man sich einem Tier dieser Größe in so einem Moment ja aus. Ich bin die Schnecke im Wasser verglichen mit so einem Meeressäuger. Ich kann mich nicht schnell genug zurückziehen. Es gibt auch *gar keinen Ort*, an den ich mich zurückziehen könnte. Das heißt, es ist ein Akt der Hingabe. Das Gefühl war wie bei einem Fallschirmsprung – samt Loslassen, Darauf-Einlassen und einem unglaublichen Vertrauensvorschuss auf die soziale Sensibilität des Tieres. Aber ich muss sagen: In dem Moment, in dem ich merkte, es geht alles gut, dieses Sieben-Meter-Walbaby behandelt mich ganz achtsam – so wie unsereiner, der ein Meerschweinchen in die Hand nimmt –, da fand ich's vor allem toll. Diese Vorsicht zu spüren! Diese Feinheit für ein anderes Wesen einer anderen Art. Ich war begeistert.

In solchen Augenblicken merkt man erst, wie unglaublich abwertend Begriffe wie »Wildnis« oder »wild« in unserer Kultur oft benutzt werden. Fast alles, was ich jemals hinsichtlich des Verhaltens von Tieren erlebte, ergab einen Sinn. Im selben Moment, in dem ich mir die Zeit nahm, sozusagen zu dolmetschen, ein Wildtier wirklich kennenzulernen, fiel dieser Aspekt, der bei uns so gerne gleichgesetzt wird – nämlich »wild ist gleich unberechenbar« –, einfach weg. Im Grunde muss man nur beobachten. Daraus wächst ein Gespür, eine verfeinerte Wahrnehmung. Und heraus kommt ein achtsamer Umgang. Verhaltensweisen setzen sich in Wirklichkeit aus aneinandergereihten Verhaltensfragmenten zusammen: Die Körperhaltung ändert sich, es gibt Geräusche, die man hören kann oder vielleicht auch nicht; bei Landtieren wackeln womöglich die Ohren in besonderer Weise. Es gibt immer eine *Verhaltenskette*. In ihr kündigt sich der nächste Schritt dadurch an, dass er mit den vorher empfangenen Signalen korrespondiert und sich daraus formt. Das kann für menschliches Zeitempfinden sehr langsam oder blitzschnell passieren. Dabei ist es auch wichtig zu wissen, dass sozialaktive Tiere eine unterschiedliche Tagesform haben. Sie haben Zeiten, zu denen sie sozial interessiert sind; sie haben Zeiten, zu denen sie hungrig sind; und sie haben Zeiten, in denen sie ihre Ruhe brauchen und Abstand wollen, ob von ihresgleichen oder von anderen Arten. Das ist nicht anders als bei uns.

Und dazu passte auch das Verhalten der Walmutter damals in Patagonien. Ich hatte in meiner Begeisterung gar nicht mehr an sie gedacht. Irgendwann fällt mir ein: »Äh, wo ist sie denn?«, dreh mich um und sehe diese riesige schwarze Wand hinter mir. Allerdings völlig ruhig. Ich hatte kein unangenehmes Gefühl im Nacken oder so. Sie war einfach nur präsent, als Wand vorhanden. Wenn ich das Kalb in Aufregung versetzt hätte, wäre sie sofort zur Stelle gewesen. Aber so – ich hatte den Eindruck, sie merkt, dass das Kalb Spaß hat, und war froh, mal ne Viertelstunde Ruhe zu haben.

Eine Viertelstunde – länger dauerte das Ganze nicht. Aber mir kam diese Zeit unglaublich lange vor. Vor allem die, in der das Kalb und ich dieses Rutschspiel miteinander veranstaltet hatten. Nachher, an der Aufnahme, konnte ich sehen, dass das nur ne Minute gedauert hatte. Aber diese Minute zog sich für mich ewig hin, fast schon märchenhaft. Auf so ein Erlebnis hatte ich als Jugendlicher nicht mal zu hoffen gewagt. Ich wollte ein solches Tier einfach mal in echt sehen. Aber derartig Kontakt aufzunehmen ...! Danach dachte ich: »Wenn das möglich ist, dann geht alles im Leben.« Gerade in der Begegnung mit Tieren.

Blinder Streuner

Erzählt von Hania Korolczuk, Szklarska Poreba/Polen

Soweit ich mich erinnere, aber ich bin mir nicht mehr ganz sicher, war es so, dass Homer meiner Freundin Alma eines Tages zulief. Auf jeden Fall war er ein großer schwarzer Hund. Ein Mischling. Wir wussten nicht, wie alt er war, denn so etwas ist ja immer schwer zu sagen.

Zuerst war er sehr scheu. Vielleicht hatte er irgendetwas Schlimmes erlebt. Vielleicht war er geschlagen worden – oder ein anderes Tier hatte ihn im Wald gebissen. Alma dachte zuerst gar nicht daran, ihn für länger zu behalten, aber sie akzeptierte seine Anwesenheit von Anfang an. Woraufhin *er* sich offenbar entschied: »Aha, das ist eine nette Frau. Hier bleibe ich.«

Mir selbst fiel zuerst nichts Besonderes an ihm auf. Aber Alma merkte es sofort: Homer war blind. Völlig blind. Und diese Blindheit war auch der Grund, warum Alma sich entschloss, ihn zu behalten. So etwas hätte im ganzen Umkreis kaum jemand getan. Hier im Gebirge muss ein Hund eine Funktion erfüllen. Er muss bellen und das Haus bewachen. Wozu ist ein Hund sonst nütze? Er frisst einem nur die Haare vom Kopf. Noch dazu ein so großer Hund. Es war für Alma gar nicht leicht, ihn satt zu kriegen. Er brauchte eine Menge Futter. Noch dazu gab sie ihm nicht irgendwelches Billigfutter, sondern fuhr extra nach Sobieszów – das ist ein Vorort von Jelenia Góra, der nächstgrößeren Stadt – zu einem Metzger, bei dem sie gutes Fleisch verhältnismäßig billig kaufen konnte. Homer war immer gut genährt. Alma behandelte ihn wie ein Mitglied der Familie.

Auch sonst schienen die beiden eine besondere Verbindung zu haben. Sie machten oft weite Spaziergänge zusammen. Wenn Alma sich draußen vor dem Haus hinsetzte – was sie oft tat –, war er immer in ihrer Nähe, zu ihren Füßen. Und wenn sie in der Küche war, lag er auf der Eckbank. Manchmal schlafend, manchmal lauschend. Kaum, dass er jemals bellte. Die beiden verbrachten die meiste Zeit damit, einfach nur irgendwo zu sitzen und nichts zu tun.

Es machte ihm auch nichts aus, wenn sie mal für längere Zeit weg war. Die Nachbarn brachten ihm Futter; ansonsten schien er ans Alleinsein gewöhnt. Er war auffallend selbstständig und unabhängig, trotz seiner Blindheit. Wenn er alleine war, wenn er vielleicht auch spürte, dass Alma zu tun hatte, konnte er sich stundenlang mit sich selbst beschäftigen und sprang ausgelassen über die Felder. Man hätte meinen können, dass er ganz normal sieht.

Ich weiß nicht, ob er sogar Formen erkennen konnte. So wie manche Blinde gewisse Formen erkennen können: nicht mit den Augen, sondern durch eine Art Gefühl. Aber ich bin mir fast sicher, dass er die Anwesenheit von Leuten spürte. Wenn ich zum Beispiel auf dem kleinen schmalen Pfad hinüber zum Nebenhaus ging und er mir entgegenkam, schlängelte er sich so graziös an mir vorbei oder ließ mich mit einer solchen Selbstverständlichkeit passieren – ich war manchmal ganz baff. Er war unglaublich feinsinnig. Ein unglaublich feinsinniges Wesen.

Außerdem orientierte er sich stark an seiner Erfahrung. Er wusste meist genau, wo sich etwas befand. Hin und wieder – wenn er nicht daran dachte oder wenn er verspielt war – kam's dann natürlich vor, dass er in ein parkendes Auto lief. Homer liebte Geschwindigkeit. Und wenn in der Zufahrt, die kurz zuvor noch frei gewesen war, plötzlich ein Lieferwagen stand – und wir ihn auch nicht rechtzeitig warnen konnten –, machte er die ein oder andere schmerzhafte Erfahrung.

Aber was ihn vielleicht am besten beschreibt: Er war ein Streuner. Ein Wanderer. Er musste immer neue Gegenden erkunden. Neue Eindrücke sammeln. Da gibt es eine lustige Geschichte. Und zwar hatte er ein Halsband mit Almas Telefonnummer. Eines Tages bekam sie einen Anruf von zwei Männern: »Schönen guten Morgen, wir haben hier einen Hund. Ist das Ihrer? Er ist groß und schwarz.«

»Ja, das ist meiner.«

Dann erst mal nichts mehr. Pause.

»Okay«, sagte Alma. »Sagen Sie mir bitte, wo Sie sind?«

Worauf der eine zum anderen sagte: »Hey, Zdeněk, wo sind wir denn eigentlich?« »Keine Ahnung!« Es war erst später Vormittag, aber die beiden waren offenbar schon so betrunken, dass sie nicht mehr wussten, wo sie waren. Schließlich einigten sie sich darauf, in Podgórzyn zu sein. Das ist das übernächste Dorf, etwa fünf Kilometer von Almas Haus in Przesieka entfernt.

Nachdem Alma wusste, dass Homer in kein Auto steigen würde – sogar der Tierarzt musste immer zu ihr nach Hause kommen –, fuhr sie also nach Podgórzyn, um die beiden zu bitten, ihn zu Fuß nach Przesieka zu bringen. Und so kam es dann auch: Einer von ihnen begleitete Homer den ganzen Weg – auf der Landstraße, ohne Leine. Hier bei uns ist auf den Straßen ja nicht viel los.

Kurz danach freundete Homer sich mit einem kleinen

braunen Hund aus der Nachbarschaft an: Kasztanek. Kasztan bedeutet Kastanie auf Polnisch. Dieser Kasztanek hatte plötzlich angefangen, Homer zu besuchen. Die Leute, denen er gehörte, wohnten am anderen Ende des Dorfes – also gar nicht so nahe –, aber bald kam er jeden Tag. Wobei ziemlich schnell klar war, dass er am liebsten geblieben wäre. Das war aber Alma nicht recht. Sie hatte schon Homer und ihre Katzen, und sie hatte auch mit dem Haus und den verschiedenen Nebengebäuden genug zu tun.

Allerdings hatten wir damals noch gar nicht verstanden, welche Funktion die beiden füreinander hatten. Wir merkten nur, dass Homer auf einmal noch viel weiter herumstreunte. Oft nach Podgórzyn – wo es irgendwas Interessantes zu geben schien –, manchmal aber noch viel weiter. Wir fragten uns natürlich, wie die beiden das anstellten. Denn dadurch, dass Homer sich in fremder Umgebung ja nicht so gut orientieren konnte, hätten sie gar nicht so schnell vorankommen dürfen.

Es war wieder Alma, die auf die Lösung kam. Kasztanek lief immer ein wenig voraus und bellte dann – dieses typisch hohe Kläffen, das kleine Hunde nun mal haben; sehr laut und durchdringend. Und dadurch wusste Homer, wo er hin musste und offenbar auch, ob da ein Hindernis war, denn dann wurde das Kläffen ein wenig anders. Das funktionierte wie geschmiert. Die beiden waren ein eingespieltes Team. Kasztanek war Homers Blindenhund. Und als wir das erst mal begriffen hatten, konnte Alma gar nicht mehr anders, als auch ihn zu akzeptieren. Sie begann, ihn zu füttern, und er bekam einen Napf wie alle anderen.

Die Freundschaft zwischen Homer und Kasztanek dauerte drei Jahre. Bis Homer eines Tages starb. Alma legte ein schönes Grab für ihn an. Oben auf dem Hügel, unter einem Baum, den er besonders gern mochte. Und sie setzte einen großen Stein darauf, mit seinem Namen. Aber Kasztanek lebte noch lange Zeit bei ihr. Er wurde der Hofhund, und sie behandelte ihn genau wie Homer. Wie ein Mitglied der Familie.

Entscheidung am Wasser

Erzählt von Kalle Anwander, Werther/Westfalen

Ich ging mal hier in der Nähe mit meinen beiden Eseln durch den Wald. Das ist fast schon elf Jahre her. Ich war damals gerade in Rente gegangen und hatte dadurch natürlich mehr Zeit. Außerdem waren wir neu zugezogen, von daher machte ich oft längere Touren, weil ich die Gegend, die Landschaft kennenlernen wollte.

Auf einmal kamen wir an einen kleinen Bach. Ich dachte: »Oh nee, jetzt da erst nen Weg rundherum finden – es ist Sommer, ich geh mit den beiden schräg da durch. Mal sehen, ob sie's machen. Mal sehen, wie weit sie über was rüberspringen.« Ein bisschen Abenteuer muss ja auch sein.

Normalerweise gehen Esel am liebsten hintereinander. Meistens hab ich den ersten an einem etwa anderthalb Meter langen Führstrick. Und der zweite ist mit einem noch etwas längeren Strick am ersten festgebunden. Aber als wir da nun an diesem Bach standen, hatte ich sie *beide* an ihren Stricken. Einen rechts und einen links. Und ein Esel springt ja nicht so einfach über einen Bach. Da muss man schon vorgehen. Ich behielt also die Stricke in der Hand und sprang erst mal alleine rüber – oder ging über die Steine, ich weiß gar nicht mehr, wie das da war. Auf jeden Fall hatte ich mich noch kaum umgedreht, da machte der erste auch schon einen Riesensatz und stand auf einmal auf meiner Seite. Jetzt dachte ich natürlich, der andere springt hinterher. Ich zog, ich wartete – fünf Minuten Wartezeit muss man bei Eseln sowieso einkalkulieren –, aber er kam nicht.

Und dann stand ich da wirklich in diesem Wald – den *einen* hielt ich mit dem Strick fest, und den *anderen* hielt ich mit dem Strick fest, dazwischen der Bach – und dachte: »Oh! Jetzt bist du hier, was machste?« Im ersten Moment fiel mir gar nichts ein. Wenn Esel nicht wollen, wollen sie nicht. Das ist einfach so. Die stehen dann da und rühren sich nicht. Da könnte man den ganzen Tag warten. Man benutzt da ja oft das Wort störrisch. Aber damit hat das nichts zu tun. Esel müssen immer die Möglichkeit haben, eine Situation selbst zu erkennen. Wenn man zum Beispiel auf ner Landstraße geht und von hinten kommt ein Trecker und man geht auf einmal schneller oder schiebt sie zur Seite – das bringt gar nichts. Da denken sie nur: »Warum? Warum werde ich jetzt zur Seite geschoben?« Sie müssen selber sehen, woher das Geräusch stammt. Dann verhalten sie sich auch entsprechend.

Außerdem sind Esel von Natur aus vorsichtig. In Holland oder Ostfriesland gibt es ja manchmal diese Gitter auf dem Weg, damit die Kühe nicht rübergehen. Ein Esel würde das genauso wenig machen. Der hätte Angst, dass er mit seinen kleinen Hufen hängenbleibt. Oder bei einem kleinen Steg – da wäre es der Anblick des Wassers unter ihm, eventuell sogar nur das *Geräusch* des Wassers. Da sind alle ganz individuell. Ich denke, dass meinem zweiten Esel der Untergrund nicht geheuer war – das war ja alles morastig da – oder dass ihm die Stelle zu neu war. Womöglich lag es auch daran, dass ich selbst ein bisschen nervös war. Als ich da so stand und dachte: »Was machste jetzt?«, so was überträgt sich auf Tiere *immer*. Wenn ich ruhig bin, sind auch die Esel ruhig. Das ist schon mal amtlich.

Nun kam mir der Gedanke: »Vielleicht, wenn ich wechsle – vielleicht springt der Esel, der schon mit mir drüben war, dann auch wieder zurück.« Sprang ich also wieder auf die andere Seite – aber der wollte dann ebenfalls nicht mehr. Jeder Esel wollte auf seiner Seite bleiben.

Da fiel mir zum Glück ein, dass die beiden – und sie waren ja damals schon viele Jahre lang zusammen – niemals ohne einander irgendwo hingehen würden. Der eine oder der andere würde immer mitgehen. Das ist bei Herdentieren so. Ein Tier alleine geht nirgendwo hin.

Also ließ ich den, der noch drüben stand, los. Er hatte nur nen kurzen Führstrick um, sodass also nichts passieren konnte – der Strick sich nicht ums Bein wickeln oder im Busch verhaken konnte –, und ging mit dem anderen davon. Dann kuckte der drüben ganz dumm und machte einen Satz – aber wirklich wie ein Reitpferd! – über den Bach, und dort konnte ich ihn wieder nehmen, ihn sozusagen wieder einfangen. Wir gingen davon, und ich dachte: »Wie gut, dass Tiere einen solchen Zusammenhalt haben.«

Extrem merkwürdig und nicht verständlich

Erzählt von Uli Jonas, Kleinberghofen/Bayern

Wenn ich in Urlaub fahre oder auf Fortbildung oder so was, versuche ich immer, mich ordentlich von meinen Tieren zu verabschieden. Ich sag: »Ich geh soundso lange weg und komme dann und dann wieder.« Das tue ich deswegen, weil mein Pferd Juri mir das beigebracht hat. Vorher sagte ich einfach »Tschüss«. Nur gab es da immer Theater, wenn ich zurückkam. Immer! Normalerweise stand Juri ganz ordentlich am Putzplatz, mit allen vier Beinen, wo sie hingehören. Aber nach nem Urlaub stellte er auf einmal ein Bein hierhin und eins dahin, wich zurück ... Das ist natürlich nicht schlimm, aber es gab auch gröbere Sachen: dass er zum Beispiel die Grenzen nicht akzeptierte oder so was. Und immer nach dem Urlaub! Also sagte ich irgendwann: »Ich bin in acht Tagen wieder da« oder »in drei Tagen«. Und auf einmal war das nicht mehr! Ich dachte: »Das kann jetzt nicht wahr sein!« Aber dann behielt ich das bei, und seitdem ist alles gut. Selbst als ich jetzt mal etwas länger auf Sri Lanka war – es war hinterher richtig fein mit ihm.

Aber bei meinen drei Eseln – die ich genau wie Juri in der Therapie einsetze – hatte ich das beim letzten Mal offenbar vergessen. Und als ich wiederkam: Sie konnten *nichts* mehr. Gar nichts! Ich habe sie jetzt seit gut fünf Jahren. Und mittlerweile sind wir so weit, dass sie auf feine Signale reagieren. Also zum Beispiel: Du baust nen zarten Druck auf, und der

Esel weicht in diese Richtung zurück. Meistens reicht es, wenn du ihm dazu die Hand aufs Fell legst. So was ging auf einmal gar nicht mehr. Das wurde komplett ignoriert. Oder wenn wir im Wald unterwegs waren, ließ ich sie oft auf nen Baumstumpf steigen – wie so ein Zirkuspodest –, das machten sie vorher wahnsinnig gerne. Aber jetzt auch nicht mehr. Null. Sie gingen sogar eher rückwärts und taten so, als könnten sie überhaupt nicht verstehen, was ich von ihnen will. Slalom konnten sie auch nicht mehr. Oder über ein Hindernis drübergehen. Was ja alles keine schwierigen Sachen sind, sondern Alltagssachen. Nix. Vorbei. Sie reagierten gerade noch auf ihre Namen – sie heißen Michl, Sophie und Zilly –, sie konnten so halbwegs ihre Hufe zum Auskratzen heben; das war's. Und so kannst du natürlich keine Therapie machen.

Dann sagte ich mir: »Na ja, die fremdeln halt jetzt, brauch ich einfach Geduld« – und verbrachte viel, viel Zeit mit ihnen. Nur änderte das überhaupt nichts. Sie blieben total zurückhaltend. Normal sind sie sehr menschenbezogen und kommen her und wollen beschmust werden. Das machten sie alles nicht mehr. Sie begrüßten mich noch, aber – »bitte nicht streicheln!«. Allenfalls der Michl noch ein bissel – der ist der Verschmusteste –, aber eigentlich: »Nicht nötig! *Echt* nicht nötig. Musst nicht extra kommen. Schon in Ordnung.«

Und ich war eben relativ hilflos. Also beschloss ich: »Okay, fang ich halt wieder bei null an«, und hatte mich mit diesem Gedanken schon so langsam angefreundet. Ich fand's zwar blöd, aber was willst du machen? Ich sagte mir: »Vielleicht ticken ja Esel so. Keine Ahnung.«

Und dann übte ich jeden Tag mit ihnen was ein. Nie

was Großes. Immer nur Kleinigkeiten, damit sie und auch ich ein Erfolgserlebnis haben; ließ mir viel Zeit – aber sie machten fast gar keine Fortschritte. Und dann kämpfst du da jeden Tag um den Kontakt und um die Beziehung ... Bis einmal die Zilly – das weiß ich echt noch wie heute: Zuerst stand sie genauso distanziert da wie an den Tagen zuvor – plötzlich den Hals um mich rumlegte und gestreichelt werden wollte! Ich hätt heulen können. Ich dacht mir: »Sag mal, was ist denn jetzt los? Alles wieder gut oder was?«

Dann dachte ich natürlich: »Na ja, das wird wahrscheinlich nur bei der Zilly so sein, dass es wieder passt.« Aber nein: alle drei! Und sie konnten auch wieder alles: stiegen wieder aufs Podest, konnten wieder über Hindernisse gehen, konnten Slalom machen ... Das war wie: Schalter umgedreht! – und sie waren wieder so, wie ich sie vor dem Urlaub kannte. Sie waren wieder meine Esel.

Da fragte ich mich: »Wie lange waren die drei denn jetzt so beleidigt und haben allen – sich selber ja auch – das Leben schwer gemacht? Hm! Das waren doch zwei Wochen und ein bissel was, oder?« Dann überlegte ich: »Wie lange war ich eigentlich in Urlaub? Zwei Wochen und ein bissel was.« Daraufhin kuckte ich noch mal genau, wie lange ich in Urlaub gewesen war – achtzehn Tage – und zählte dann die Tage, die die so gefremdelt hatten. Und es waren *achtzehn Tage*! Ich bekam echt Gänsehaut: »Das gibt's doch nicht. Ist das jetzt Zufall oder ...?«

Das weiß kein Mensch. Ich find das Ganze immer noch extrem merkwürdig und nicht verständlich. Und ich bezweifle immer noch, dass Tiere rechnen oder zählen können. Aber seitdem ich jetzt darauf achte, dass ich mich auch von den Eseln jedes Mal ordentlich verabschiede und sage: »Ich komm dann und dann wieder«, gab's auch mit ihnen nie mehr ein Problem.

You don't have to talk to those cows

Erzählt von Conrad Nolte, Hannover

Als ich mich nach dem Abitur fragte: »Was machst du jetzt?«, gab es zwei Richtungen, zu denen ich Lust hatte. Die eine war Meditation. Ich meditierte seit meinem dreizehnten Lebensjahr. Und die andere Richtung war Medizin. Ich komme aus einer Ärztefamilie – das lag also ohnehin in der Luft. Dann machte ich aber zwei Semester als Gasthörer bei den Medizinern mit und merkte, dass das nichts für mich war.

Etwa zur gleichen Zeit fing Maharishi – das ist der Begründer der Transzendentalen Meditation – mit einem Programm für alleinstehend lebende Menschen an. Und durch dieses Programm landete ich schließlich in den USA. Maharishi hatte dort Anfang der Neunziger eine Akademie in einem dreihundert Hektar großen Waldgebiet in North Carolina, in den Blue Ridge Mountains gegründet. Ende der Neunziger, als ich bereits da war, sollte eine kleine Kuhherde aufgebaut werden. In Amerika werden ja sogar der Milch viele Dinge zugesetzt. Vitamine, Mineralien und so was alles. Und wir wollten sicher sein, was in unserer Milch drin ist. Und wir wollten *frische* Milch. Außerdem hatte Maharishi sich mal dahin gehend geäußert, dass Kühe eine schöne Atmosphäre um sich herum verbreiten.

In Indien haben Kühe ja einen besonderen Status. Dort kommst du ins Gefängnis, wenn du eine Kuh tötest. Das ist wirklich ein Verbrechen. Du siehst auch überall diese riesigen Brahmabullen, die sich frei bewegen und die man nicht reglementieren darf. In meinen Info-Vorträgen erzähle ich den Leuten oft, dass sich, wenn man meditiert, einige psychologische Parameter verbessern. Einer davon ist Feldunabhängigkeit: dass man von äußeren Einflüssen nicht mehr so sehr im eigenen Wohlbefinden gestört wird, selbst wenn außen herum Chaos herrscht. Das erkläre ich oft an dem Beispiel, dass Kühe sich in Indien gerne auf die am meisten befahrenen Kreuzungen setzen. Erste Verkehrsregel dort ist ja: Wenn du deine Richtung änderst, dann hupst du. Deshalb wird da derart viel gehupt, dass die Autohersteller stärkere Hupen einbauen müssen, weil die konventionellen das nicht durchhalten würden. Das heißt, es herrscht ein ohrenbetäubender Lärm. Abgasverordnungen gibt es ebenfalls kaum. Was wiederum heißt: Es gibt da sehr schlechte Luft und überhaupt *Chaos*. Alles, was Räder hat, und sei es noch so schief, darf sich da bewegen. Und dann sitzen diese Kühe mitten in diesem Durcheinander – die eine hat ihren Kopf bei der anderen auf der Schulter – und kauen wieder! Das ist Feldunabhängigkeit. Maharishi hat mal erklärt: Kühe befinden sich – wenn sie ohne Angst leben dürfen – von Natur aus in einem Bewusstseinszustand, wo sie mental tief in sich ruhen und andererseits hellwach sind.

Und ich hatte halt von Kindheit an eine starke Verbindung zu Kühen – gerade was diese Ruhe betrifft, die sie ausstrahlen. Und als unser Kuhprojekt konkreter wurde und es darum ging, wer sich nun eigentlich um die Kühe kümmern sollte, war ich derjenige, der sich meldete.

Jetzt lag aber unsere Akademie oben auf einem kleinen Bergrücken, und die Scheune, die wir für die Kühe benutzen wollten, befand sich in einiger Entfernung unten im Tal.

Noch dazu war es eine ehemalige Pferdescheune, sodass erst mal einiges umgebaut werden musste. Wir brauchten einen Melkraum, den man gut säubern und desinfizieren konnte. Mit einem guten Abfluss und Strom für die Melkmaschine. Dann Wasser für die Kühe. Und auf der Weide musste ein Elektrozaun gebaut werden. All das nahm erst mal ein halbes Jahr in Anspruch.

Wir kontaktierten auch frühzeitig einen Kontrolleur der Behörden. Einfach, weil wir wissen wollten, worauf man bei einem Melkraum achten muss. Er war sehr nett und nahm mich und noch jemanden auf eine Kontrolltour durch verschiedene Molkereien mit, um uns unterschiedliche Möglichkeiten zu zeigen, wie man so was machen kann. Und wenn man in Amerika durchs Land fährt, hat man natürlich viel Zeit zu klönen. Er erzählte uns von seinem Vater, der Milchbauer war und ein derart inniges Verhältnis zu seinen Kühen hatte, dass er sie auch dann nicht schlachtete, wenn sie keine Milch mehr gaben, sondern sie ihr volles Leben ausleben ließ. Und wenn eine Kuh gestorben war, weinte er bitterlich einen Tag lang und beerdigte sie. Der Kontrolleur – ich weiß gar nicht mehr, wie er hieß – sagte auch, dass man das bei vielen Bauern findet: diese Liebe zu den Kühen. Kühe zu halten ist ein *way of life*. Es ist eine Lebensart. Wenn du Kühe melkst: Das geht sieben Tage die Woche. Morgens und abends. Wenn du krank bist: Das ist keine Entschuldigung; die Kühe müssen gemolken und gefüttert werden. Und aus diesem intensiven Umgang heraus haben viele Bauern, selbst wenn sie sonst gar nichts mit Spiritualität oder Philosophie am Hut haben, tiefste emotionale Bindungen zu ihren Kühen.

Dann ging es bei uns so langsam um den Kuhkauf. Da

hatten wir das Glück, dass wir jemanden in der Gruppe hatten – er hieß Chris –, der sich mit Kühen auskannte. Maharishi hatte in den Siebzigern in Fairfield in Iowa eine Uni gegründet; da gab es ebenfalls eine Kuhherde. Und Chris war derjenige gewesen, der sie gekauft hatte. Von daher wollte er unbedingt, dass wir Jersey-Kühe kaufen, denn die sind leicht zu halten, haben weniger gesundheitliche Probleme, und auch ihre Milch ist besonders lecker, sahnig und hat viele Proteine.

Wenn man so eine kleine Kuhherde aufbauen will, macht man das so, dass man ein paar sogenannte Färsen nimmt; also junge Kühe, die gerade zum ersten Mal gedeckt sind, die schon Kälbchen im Bauch haben, aber die noch ungefähr drei oder vier Monate brauchen, bis sie kalben. Also machten wir einen Farmer ausfindig, der solche Kühe verkaufte. Er hatte aber allein schon hundertfünfzig Kühe, die in diese Kategorie fielen. Weshalb wir dachten: »Wie sollen wir da die richtigen finden, die sich noch dazu bei uns wohlfühlen?« Deshalb fassten wir eine Art Entschluss oder Vorsatz – »Sankalpa« sagt man dazu in Indien –, nämlich, dass nicht wir die Kühe aussuchen, sondern dass sie sich bei uns bemerkbar machen sollen.

Mit diesem Wunsch fuhren wir eines Morgens zu viert zu diesem Farmer und gingen dort über dieses riesige Areal. An die Kühe kamen wir allerdings nicht ran. Sie hielten immer Abstand zu uns. Kühe sind ja erst mal ängstlich, was Menschen betrifft. Sie kriegen von klein auf Plastikmarken ins Ohr gestanzt, bekommen Injektionen, werden von ihren Müttern getrennt – emotional sind sie oft sehr mitgenommen. Aber dann kam eine und stupste mich mit ihrer Nase in den Hintern. Immer wieder. Der Farmer versuchte, sie wegzujagen. Ihm war das ganz peinlich. Aber wir meinten: »Nee, lassen Sie. Ist schon in Ordnung.«

Das wurde unsere Kuh Nummer eins. Vier wollten wir haben. Also gingen wir weiter und sahen eine Kuh, die auf einer kleinen Anhöhe in der Sonne stand. Sie hatte ganz helles, beinahe goldenes Fell, war wunderschön, mit einer weißen Blesse und kuckte uns an – strahlte uns förmlich an. Da sagte Chris: »Die auch.«

Wir gingen erneut weiter und kamen zu einer Kuh, die eher dunkles Fell hatte, aber riesige Augen. Die Augen waren so richtig die Hauptsache bei ihr. Zuerst stand sie seitlich ein bisschen abgewandt, aber kuckte dann auf einmal zu uns rüber, mit ihren großen schönen Augen. Wie ein Kind, das sich freut und dir seine volle Aufmerksamkeit schenkt. Wir sagten alle vier: »Die.« Das war unisono.

Und als wir schließlich fast schon wieder beim Eingang waren, stand plötzlich eine Kuh vor uns: mit halb geschlossenen Augen, total in sich versunken; sie kümmerte sich gar nicht um uns. Chris sagte: »Oh, das sind ja exzellente Proportionen!« Bei so was geht es um die Rückenlinie, wie die Hinterbeine runtergehen und das Euter geformt ist. Also nahmen wir die auch noch. Allerdings konnten wir die vier nicht gleich mitnehmen, weil wir zuerst noch die Finanzierung klären mussten und außerdem der Melkraum noch nicht fertig war.

Drei Wochen später kamen sie endlich bei uns an und wurden auf die Weide gelassen. Wir hatten so richtig eine Willkommensparty organisiert, mit Blumengirlanden, die den Kühen umgehängt wurden. Es war das Ereignis des Jahres. Spätabends, als es schon dunkel war, ging ich noch mal runter zur Weide; aber da stand nur noch eine einzige

Kuh! Die mit den schönen Augen. Die anderen waren weg. Ich ging am Zaun entlang und sah, dass er an einer Stelle runtergedrückt war. Es war nur ein einfacher Elektrozaun. Sie waren ausgebrochen.

Ich parkte die eine Kuh in der Scheune, lief rauf zum Campus und schlug Alarm: »Die Kühe sind weg.«

Es war schon halb zehn. Und nun zogen fünfzehn, zwanzig Leute los, um die Kühe zu suchen. Wir fuhren in der ganzen Gegend herum. Wo noch Licht war, klingelten wir und fragten, ob jemand Kühe gesehen hätte. Wir stellten alles auf den Kopf, aber konnten sie nirgends finden. Ich war am Boden zerstört. Wir hatten so lange darauf hingearbeitet – und jetzt das! Um ein Uhr gingen wir ins Bett, aber um halb fünf fuhr ich noch mal alleine los – und sah die drei in einem Vorgarten.

Ich rief Chris an, und er kam mit ein paar Leuten, mit Halftern und so weiter, mit denen wir die Kühe zurückbringen wollten. Das wollten die *Kühe* aber nicht. Sobald sie uns sahen, standen sie auf und liefen weg. Und wir hinterher. Nach einer Weile kamen wir zu einem Stacheldrahtzaun, hinter dem eine Kuhweide lag, und versuchten nun, eine Kette zu bilden, um die Kühe einzukesseln – es gab da so nen Winkel –, aber sie brachen durch den Stacheldraht.

Zum Glück gab es auf dem Grundstück eine Scheune mit einer Vorrichtung, durch die man Tiere – wie durch einen Trichter – in eine Umzäunung treiben konnte. Dorthinein versuchten wir sie nun zu bugsieren. Das dauerte zwei Stunden. Und anschließend dauerte es noch mal eine Stunde, bis jede ein Halfter umhatte und wir wieder über die Weide nach Hause gehen konnten. Das waren noch mal etwa vier Kilometer. Und die Kühe wollten auch nicht mit. Sie blieben immer wieder stehen. Das war Knochenarbeit!

Einer von uns – ein stämmiger Amerikaner, der eigentlich gar nicht zur Gruppe gehörte, sondern gerade etwas bei uns baute – war außerdem sehr grob zu seiner Kuh. Das ging so weit, dass sie ihn ein Stück hinter sich her schleifte. Das war die, die mich mit ihrer Nase in den Hintern gestupst hatte.

Nach einiger Zeit ging es an einer Straße entlang; mit einer Böschung, die fünf, sechs Meter steil abfiel. Da waren Bodenbedecker angepflanzt. Irgendwelche Sträucher. Und an dieser Stelle wehrte sich diese Kuh – sie hatten damals alle noch keine Namen – derart, dass sie auf die Böschung geriet und runterkullerte. Sie überschlug sich mehrmals und lag schließlich da unten auf der Seite und bewegte sich nicht mehr. Wir waren schockiert. Noch dazu hatten wir Angst um das Kälbchen, denn die Kuh war ja trächtig.

Ich arbeitete mich durch die Sträucher, setzte mich unten zu ihr, nahm ihren Kopf auf meinen Schoß, streichelte sie und ging mental auf diese Ebene, die jenseits der Sprache liegt; auf der nur die Idee vorhanden ist. Man hat ja einen Sinn, den man vermitteln will; der anschließend in Sprache gekleidet wird. Und dann flüsterte ich ihr ins Ohr: »Kuck mal. Jetzt seid ihr diesen ganzen Weg hierhergekommen. Wir tun euch nichts. Bei uns habt ihr's gut. Du kannst mit mir mitgehen. Du kannst mir vertrauen.« Da kuckte sie mich an, stand langsam auf und stieg mit mir da hoch; drückte sich aber noch ne ganze Weile dicht an mich, sodass ich echt dagegenhalten musste, um nicht selber die Böschung runterzufallen. Und dann zogen wir zusammen weiter. Als Erste in einer Dreierreihe. Denn als die beiden anderen gesehen hatten, dass alles in Ordnung war, kamen sie problemlos mit. Der Farmer, der uns die Kühe verkauft hatte, erklärte uns hinterher, dass man neue Kühe zuerst mal ein paar Tage im Stall lassen muss. Damit sie sich an alles gewöhnen. Wenn sie merken, dass sie Futter kriegen und gut behandelt werden, wollen sie nicht mehr weglaufen.

Nächstes Ereignis waren natürlich die vier Kälbchen. Sie waren auch alle gesund; drei davon Bullenkälbchen. Und wenn man möchte, dass eine Kuh Milch gibt, muss sie ja spätestens jedes zweite Jahr ein Kälbchen bekommen. Das heißt, man hat irgendwann immer mehr Tiere. Als ich 2002 aus North Carolina wegging, hatten wir fünfundzwanzig; weshalb wir froh waren, zusätzlich die Weide eines Nachbarn benutzen zu können. Da musste man nur eine Einfahrt hochgehen und über die Straße. Die Kühe freuten sich immer schon vorab, weil es auf ne frisch begraste Weide ging. Und wenn Kühe froh sind, dann fangen sie ja oft an zu hüpfen. Dann galoppieren sie – was man von so schweren Tieren gar nicht erwartet. Aber sie schmeißen so richtig ihre Hinterbeine hoch und anschließend die Vorderbeine und sind völlig ausgelassen.

Und Kühe haben auch Humor. Zum Beispiel tauchen sie ihren Schwanz gern irgendwo rein – in eine Pfütze oder so – und schwingen ihn so ein bisschen in Richtung Mensch. Nur ein klein wenig: Pitsch! Oder sie versuchen, einen aufzumuntern. Es gab mal eine Situation, da ging's mir nicht so gut; da stand ich auf der Weide, hatte die Hände in die Hüfte gestemmt – auf einmal kam diese goldene Kuh von der Seite, steckte ihren Kopf von hinten durch meinen angewinkelten Arm und kuckte mich an. Das tat sie sonst nie! Und das munterte mich wirklich *total* auf.

Kühe mögen auch gerne gekrault werden. Durch Kraulen kann man sie überallhin kriegen. Und wenn sie einmal Vertrauen haben, machen sie alles mit. Aber vor allem erfassen sie genau, was man so fühlt und denkt. Wir hatten beim Melken eine bestimmte Routine: Und zwar gaben wir den Kühen vor der Scheune immer erst mal ein paar leckere Sachen. Gemüseschnittreste, die beim Kochen angefallen waren, und so weiter. Dann griff man sich drinnen einen Eimer – für jede Kuh stand beim Melken zusätzlich noch ein Eimer bereit, etwa mit gekeimten Mungbohnen –, dann kuckte man, welcher Name auf dem Eimer stand, und rief die dazugehörige Kuh. Und die kam daraufhin auch. Nun ist es aber in unserer Gruppe so, dass wir in der ersten Woche des Jahres in die Stille gehen. Das heißt, wir sprechen kein Wort. Und normalerweise hatten wir für das Melken jemanden angestellt. Aber der hatte um die Jahreswende meist Urlaub. Weshalb ich im ersten Jahr während der »Woche der Stille« derjenige war, der sich um das Melken kümmerte und dabei feststellte: Man musste den Namen der Kuh gar nicht artikulieren. Es reichte, wenn man sie auf der mentalen Ebene ansprach, wenn man dachte: »Jetzt komm du.«

Im zweiten Jahr übernahm während dieser Zeit ein Nachbar das Melken. Er war früher ebenfalls in unserer Gruppe gewesen, hatte sich aber inzwischen einen Trailer in den Wald gestellt und lebte nun dort in aller Abgeschiedenheit – sein Name war Billy. Und Billy war ebenfalls Kuhfan. Am 8. Januar, als die Woche vorbei war, ging ich runter zur Scheune, um zu sehen, wie es ihm ergangen war. Er empfing mich mit: »Conrad, you don't have to talk to those cows.« Er hatte genau die gleiche Erfahrung gemacht wie ich.

Fressen ihn die Raben

Erzählt von Michael Lakermann, Köln

Ich hatte von diesen ganzen Piepmätzen nicht die geringste Ahnung. Dann machte ich allerdings meine Doktorarbeit im Bereich Chemische Analytik. Und zwar hatte ich einen Teilschritt eines Verfahrens zur Bestimmung von Schwermetallen in biologischen Materialien aufgeschlüsselt. Und ein langjähriger Freund von mir wandte diese Methode an – eine etwas *modifizierte* Methode davon –, um herauszufinden, wie stark Vogelfedern mit Schwermetallen kontaminiert sind. Er konnte zeigen, dass man mit Habicht-Mauserfedern Aussagen darüber treffen kann, wo sich der einzelne Vogel aufgehalten hat; ob in der Nähe von Industrieanlagen oder in Gegenden mit sauberer Luft.

Damals ging man davon aus, dass es in Städten keine Habichte gab. Im Frühjahr 1987 ging ich trotzdem einfach mal in Köln los und hielt nach ihnen Ausschau – fand aber natürlich keinen einzigen. Bis ich im Sommer 1988 auf der Insel im Stadtwaldweiher tatsächlich ein Brutpaar sah. Heute weiß ich, dass Habichte am liebsten draußen in dunklen Altwäldern brüten, etwa in alten Fichtengehölzen oder Buchenwäldern. Ganz oben, hoch drin, ist das Nest. Aber vor dreißig Jahren – genau zu der Zeit, als ich anfing, mich mit ihnen zu beschäftigen – hatten einige Habichte wohl beschlossen, dass man auch in Städten einiges reißen kann. Zuerst in Berlin. Köln folgte ein, zwei Jahre später. Hamburg kam noch mal drei, vier, fünf Jahre darauf. Es war ein bisschen wie auf Kommando. Irgendetwas war passiert, was die Habichte dazu brachte, auf einmal in der Stadt zu brüten. Wir wissen bis heute nicht genau, was es war.

In ländlichen Regionen werden sie, obwohl sie schon seit den Siebzigerjahren geschützt sind, immer noch verfolgt. Weil sie Hühner erbeuten, weil sie an Brieftauben gehen, weil sie auch halbwüchsige Feldhasen, Wildkaninchen, Fasane oder Stockenten nehmen und viele Jäger sie deshalb schlichtweg hassen. Trotzdem ist es nicht so, dass ein Habicht, der draußen im ländlichen Bereich einem Verfolgungsdruck unterliegt, einfach in die Stadt umzieht. Schon allein deswegen, weil er ja gar keine Gelegenheit hat, aus der Situation zu lernen. Wenn er in einer Falle gefangen wird – was explizit verboten ist, aber ebenfalls immer noch gemacht wird –, lässt ihn derjenige sicherlich nicht wieder fliegen. Wenn auf ihn geschossen und er getroffen wird, kann er nicht mehr reagieren; denn dann ist er schwer verletzt oder tot. Und wird er *nicht* getroffen, wird er sich vor Menschen hüten.

Es mussten also eher Zufallshabichte sein, die damals in die Städte kamen und merkten: »Aha, die vielen Menschen hier sind irgendwie kein Problem.« Sie suchten sich auch nicht nur die ruhigsten Stellen. Schon die nächsten Brutpaare gingen in Friedhöfen oder Parks nicht mehr in die hinterste Ecke, sondern in einen Baum über dem Hauptweg. Dort waren dann die Nester. Das sind seitdem die typischen Kölner Habichtplätze.

Habichte sind ja normalerweise Einzelgänger. Sie machen *ihr* Ding. Sie wollen *ihre* Beute. Und die wird mit niemandem geteilt. Sogar Brutpartner gehen sich im Winterhalbjahr aus dem Weg, auch wenn sie territorial zusammenbleiben. Wobei es beutemäßig interessant ist, dass die Weibchen – das ist beim Habicht ähnlich wie beim Sperber – deutlich größer sind als die Männchen. Die Weibchen liegen bei tausendeinhundert bis tausendzweihundert Gramm, die Männchen bei siebenhundert, siebenhundertfünfzig. Das hat seine biologische Ursache darin – so wird es zumindest allgemein angenommen –, dass beide dadurch hinsichtlich des Nahrungsangebots flexibler sind. Das Männchen geht tendenziell eher auf etwas kleinere Beutetiere, das Weibchen auf größere. Das Teilen der Beute funktioniert erst wieder, wenn das Männchen im Frühjahr den Horst gebaut hat und das Weibchen, schon zwei Wochen vor der Eiablage, zu jagen aufhört. Das Männchen jagt dann alleine und versorgt das Weibchen mit Futter.

Jetzt liegen Habichte ja evolutionär im Endbereich der Nahrungskette. Im Rheinland, wo es keine Adler gibt, können sie höchstens noch von Uhus geschlagen werden. Von daher sind sie hochspezialisiert. Vor allem was ihre Eigenschaften betrifft, aus der Deckung überraschend anzugreifen. Man könnte sagen, sie sind von ihrer Entwicklung her ausgereift. Ausgereifte Jagdmaschinen. Aber das läuft fast alles nur auf der Instinkt- und Verhaltensebene ab. Da ist extrem viel eingespielt, funktioniert perfekt – und das war's dann auch. Habichte haben ein relativ kleines Gehirn. Im Vergleich zu Elstern sind sie alles andere als schlau; fast schon ein bisschen doof. Es sind trotzdem wunderbare Vögel; das will ich damit nicht in Abrede stellen. Aber es ist nun mal so: Je höher spezialisiert eine Art, umso kleiner das Gehirn. Ameisenbären zum Beispiel haben ein Minigehirn. Das sind ganz und gar putzige Kerle, aber sie können im Grunde nur noch Ameisen auflecken, mehr nicht.

Wodurch auch deutlich wird, wie flexibel wir Menschen sind. Keiner ist nahrungsmäßig so flexibel wie wir. Aber wir haben genauso das Potenzial, unsere Nahrungs- und Lebensgrundlage zu zerstören. Und gerade daraus zieht der Habicht aktuell seine Vorteile. Die heutige Umweltsituation, mit all ihren Auswüchsen, ist auf ihn zugeschnitten: die Zerstörung der Landschaft, fehlende Deckung, etwa für die Tiere der Feldflur; kranke Tiere, die aufgrund bestimmter Umweltbedingungen geschwächt sind. In den Städten: extrem viele Tauben, von denen wiederum viele krank sind. Das ist genau das Richtige für den Habicht. Da muss er nur zugreifen.

Die Beute legt er in der Regel erst mal ab. Etwa auf einen Baumstumpf am Boden oder auf einen breiten Ast hoch oben im Baum. Dort ist dann Übergabe. Dabei kann es schon mal zu genau jenen Situationen kommen, denen der Habicht seinen Ruf als rüder Geselle verdankt. Wenn man sieht, wie ein Weibchen dem Männchen die Beute abnimmt – da geht es schon mal richtig zur Sache. Sie bettelt nicht, sondern sie *holt* sich das. Wenn sie hungrig ist, weil sie schon lange im Nest gesessen hat, wird sie teilweise richtig krabatzig. Es gab schon Fälle, in denen das Weibchen das Männchen an den Fängen verletzte, weil er die Beute nicht schnell genug loslassen konnte.

Sobald das Weibchen allerdings nicht mehr unbedingt zum Schutz der Jungen im Horst bleiben muss, fängt es wieder an zu jagen. Das macht Sinn, weil die Jungen dann eine gewisse Größe haben und viel Futter brauchen. Die Gefahr besteht natürlich darin, dass sie alleine zurückbleiben. Und da kann es passieren, dass andere Tiere kurz mal kucken gehen und entweder einen Jungvogel erbeuten oder sich die abgelegte Beute holen. Deswegen sieht es in dieser Phase manchmal so aus, als ob Habichte viel mehr Futter anschleppen, als sie brauchen. Sie merken wahrscheinlich gar nicht, dass sie andere unfreiwillig mitversorgen.

Rabenkrähen entwickeln da teilweise richtige Strategien. Bei ihnen ist es ja so, dass sie in erster Linie als Brutpaar auftreten. Dieses Paar hat sein angestammtes Revier. Darin ist es unabhängig. Und dann gibt's Trupps von jungen Vögeln. Zwischen fünf und fünfzehn Krähen etwa. Ich nenne sie gern Halbstarke. Die können einem Habichtpaar *so richtig auf die Nerven gehen*! Sie machen permanent Stress. Insbesondere, wenn die Habichte sich in einem Bereich angesiedelt haben, in dem es bisher noch keine Greifvogelbrut gab, und die Krähen merken: »Aha, möglicherweise werden wir die noch los.« Dann entwickeln sie ein richtiges Mobbingverhalten. In englischen Veröffentlichungen ist von »mobbing groups« die Rede. Das trifft's total gut. Sie versuchen, diese Habichte zu zermürben. Mit allen Mitteln. Manchmal klappt's. Und manchmal setzen die Habichte sich durch. Da gibt's massivste Auseinandersetzungen, bei denen es die einzelne Krähe durchaus mit einem Habicht aufnehmen kann. Sie hat nur einen Nachteil, wenn sie auf dem Boden sitzt. Denn dann braucht sie einen Sekundenbruchteil, um hochzukommen. Und wenn der Habicht – der nicht nur Deckungsjäger ist, sondern noch dazu *massiv* schnell – um die Ecke fegt, sieht ihn die Krähe diesen einen Sekundenbruchteil zu spät. Und dann hat er sie.

In der Luft weiß die Krähe dagegen genau: Wenn sie fit ist, kann der Habicht ihr nichts. Deshalb greift sie ihn dort oft schon vorbeugend an. Sie hat natürlich keine Möglichkeit, ihn zu packen – dafür besitzt sie gar keine Werkzeuge –, aber sie kann ihn immer wieder attackieren. Meist mit einem charakteristisch rollenden: »Chrrr-Chrrr!« Wenn man diesen Ruf hört, weiß man: Da ist ne Krähe, die sich mit nem Greifvogel beschäftigt. Der Ruf ist einmalig in der heimischen Vogelwelt. Mit nichts zu verwechseln. Irgendwann verliert der Greifvogel die Nerven und sagt sich: »Ich hör jetzt lieber auf.« Umgekehrt weiß er nämlich, dass eine Krähe, die den Mut hat, ihn in der Luft zu attackieren, zwangsläufig topfit sein muss, auf der Höhe ihres ganzen Seins. Er weiß, dass auch er keine Möglichkeit hat, sie zu packen. Er ist dort oben nicht schneller als sie. Die beiden Vögel sind sich vom ganzen Flugverhalten sehr ähnlich, haben den gleichen Flügelaufbau. Sogar von der Flugdynamik her sind sie fast identisch. Der Habicht wird sicherlich auch mal versuchen, die obere Position zu erlangen – meist wird ja von oben angegriffen –, aber die Krähe ist in der Regel auch dann wieder diesen einen Schwenk schneller. Und schon ist sie wieder weg, und er kriegt wieder von oben mit den Krähenkrallen eine verpasst. Die Krähe kann damit nicht viel anrichten, aber sie macht's halt; einfach um zu zeigen: »Ich bin hier, und das ist mein Platz. Hau ab.«

All das immer vorausgesetzt, dass die Krähe gesund ist. Viele Leute sind ja der Meinung, dass Greifvögel vor allem kerngesunde Vögel erbeuten. Das wäre ja evolutionärer Schwachsinn! Sie verhalten sich anders als wir Menschen. Wir wollen ja gesunde Tiere essen. Das ist jetzt zwar meine Interpretation der Sache, aber ich denke, sie ist schlüssig: Unstrittig ist ja, dass Beutegreifer sich häufiger verletzte Tiere schnappen als unverletzte. Und das ist auch der ökologische Sinn: dass nämlich verletzte oder sonst wie schwächere Tiere ausgesondert werden, damit sich die widerstandsfähigeren fortpflanzen können. Tendenziell wird ein Beutegreifer immer die energetisch am wenigsten aufwendige Variante wählen, um an Nahrung zu kommen. Er wird die halbtote oder tote Taube von der Straße kratzen. Das macht ein Bussard oder ein Milan. Während ein Habicht eher auf das Lebende, Bewegliche gepolt ist – das sich aber holprig bewegt. Das ist sein Ding. Er geht auf die schwächste Taube im Schwarm. Das kriegt er genau raus.

Auch in diesem Differenzierungsvermögen ähnelt er der Krähe. Krähen reagieren vor allem auf jegliche Abweichung vom Normalzustand. Wenn ein System in irgendeiner Form beeinträchtigt ist, wenn etwas anders läuft als sonst, werden sie sofort hellhörig. Teilweise sitzen sie zwei-, dreihundert Meter weg – und auf einmal wird's laut. Man merkt: Hier stimmt was nicht. Das kann zum Beispiel ein fremder Habicht sein, der in ein bestehendes Habichtrevier eindringt. Da denken sich die Krähen sofort: »Aha, das Habichtpaar ist abgelenkt. Da gibt's für uns vielleicht die Gelegenheit, was zu kriegen.«

Einmal beobachtete ich auf einem Friedhof einen Horst mit Junghabichten. Plötzlich gab es irgendeinen Lärm. Und von den Jungen, die gerade erst flügge waren, bekam einer einen derartigen Schreck, dass er vom Horst abflog und hundertfünfzig Meter weiter in einer Fichte landete. *Da war ein Spektakel!* Auf einmal flogen die Krähen aus allen Richtungen an. Es war genau die Situation, auf die sie warten. Sie merkten: »Aha, da ist ein Jungvogel, der sich abgesondert hat. Der ist potenziell für uns interessant.« Wenn sie es schaffen, ihn aus dem Baum zu jagen und runter auf die Erde, ist er verloren. Jetzt war er allerdings hoch genug. Auch das begriffen die Krähen sehr schnell: »An den kommen wir nicht. Der ist fit.« Das merken die Vögel sofort. Da sind sie uns überlegen. Ich war mir zuerst alles andere als sicher. Aber als die Krähen aus eigenen Stücken aufhörten, diesen Junghabicht zu attackieren, wusste auch ich: »Er schafft es.« Denn sonst hätten sie niemals lockergelassen. Normalerweise kommen sie zu fünft oder zu sechst und machen ihn alle. Bis er nicht mehr kann. Und dann fressen sie ihn.

In unserem Fall konnte der Kleine sogar eigenständig zum Horst zurückkehren. Es wäre auch mühsam gewesen, ihn darauf zu *bringen*. Habichte in dieser Phase haben meist schon diese typische Wildheit. Sie hacken und beißen nach jedem, der sich ihnen nähert.

Wobei ich mein eindrücklichstes Erlebnis mit einem jungen Habicht hatte, der genau diese Wildheit *nicht* zeigte. Das ist mehr als zwanzig Jahre her. Da saß ein Jungvogel, ein Weibchen, das ebenfalls schon in diesem Rüpelalter war, unterm Nest auf dem Waldboden. Und wenn ein Vogel in dieser Phase auf dem Waldboden sitzt, ist das sein Todesurteil. Nicht nur wegen potenzieller Feinde. Er wird auch unten nicht gefüttert. Futter gibt's nur oben. Ich packte ihn also ein, und dann versuchten wir – nachdem er tierärztlich untersucht und eine Woche lang gefüttert worden war –, ihn wieder auszuwildern; brachten ihn allerdings an einen anderen Brutplatz. Das ist prinzipiell möglich. Bei den Habichten ziehen die Altvögel auch fremde Junge mit auf.

Jetzt lag dieser Platz praktischerweise auf besagter Insel im Stadtwaldweiher, wo der Jungvogel, nachdem er zu dem Zeitpunkt noch nicht so richtig fliegen konnte, auch nicht wegkonnte. Weil er aber bereits relativ groß war und die Jungvögel aus diesem Horst schon flügge waren, wollten wir ihn nicht in den Horst setzen. Zum Glück lag unten ein umgestürzter Baum, auf dem die Altvögel oft saßen und Beute zerlegten, weshalb wir glaubten, dass sie ihn in diesem Fall auch da unten füttern würden. Also setzten wir ihn dort hin, brachten aber vorsichtshalber noch jeden Tag Futter rüber und legten es auf den Stamm, damit er mit Sicherheit etwas hatte. Sechs, sieben Tage trafen wir ihn dort an. Am achten oder neunten Tag saß er auf dem Festland auf der Wiese, umgeben von einigen Leuten, die ihn sich ansahen. Es war reiner Zufall, dass ich genau zu der Zeit mit Futter vorbeikam. Ich dachte: »Okay, wenn er schon wieder auf der Wiese sitzt, hat das alles keinen Sinn.«

Also nahmen wir ihn erneut auf. Man konnte ihn immer noch ganz normal untern Arm klemmen. Das war ein ganz Lieber. Überhaupt kein Rüpel, im Gegenteil. In der Greifvogelstation hieß es allerdings: »Wir können bei ihm keinen gesundheitlichen Schaden finden.« Klar war nur: Auswildern bringt nichts. Er muss in menschliche Obhut. Woraufhin ihn ein Falkner bekam. Das machte die Stadtverwaltung nicht gerne, aber in dem Fall gab's keine bessere Option. Bevor er sein Leben hinter Gittern verbringt, soll er lieber in die Falknerei gehen.

Dann versuchte also ein Falkner, aus ihm einen Jagdvogel zu machen. Ohne Erfolg. Wenn man vor ihm ein totes Kaninchen über den Hof zog – so wie die Falkner das zum Abrichten tun –, blieb er auf der Faust sitzen, kuckte höchstens mal kurz; weit davon entfernt, sich auf das Kaninchen zu stürzen, so wie andere Habichte das getan hätten. Es funktionierte nur, wenn das Kaninchen direkt an ihm vorbeigezogen wurde. Dann hüpfte er einigermaßen lustlos drauf. Aber damit hatte es sich. Er behielt eher die Eigenschaften eines Wellensittichs.

Zu dieser Zeit stellten wir an ihm auch so ein eigenartiges Kopfnickverhalten fest. Außerdem schien er ein wenig zu taumeln, wenn er durch die Voliere lief. Nur ein Viertelprozent, gar nicht viel. Aber es war klar, dass er irgendetwas hatte. Wir wussten nur nicht, was.

Ein Jahr später erblindete er auf beiden Augen gleichzeitig. Beide Augen wurden total trüb. Und damit hatten wir die Erklärung für den ganzen Schlamassel. Er konnte von Anfang an nicht richtig sehen. *Deshalb* hatte er immer wieder auf dem Boden gesessen. *Deshalb* hatte er das alles nicht auf die Reihe gekriegt. Und das war natürlich traurig. Wir hatten monatelang Spaß mit diesem Vogel gehabt. Das war so ein toller Habicht! Den hätte man einem kleinen Kind auf die Faust setzen können. Völlig ungewöhnlich. Aber am Ende reagierte er auf nichts mehr. Und so mussten wir ihn leider einschläfern.

Wobei solche Dinge auch anders verlaufen können. Wir hatten erst in diesem Jahr einen Fall, da stiegen wir im Garten des Kölner Erzbischofs auf einen alten Baum, um Junghabichte zu beringen. »Wir«, das sind in dem Fall Wissenschaftler vom Leibniz-Institut für Zoo- und Wildtierforschung in Berlin, das auch hier in Köln Untersuchungen an Habichten durchführt. Das läuft so ab, dass wir die Jungen da oben in nen Stoffbeutel hüllen und am Seil runterlassen. Dort werden sie untersucht und beringt; wobei ausgewählte Vögel zusätzlich einen kleinen Sender bekommen. Jetzt stellten wir aber fest, dass einer der Jungvögel – auch wieder ein Weibchen – eine Infektion hatte, wodurch beide Augen geschlossen und der Kopf stark angeschwollen war.

Außerdem saß auf der Stirn eine riesige Zecke. Deshalb brachten wir sie gar nicht wieder hoch, sondern gleich hier zur Bergischen Greifvogelhilfe, wo man sie ganz entgegen unserer Erwartung durch Antibiotika wieder hinbekam. Als wir sie nach zwei Wochen abholten, war die Schwellung weg, die Augen wieder offen und sie selbst bereits dieser typische kleine Wildfang. Wenn man sie anfassen wollte, ging sie sofort in Angriffsposition.

Wir brachten sie mit einem Sender versehen zurück ins Nest; wodurch sie meines Wissens der erste Habicht ist, der in frühester Kindheit einen stationären Krankenhausaufenthalt hatte und anschließend wieder zu seiner Familie zurückkam. Es sieht gut aus. Die Kleine hat's offensichtlich gepackt. Und das können wir aufgrund der Senderdaten dokumentieren. Sie ist inzwischen selbstständig und erkundet Köln.

Die Jo-Jo-Pferde von Montegrande

Erzählt von Ramón Luis Alvarez Ojeda, Montegrande/Chile

Ich habe schon mein ganzes Leben lang mit Pferden zu tun. Sobald ich laufen konnte, lernte ich auch Reiten – und wurde schließlich das, was wir Chilenen einen Huaso nennen. Das ist eine Viehhütertradition, viel älter als die der nordamerikanischen Cowboys. Wir leben seit Jahrhunderten in direkter Beziehung zu unseren Pferden. Wir erziehen sie, wir trainieren sie, wir vertrauen ihnen absolut – und sie vertrauen uns. Sie sind unsere Arbeitskollegen und unsere Begleiter. Überall. Ein Huaso zu sein, ist viel mehr als ein Beruf: Es ist eine Form des Lebens, eine Lebensphilosophie.

Das gilt für mich bis heute – auch wenn ich inzwischen nur noch Ausflüge für Touristen veranstalte. Das Reiterlebnis bei uns ist natürlich ein anderes als in Stadtnähe. Unser Tal ist nur sehr dünn besiedelt. Es gibt nicht viele Dörfer. Und ein Stück talaufwärts hören die Dörfer ganz auf. Dann ist da nur noch Cordillera de los Andes – die Anden. Viele Pferde – nicht nur die, mit denen ich arbeite, sondern auch aus den umliegenden Dörfern – leben dort fast das ganze Jahr über wild. Es ist eine Art natürliches Reservat. Sie können nicht über die Berge, weil die viel zu hoch sind, und nach unten gibt es Gatter. Dazwischen liegt ein riesiges Gebiet. Tausende von Hektar, wo sie alleine leben; in der Wildnis. Einmal im Jahr werden sie von den Sommer- zu den Winterweiden verlegt. Das ist alles.

Die erste Geschichte, die ich erzählen möchte, handelt

von Payaso. Das war ein Pferd, das wir alle sehr liebten. Payaso bedeutet Clown. Er war unglaublich freundlich und geduldig und eignete sich von daher vor allem für kleine Kinder. Als er sechsundzwanzig oder siebenundzwanzig war – also wirklich schon alt für ein Pferd –, wurde uns langsam klar, dass er nicht mehr lange leben würde. Er wurde zusehends schwächer. Deswegen musste er auch nicht mehr arbeiten. Er durfte einfach nur *da sein*. Eines Tages im Sommer dachte ich mir: »Gut, ich bringe ihn jetzt nach oben in die Cordillera, damit er seine allerletzte Zeit in Freiheit genießen kann. Dort gibt es genug zu fressen, genügend Wasser und viele Pferde, denen er sich anschließen kann.«

Also brachte ich ihn dort hinauf. Das ist ein Ritt – na, so ungefähr eineinhalb Tage. Dann ließ ich ihn frei und machte mich auf den Heimweg. Zwei Tage später ging ich morgens aus dem Haus, um Brötchen zu holen. Da stand er vor unserer Tür! Er war den ganzen weiten Weg zurückgelaufen – obwohl das eine Gegend war, die er gar nicht kannte. Und offenbar war er mir auch nicht unmittelbar gefolgt, sondern hatte sich erst mal gefragt: »Gefällt es mir hier oder nicht?« Und es gefiel ihm *nicht*. Dadurch wurde mir erst mal so richtig klar, dass Freiheit für ein Herdentier nicht alles ist. Natürlich gab es dort oben viele Pferde. Aber die kannte er alle nicht. Ich denke, dass er sich nicht sicher fühlte. Er wollte wieder zu seinen Freunden, zu seiner Gruppe; eben *weil* er sich bei ihnen sicher fühlte. Seine Heimat war die Koppel. Nicht die Cordillera.

Na ja, und dann durfte er natürlich bleiben, wo er war. Ich brachte ihn wieder zu den anderen – und zwei Monate später starb er da ganz friedlich. So wie er es wollte.

Es gibt noch eine andere Geschichte, die ähnlich ist – aber lustig. Und zwar sind unsere chilenischen Bergpferde ja alle nicht sonderlich groß. Aber einmal hatten wir ein Pferd, das war sogar für ein chilenisches Bergpferd ausgesprochen klein. Deshalb hieß es auch Poroto; das bedeutet Bohne, und zwar eine dieser kleinen, dicken Bohnen, die wir in Lateinamerika haben.

Wenn man sich diesen Poroto so ansah, konnte man denken, dass mit ihm nicht viel los war. Einmal hatten wir ein paar Argentinier zu Besuch, und ich fragte: »Wer von euch hat die meiste Reiterfahrung? Ich habe hier ein etwas schwieriges Pferd.« Und einer meinte: »Haha, kein Problem. Ich spiele Polo.« Als er Poroto sah, sagte er: »Das ist kein Pferd, das ist ein Schlüsselanhänger.« Nur war Poroto zwar sehr klein, aber auch wahnsinnig schnell. Es reichte, mit der Zunge zu schnalzen, und er ging ab wie eine Rakete. *Und* er hatte noch eine weitere Spezialität: die Vollbremsung, mitten im Galopp. Der Argentinier flog gleich in hohem Bogen über Porotos Kopf. Sogar *zweimal*! Und so etwas geht natürlich nicht. Für Touristen brauchst du sichere Pferde. Langsame Pferde. Ich versuchte immer, Poroto irgendwie zu bremsen, aber das war anfangs ganz unmöglich. Erst mit der Zeit, mit den Jahren, nachdem ich jeden Tag mit ihm gearbeitet hatte, wurde er langsamer und arbeitete dann wirklich sehr gut.

Was er allerdings nie loswurde, das war der Makel in den Augen der Menschen, ja »nur ein kleines Pferd« zu sein. Bei allen, die größer waren als der Durchschnitt, war er nicht allzu angesagt. Wenn sie Poroto auch nur sahen, machten sie ein Gesicht wie drei Tage Regenwetter. So ungefähr: »Wenn ich mich auf den setze, bricht er ja gleich zusammen.« Dabei war er unglaublich stark. Meine persönliche Meinung ist, dass kleine Pferde nicht schwächer sind als große. Aber dadurch, dass sie leichter sind, sind sie agiler. Hundert Kilo waren für Poroto überhaupt kein Problem. Ach, hundertfünfzig!

Trotzdem traf ich für mich die Entscheidung, ihn bei nächster Gelegenheit zu verkaufen. Schweren Herzens. Poroto war nicht nur klug. Sonst hätte er anfangs auch nicht so viel Ärger gemacht. Dumme Pferde machen keinen Ärger. Er war auch sympathisch. Ein sympathischer Typ. Gerade wegen seiner Ecken und Kanten. Man sah ihn an und mochte ihn. Bei den schon etwas älteren Kindern aus der Gegend, die uns des Öfteren mit den Pferden halfen, war er wahnsinnig beliebt. Gerade *weil* er nicht so riesig war und trotzdem ein gutes Tempo draufhatte. Und als mich eines Tages Vicente, das war einer der Jungs, fragte, ob ich ihm Poroto verkaufen würde – sein Vater hätte ihm die Erlaubnis gegeben, ein Pferd zu halten –, dachte ich: »Perfekt!« Ich hatte gerade ein anderes Pferd angeboten gekriegt; und um es zu kaufen, musste ich sowieso eines unserer Pferde hergeben.

Vicente nahm Poroto also mit sich hinauf nach Alcohuaz. Das ist ein Dorf am Ende des Tals, also am Rand der Wildnis, kann man sagen. Dort blieb Poroto erst mal. Eines Morgens, nach ein paar Wochen, stand er auf einmal wieder bei uns auf der Koppel. Ich rief Vicente an und sagte: »Hey, dein Pferd ist abgehauen. Es steht bei uns auf der Koppel.«

Also holten sie Poroto wieder ab, brachten ihn nach oben – und dann dauerte es wieder ein paar Wochen und er stand erneut bei uns auf der Koppel. Und das sind immerhin gut dreißig Kilometer! Noch dazu ging es ihm dort ja bestens. Im Gegensatz zu Payaso hatte er bei mir noch arbeiten müssen. Während er dort gar nichts tun musste, außer auf der Weide zu stehen und hin und wieder ein bisschen einen zwölfjährigen Jungen durch die Gegend zu tragen. Aber ich glaube, genau das war das Problem. Es war ähnlich wie bei Payaso. Seine Freunde waren alle woanders. Zu ihnen hatte er absolutes Vertrauen. Während er die Pferde da oben alle nicht kannte.

Na, jedenfalls holten sie Poroto auch dieses Mal wieder ab. Und wieder. Und wieder. Vielleicht sechs, sieben Mal. Irgendwann hörte ich auf zu zählen; weil er einfach immer wieder zurückkam. Nach einiger Zeit zog der Junge zu seinem Vater in die Stadt und seine Mutter kümmerte sich um Poroto. Prompt kam er wieder zurück. Worauf sie's aufgab. »Pass auf«, sagte sie zu mir, »füttere du ihn. Dann bleibt er halt solange bei dir.« Das ist schon Jahre her. Poroto ist immer noch bei uns.

Luna und der weiße Esel

Erzählt von Marion Peccator, Montegrande/Chile

Unsere frühere Leitstute hieß Luna. Mein Mann Ramón Luis liebte sie sehr, obwohl sie eher schwierig und dickköpfig war. Eines Sommers wollte Kathy, die Tochter einer Freundin von Ramón, mit Luna nach Hause reiten, um sie dort das Gras abfressen zu lassen. Es kommt öfter vor, dass sich jemand eines unserer Pferde ausleiht – sozusagen als lebenden Rasenmäher. Für die Pferde ist das immer toll. In unserer Gegend wächst nicht viel Gras. Es wachsen Kakteen! Und im Sommer ist es natürlich erst recht karg und trocken.

Um nach Hause zu kommen, musste Kathy mit Luna aber mitten durchs Dorf. Am Marktplatz hätten die beiden eigentlich abbiegen müssen. Aber genau an der Ecke gibt es ein Café – und in der Mitte des Cafés eine große freie Stelle, wo im Winter Feuer gemacht wird. Nur, im Sommer braucht man das natürlich nicht – weshalb dort nun ein riesiger Korb mit Obst stand, um frische Säfte zu pressen.

Bei uns sind die Cafés allerdings meist offen gebaut. Das heißt, es gibt keine Türen und Fenster. Luna konnte also das Obst sehen. Oder sie konnte es *riechen*. Und sie war eben schon immer völlig wild nach Obst in jeder Form gewesen. Bananen, Äpfel, Weintrauben – alles! Auch Avocados ... Außerdem war ihr klar, dass Kathy nicht genug Reiterfahrung besaß, um sie abzuhalten. Pferde spüren so was ja sofort.

Anstatt nun also abzubiegen und weiterzulaufen, marschierte Luna samt Reiterin die vier, fünf Stufen zum Café rauf, durch die Flügeltür – man kann sich das vorstellen wie bei einem Western-Saloon –, mitten zwischen die Leute, und fing an, das Obst aufzufressen. Es gab ein Riesengekreische. Manche Leute waren echt in Panik. Und Kathy versuchte, dieses Pferd wieder nach draußen zu bringen. *No way!* Sie schaffte es nicht. Sie musste zuerst Ramón holen, damit er sein Pferd da rausführte; das bis dahin aber schon einen Großteil des Obstbergs aufgefressen hatte. Ramón musste sich tausendmal entschuldigen – und das Obst natürlich bezahlen. Aber daran erinnern sich die Leute im Dorf noch heute: dass das Pferd mitten im Café stand.

Doch Luna hatte nicht nur ihren eigenen Kopf, sie war auch clever. Es gab einmal eine Situation – da hatte sie gerade ein Fohlen geboren. Und Pferdemütter haben ja einen ausgesprochenen Beschützerinstinkt. Noch dazu Luna! Sie ließ kein anderes Pferd auch nur in die Nähe, sondern griff sofort an. Also brachten wir sie und das Fohlen für die ersten Wochen auf eine große Extrakoppel bei uns hinterm Haus, wo es schönes, saftiges Gras gab. Aber eines Morgens stand da auf einmal auch eine weiße Eselin, von der wir weder wussten, woher sie kam, noch wie sie da reingekommen war. Das Tor des Gatters war mit einer Drahtschlinge verschlossen gewesen. Das Ganze war ein Rätsel. Irgendwann meinte jemand, dass die Eselin wohl einem Mann gehörte, der zwei Dörfer weiter wohnte. Der sagte schon am Telefon: »Jaja, ich weiß. Die haut immer ab. Die kann nämlich Türen aufmachen. Ich binde sie schon immer an. Aber sie schafft es trotzdem jedes Mal, auf Wanderschaft zu gehen.«

Er kam also bei uns vorbei, nahm die Eselin mit – zwei Tage später war sie schon wieder da! Vielleicht wegen des Grases; ich weiß es nicht. Und das wiederholte sich noch ein paar Mal. Die Eselin stand wieder und wieder auf der Koppel. Sie durfte dem Fohlen zwar nicht allzu nahe kommen, aber sie durfte immerhin mit Luna grasen.

Eines Tages stellte sich heraus, dass sie noch einen weiteren Trick hatte. Und zwar gab es auf der einen Seite der Koppel einen Zaun mit ein paar Holzpfosten. Und die Eselin wusste, wie sie mit ihren Hufen genau den Pfosten herausfinden konnte, der ein bisschen loser war als die anderen. Den buddelte sie dann aus. Bis sich der Zaun leicht zur Seite neigte. Und an dieser Stelle sprang sie schließlich drüber.

Aber das Lustigste ist: Sie gab ihr Wissen an Luna weiter. Einmal beobachteten wir, wie sie gerade wieder das Tor aufmachte – einfach, indem sie mit der Nase so lange daran herummachte, bis es offen war; das ging relativ schnell – und Luna stand daneben. Ramón erzählt gerne, dass Pferde vor allem durch Nachahmung lernen. Durch Nachmachen. Sie sind unter vergleichbaren Bedingungen zwar nicht so klug wie Esel, aber sie besitzen großes Lernpotenzial. Erst recht ein so waches Pferd wie Luna. Es dauerte nicht lange, und sie wusste, wie's geht – und vergaß das nie wieder. Wir hatten eine Menge Ärger, weil ständig alle Türen offen standen. Luna war ständig irgendwo unterwegs. Und damit natürlich auch die anderen Pferde.

Kahles Land

Erzählt von Helmut Sütsch, Grevenbroich/Niederrhein

Im Jahr 1975 war ich mit meiner Frau und meinem damals dreijährigen Sohn in Österreich in den Bergen im Urlaub. Eines Abends, als wir die Serpentinen zum Bauernhof hochfuhren – es war schon dämmrig –, kam auf einmal ein Fuchs aus dem Wald, war wohl ein bisschen geblendet und blieb einfach vor uns sitzen. Ich hatte noch nie einen frei lebenden Fuchs gesehen und dachte: »Ist das ein schönes Tier!« Wir durften ihn bestimmt ne Minute beobachten. Als er dann gemütlich wegging, sagte ich zu meiner Frau: »Das ist ja Wahnsinn! Ich muss mich zu Hause mal drum kümmern, wovon so ein Fuchs lebt, wie er seine Jungen aufzieht, wie alt er wird ...«

Das war die Initialzündung, die mich im darauffolgenden Winter dazu brachte, alle möglichen Bücher über Füchse zu lesen. Im Frühjahr zog ich los, mehr oder weniger auf eigene Faust, ging durch die Wälder, kuckte, wo irgendwelche Löcher sind – hatte natürlich keine Ahnung, ob das jetzt ein Fuchsloch ist oder ein Kaninchenloch; konnte auch die Spuren noch gar nicht so richtig unterscheiden ...

Aber als ich nach langem Suchen mal eindeutig Fuchsspuren im losen Sand vor einem Bau fand, wusste ich ja immer noch nicht: Ist das jetzt einer, der da drin wohnt und sogar Junge hat, oder ist es einer, der gerade zufällig vorbeikam und nur mal reinschnupperte, ob da lecker Kaninchen für ihn zu fressen drin sind. Also blieb mir nichts anderes übrig, als mich vor die verschiedenen Löcher zu setzen, die ich mit der Zeit entdeckte. Als nach Monaten wirklich mal ein Fuchs rauskam, dachte ich: »Wahnsinn, jetzt hast du's geschafft.« Das hielt natürlich nicht lange an.

Im nächsten Jahr entdeckte ich endlich einen Bau, der sehr danach aussah, als ob es da Junge gäbe; setzte mich also wieder ne Zeit lang dorthin, konnte tatsächlich die Jungen beobachten und war unheimlich glücklich. Damals fotografierte ich noch. Und da die Füchse immer erst abends den Bau verließen, wenn es fast dunkel war, stellte ich mich schon darauf ein, einen Blitz einsetzen zu müssen. Die Fähe – also die Mutter – bekam ich in all der Zeit nicht zu Gesicht. Irgendwann fragte ich mich: »Hm, die Kleinen müssen ja versorgt werden. Wie funktioniert das mit der Fütterung? Passiert das nachts? Passiert das auch tagsüber?« Füchse sind ja so scheu, dass sie, wenn ein Mensch in der Nähe ist, die Jungen nicht besuchen. Aber auch das konnte ich damals nur erahnen.

Nach vielen Wochen an verschiedenen Bauen hatte ich schließlich das Glück, schon von Weitem eine Fähe zu erspähen. »Was passiert jetzt?«, fragte ich mich. »Akzeptiert sie dich? Sieht sie dich? Riecht sie dich? Macht sie einen großen Bogen und verschwindet wieder?« Sie kam näher, sah mich offenbar nicht und säugte gleich die Jungen. Keine zwanzig Meter von mir entfernt. *Und ich traute mich nicht zu fotografieren!* Ich dachte: »Wenn du jetzt das Blitzlicht anschmeißt, und besonders, wenn der Blitz sich geräuschvoll wieder auflädt, lässt sie womöglich die Jungen im Stich.«

Ein paar Tage später gelang mir doch noch meine Aufnahme – und ich durfte im Lauf der Jahre erfahren, dass

Füchse gewisse Gewohnheiten haben. Dass ich an Stellen, wo ich im Jahr zuvor was gefunden hatte, im nächsten Jahr auch wieder was finden konnte. Ich ging also immer die gleichen Baue ab, kontrollierte, ob es da Junge gab – es ist ja nicht so, dass das jedes Jahr gleich ist. Die sind dieses Jahr hier, nächstes Jahr hundert Meter weiter; das Jahr darauf gibt's vielleicht gar keine Jungen. Und die Jungen sind nun mal diejenigen, die du erwischen willst. Aus zwei Gründen: Einmal sind Füchse, wenn sie sehr klein sind, noch völlig arglos. Sie kriechen nach vier Wochen das erste Mal aus dem dunklen Loch – dann sind das natürlich alles neue Eindrücke. Und wenn einer dieser neuen Eindrücke zufällig ein Mensch ist und der ihnen nichts tut und nicht zu nahe kommt und nicht hektisch mit den Armen hantiert, dann denken sie: »Okay, der gehört halt dazu.« Eine Woche später kann das schon ein Unterschied wie Tag und Nacht sein. Sobald die Kleinen sich draußen bewegen, wird der Altfuchs dafür sorgen, dass sie möglichst schnell Angst aufbauen vor dem, was er selbst schon kennt. Den Geruch des Menschen zum Beispiel.

Hinzu kommt, dass Füchse mit ihren Jungen umziehen. Nicht nur wegen des Menschen, sondern auch, weil der Bau schnell zu eng wird, wenn die Jungen größer werden und entsprechend darin herumtoben. Also bringt der Altfuchs sie in einen anderen Bau in der Nähe, der mehr Röhren und damit mehr Fluchtmöglichkeiten hat, und wo auch mehr Platz vorhanden ist. Dabei nutzt er teilweise alte Baue aus'm Vorjahr. Er nutzt Baue vom Dachs ... Der Dachs ist ein guter Gräber. War schon fast ausgerottet. Aber nur deswegen, weil die Jäger dem Trugschluss unterlegen waren, sie könnten den Fuchs ausrotten, indem sie ihn vergasen. Es gab ja in Deutschland noch bis vor etwa zehn Jahren die Wildtier-Tollwut. Und in den Sechzigerjahren kamen die Jäger auf die Idee: »Wir vergasen jetzt die Füchse. Wir gehen hin, stopfen die Löcher zu, schicken da Blausäure- oder irgendwelches anderes Giftgas rein ...«, und erreichten damit nur, dass fast alle *Dachse* vergast waren. Füchse erwischten sie kaum. Obwohl sie als Jäger hätten wissen müssen, dass Füchse sich das ganze Jahr nicht für den Bau interessieren. Nur wenn sie Junge haben – oder wenn die Fähen in der Paarungszeit so langsam genug von den aufdringlichen Rüden haben; dann verstecken sie sich manchmal für ein paar Tage im Bau. Ansonsten schlafen Füchse im Wald unter irgendwelchen Baumstubben. Während Dachse fast immer im Bau sind!

Zum Umziehen der Füchse habe ich eine schöne Geschichte. Und zwar habe ich drei Fahrgenehmigungen von Forstämtern, damit ich mit dem Auto in deren Revieren fahren darf. Schwere Filmkamera und Zubehör bis zu nem weit entfernten Hochstand schleppen – das wäre oft zu schwierig. Hier bei RWE, wo jetzt die ehemaligen Braunkohle-Abbaugebiete rekultiviert werden, habe ich vom Forstamt ebenfalls ne Fahrgenehmigung. Ich darf also überall in den rekultivierten Gebieten rumfahren ... Aber nun gibt es bei der Rekultivierung ja viel LKW-Verkehr. Die ausgekohlten Löcher werden wieder zugekippt ... Und da gab's mal ne große Schottertrasse, die man extra neu errichtet hatte, damit die LKWs zu einem ehemaligen Loch fahren konnten.

Zu der Zeit erzählte mir ein Jäger, dass er direkt neben der Trasse Fuchsjunge gesehen hätte. Und zwar ganz *kleine* Junge, so wie sie normalerweise noch gar nicht draußen sind. Meistens erzählen mir die Jäger ja nichts. Aber das war einer, der nicht mehr viel machen konnte. Er konnte sich nur noch von seiner Frau rumfahren lassen und ein bisschen kucken. Wobei er auch vorher nicht geschossen hatte. Er hatte nichts anderes getan, als Fallen aufzustellen. Ich sag: »Wie machste das denn so?« »Tja, Falle hinstellen in der Nähe vom Bau, möglichst sogar in den Bau rein; die Jungen haben irgendwann Hunger, wenn die rauskommen, geht die Klappe zu, dann hab ich da drei Junge drin.« Sag ich: »Und dann?« »Tja, dann geh ich mit ner Pistole hin und jeder kriegt ne Kugel.«

Allerdings konnte er das hier nicht machen. Totfallen sind ja schon lange verpönt, aber RWE hat vor ein paar Jahren auch die Lebendfallen, die dieser alte Jäger benutzte, komplett verboten. Das hat den wohl nicht groß gestört; aber an derart offenen Stellen, gleich neben dieser Schottertrasse, wo alle paar Minuten ein LKW vorbeikam: Das wäre aufgefallen.

Auf jeden Fall: Ich natürlich direkt da hin. Das war einfach nur kahles Land da. Zu beiden Seiten der Trasse ein steiler Anstieg; die Straße mehr oder weniger in die Landschaft hineingefräst; zwischen Trasse und Anstieg ein Graben zur Entwässerung und die Hänge so gut wie unbewachsen, außer ein paar Sanddornbüsche ab und zu. Und da ich inzwischen viel aus dem Auto filme, weil das Auto eine gute Tarnung ist, parkte ich also unmittelbar vor dem Fuchsloch – vielleicht fünfzehn Meter davon entfernt – und filmte, wie da wirklich *klitzekleine* Junge spielten. Sie waren noch ganz dunkelbraun. Meistens kommen Füchse erst raus, wenn der Kopf schon fuchsfarben und sie schon ein bisschen größer sind. Aber diese hier – ach, miniklein waren die! Kaum so groß wie ne Hand.

Zwei Wochen später – die Füchse kannten mich, das heißt, sie kannten *mein Auto* – zogen sie in einen der Sanddornbüsche und waren dadurch nicht mehr so gut zu beobachten. Mitten im Gebüsch gab es wohl eine freie Fläche und auch einen Bau, aber das konnte ich nicht so richtig erkennen. Also musste ich kucken: Wo gibt es halbwegs ne Gasse, durch die ich sie beobachten kann? – fand schließlich auch ne Position; nur standen außen am Gebüsch noch zwei dicke Äste, die mich störten. Dachte ich: »Die schneidste weg.« Dazu wollte ich aber nicht durch den Graben gehen, weil dann andere Leute oder auch Jäger meine Spuren gesehen hätten. Also lief ich fünfzig, hundert Meter weiter, ging dort durch den Graben und am Steilhang entlang wieder zurück; schneide da den ersten Ast weg, leg ihn zur Seite – Äste nehme ich meist wieder mit, damit da keine menschliche Witterung hinterlassen wird –, will gerade den zweiten Ast wegschneiden, kucke so ein bisschen hoch: Da saßen zwei Meter über mir, am Eingang des Lochs, zwei Junge und kuckten mich an. Und der dritte lag daneben und war am Schlafen. Ich wurde ganz nervös. Zwei Meter davor! Wann ist man das schon mal in freier Wildbahn? Selbst wenn's nur so kleine Tiere sind.

Die beiden bekuckten mich weiter aufmerksam. Ich denk: »Blöd! Kamera haste nicht dabei. Was machste jetzt?« Dann stand ich erst ein wenig ratlos herum. Die beiden kuckten mich an, als ob sie sagen wollten: »Du Blödmann warst wohl noch nie hier?« Da fiel mir ein: Ich hab für den Notfall, für den Hund oder so, meistens kleine Leckerlis dabei. Katzenstäbchen. Das sind dünne Stäbchen aus Fleisch, davon kann man Stückchen abbrechen. Ich denk: »Die haste im Auto.« Ich also wieder den ganzen Weg zurück, hinten durch den Graben, wieder in die entgegengesetzte Richtung zum Auto, die Stäbchen geholt, wieder hin. Gleiches Spiel: Die zwei saßen da, hatten in der Zwischenzeit wohl miteinander gespielt; der Dritte pennte noch. »Tja«, denk ich, »jetzt haste das Futter da. Wie kriegste das da oben hin?« Ich brach zwei Stückchen ab und warf sie hoch; wollte mich natürlich nicht zu schnell bewegen, weil Tiere sonst ja flüchten. Und so war es auch. Die zwei rannten sofort weg. Aber als die Stückchen nun oben ankamen, weckten sie den Dritten, der bis jetzt überhaupt noch nix von mir mitgekriegt hatte. Er kuckte zuerst ganz entsetzt, kuckte *mich* an, sah die Stückchen, fraß sie jeweils mit einem Happs auf und wollte sich dann wahrscheinlich nur ein bisschen nach vorne bewegen, um zu kucken, ob es noch mehr gab. Aber weil es an dieser Stelle steil runterging und wohl auch, weil ich ihn aus dem Schlaf gerissen hatte, war er nicht so ganz orientiert und fing an zu stolpern, zu kullern, den Abhang runter, und landete unmittelbar vor meinen Füßen.

Ich denk: »Was machste jetzt?« Auf jeden Fall: Wieder Stückchen abgebrochen, in Zeitlupe in die Hocke gegangen und den kleinen Fuchs damit gefüttert. Er fraß mir bestimmt sechs, sieben Stück aus der Hand und stieß dabei mit seinem kleinen Näschen immer wieder bei mir an die Finger. Das war so was von schön! Ich hatte Tränen in den Augen.

Am nächsten Tag wollte ich das natürlich wiederholen. Ich fuhr mit meiner Frau da hin – und da war nichts mehr. Dachte ich: »Entweder ist die Füchsin mit den Jungen umgezogen, weil sie mich gewittert hat«, denn da geht sonst kein Mensch lang. Die ganzen LKW-Fahrer, die das

Zeug zur Kippe bringen, *fahren* da vorbei. Da geht auch niemand zu Fuß spazieren. Da gibt's keine Menschen und keine menschlichen Spuren. Oder als Zweites kam infrage: Es gab in der Nähe angeblich eine Uhu-Brut. Und mir war erst ein paar Jahre vorher ein komplettes Geheck mit drei Jungen abhandengekommen – Geheck, das sind die Jungen, der Wurf quasi –, weil der Uhu sich die geholt hatte. Der Uhu-Horst war drei Tage später von Vogelschützern untersucht worden, und da lag eines der damals von mir beobachteten Fuchsjungen drin – die Hälfte –, ein toter Hase; und wenig später waren die anderen Jungen ebenfalls verschwunden.

Mit dieser Erfahrung im Hinterkopf rief ich also einen Uhu-Experten an und fragte ihn: »Sag mal, wo ist denn genau der Uhu-Horst, der hier in der Nähe ist?« Dann beschrieb ich ihm das Problem mit den Füchsen; dass sie alle weg wären.

»Tja«, sagt er, »so kurz und schnell hintereinander ... Ich komm mal raus.«

Wir kuckten uns die ganze Gegend an. Wobei er alle größeren Gesteinsbrocken in der Nähe absuchte, die als Beobachtungsposten für den Uhu geeignet gewesen wären, weil das ja alles mehr oder weniger noch offenes Feld war. Das ganze Gebiet war noch in der Anfangsphase der Rekultivierung. Es waren noch keine neuen Bäume gewachsen. Dann meinte er: »Hm, wenn mein Uhu deine Füchse geholt hat, dann hat er hier irgendwo gesessen und beobachtet. Und wo ein Uhu nach Beute Ausschau hält, da kackt er auch hin.«

Wir suchten sämtliche infrage kommenden Beobachtungsposten ab, fanden aber nirgends Kot von nem Uhu.

Gingen anschließend zum Fuchsbau; er suchte auch dort alles ab. Sag ich: »Nach was suchst du denn jetzt?«

»Irgendwas findest du hier. Wenn der Uhu hier Jungfüchse geholt hätte, würdest du entweder Verteidigungsspuren der kleinen Füchse sehen, die sich natürlich wehren würden, oder aber: Wenn er hier mit seinen Riesenkrallen zugepackt hätte, würden an dieser Stelle ausgerissene Fuchshaare liegen.« Das fanden wir zum Glück alles nicht.

Danach war ich noch drei, vier Tage auf der Suche, um die Jungen wiederzufinden. Dehnte meine Kreise immer weiter aus. Erst im Umkreis von hundert Metern, dann zweihundert. Am vierten Tag ging meine Frau mit, weil's ihr zu blöd war, dass ich jeden Tag nach Hause kam und sagte: »Ich hab nix gefunden.« Wir fuhren mit dem Auto stundenlang alles ab. Ergebnislos. Auf einmal sagt sie: »Kuck mal, dahinten sind doch auch ein paar Löcher.« »Nee«, sag ich, »da ist nix, das sind uralte Löcher.« »Aber du kannst doch wenigstens mal kucken.« Dachte ich: »Na gut, bevor ich Krach kriege, weil ich *nicht* kucke ...«; gehe da hin, biege um die Ecke, wo ebenfalls noch ein paar Löcher waren und – da waren die Jungen tatsächlich am Spielen! Wir hatten sie wieder! Mir fiel ein Stein vom Herzen. Erst mal, dass sie wieder da waren. Und zweitens, dass der Uhu sie nicht gefressen hatte.

Nur waren sie nach diesen vier Tagen schon entschieden scheuer und akzeptierten mich nicht mehr in der Nähe. Den einen von ihnen konnte ich noch so halbwegs filmen, aber was weiter aus ihnen wurde, kann ich gar nicht sagen. Meistens ist es leider so: Sie werden irgendwann weggeschossen.

Zum Beispiel wird hier gerade ein neues Autobahnkreuz gebaut. Ebenfalls nur wegen Braunkohle. Und zwar wurde vor zehn Jahren ne ganze Autobahn weggerissen, um darunter die Kohle wegzuholen. Dafür wurde ein paar Kilometer daneben ne neue Autobahn erstellt. Jetzt sind die mit diesen riesigen Baggern aber schon wieder an der neuen Autobahn dran, die jetzt auch wieder weggerissen werden muss. Und dann muss an der Stelle, wo die alte weggerissen wurde, wieder ne neue hin. Das kostet ein Schweinegeld. Zwei neue Autobahnkreuze und etwa zehn Kilometer Autobahn. Mit dieser Aufgabe ist der Landesbetrieb für Straßenbau – kurz: Straßen.NRW – beauftragt. Und einer der drei Baustellenleiter ist ein großer Naturfreund. Er rief mich eines Tages an: »Hör mal, ich hab deine Telefonnummer aus'm Internet. Du filmst doch Füchse.« »Ja.« Sagt er: »Ich hab hier nen Fuchsbau. Ich schätze, da sind sieben Junge drauf.« Sag ich: »Hast du auch richtig gezählt? Sieben ist ein bisschen viel. Das gibt es normal nicht.« Ein Fuchs hat in der Regel fünf Junge. Es sind schon mal vier, mögen auch selten sechs sein, aber sieben ...!

Ich also wieder da hin – das war direkt neben dieser Autobahn, die weggerissen werden sollte; auf der wurde noch gefahren. Daneben verlief ein kleiner Feldweg, dann ein breiter Streifen, der mit Winterweizen bepflanzt war. Der Baustellenleiter hatte gesagt: »Du kannst da ruhig alles plattmachen, kein Problem. Wir müssen den Bauern eh entschädigen.« »Nee«, sag ich, »ich will ja nicht nur die Jungen alleine filmen, sondern möglichst das ganze Familienleben beobachten und dokumentieren.« Also ging ich hin, stellte in etwas weiterer Entfernung das Tarnzelt auf, einfach auf den Feldweg. Denn wenn ich mich in den Weizen gestellt hätte, hätte mich die Fähe sofort gesehen. Der Weizen war noch nicht mal kniehoch.

Dann wartete ich ne Zeit, machte Aufnahmen von den Jungen, die schon draußen waren, spielten – und dachte: »Wenn die Jungen draußen sind, kommt die Fähe bestimmt bald aus dem näheren Umkreis und bringt Futter.« Sie kam aber aus dem *Bau* raus. Und zwar nicht alleine, sondern auch noch ein paar Junge hinterher. Es waren also wirklich ungewöhnlich viele Junge. Jetzt war ich in der Situation aber viel zu beschäftigt – Schärfe und Belichtung einstellen und so weiter – und konnte so weder die Jungen zählen, noch bekam ich mit, was um mich herum passierte. Ich hatte nur irgendwann den Eindruck, dass da jemand neben meinem Zelt steht, schlug das Seitenfensterchen auf, und da war, im Auto sitzend, der Jäger: »Was machen Sie da?«

»Ach, ein bisschen die Tiere beobachten.«

»Na ja, ich weiß, hier sind Füchse. Die muss ich wegschießen. Wie lange brauchen Sie denn noch?«

»Ich würd mich freuen, wenn ich noch ein paar Tage hier sitzen dürfte.«

»Das geht nicht. Die Sache pressiert. Womöglich ziehen die um, und dann krieg ich die nicht mehr.«

Tja, und da konnte ich natürlich schlecht sagen: »Hau ab«, oder so was. Schließlich ist das sein Jagdrevier. Wenn er nicht mein Nummernschild gesehen hätte, hätte ich nachher noch an den Fuchsbau pinkeln können. Das mache ich manchmal, wenn ich von einem Jäger erwischt werde, der eventuell gar nicht wusste, dass da ein Bau ist. In achtzig Prozent der Fälle schnappt sich die Füchsin dann ihre Jungen und ist verschwunden. Aber hier ...

In den Folgetagen sah der Bauleiter von Straßen.NRW ständig den Jäger dort sitzen. Mit dem Ergebnis, dass die Jungen am Schluss alle weg waren. Wie ich hinterher auf den Aufnahmen sah, waren es nicht fünf gewesen, auch nicht sieben, sondern neun! So was hatte ich noch nie erlebt – in all meinen vierzig Jahren der Fuchsbeobachtung.

Wir erkundigten uns anschließend bei den Landwirten. Die meinten: »Ja, die schießen hier, was das Zeug hält. Alles, was nach Fuchs aussieht, wird da weggeschossen.« Obwohl das gar nichts bringt. Es ist ja nachweislich so: Je mehr Füchse geschossen werden, umso höher ist die Geburtenrate. Das sieht man schon anhand der neun Kleinen. Deswegen denke ich, dass es vielen Jägern in Wahrheit ums Schießen geht. Früher sagten sie immer: »Man braucht eigentlich gar keine richtige Schonzeit für Füchse.« Als dann trotzdem Jagdzeiten und dementsprechend Schonzeiten eingeführt wurden, meinten sie: »Ja, aber zumindest die Rüden wollen wir ganzjährig schießen, weil die ja gar nicht an der Aufzucht der Jungen beteiligt sind. Die Fähe muss ihre Jungen alleine großziehen.«

Aber das stimmt nicht. Ich konnte in all den Jahren immer wieder beobachten, dass in der Nähe des Baus auch der Rüde ist. Und ich habe oft erlebt, dass er der Fähe Fressen hinbringt. Sogar nachher, wenn die Jungen größer sind und draußen spielen, versorgen männliche Altfüchse ihren Nachwuchs. Sie bringen ein Maul voller Mäuse dorthin oder mal ein Kaninchen, das sie gefangen haben. Ich konnte das nur nie gut filmen.

Eines Tages gelang es mir endlich, schon von Weitem einen Altfuchs zu filmen, der mit einem Kaninchen im Fang in Richtung Bau ging. Oben auf dem Bau – der war an einem mit höherem Gras bewachsenen Abhang – saß schon ein Junges. Und als es den Vater ankommen sah, rannte es ihm direkt entgegen, nahm ihm die Beute ab und verschwand damit im Bau. Ein zweites Junges lief ebenfalls direkt zum Vater, weil es wahrscheinlich dachte: »Vielleicht hat er ja sonst noch was dabei. Mäuse oder sonst was an Kleinigkeiten.« Der Vater hatte aber nichts mehr. Das Junge bettelte ihn immer wieder an, knabberte an seiner Schnauze herum, um zu sehen, ob da noch was drin ist. Und der Vater wollte ihm natürlich klarmachen, dass er nichts mehr hat, und öffnete den Fang. Da das alles so schnell ging, sah es für mich zuerst so aus, als würde er das Junge wegbeißen. Aber zu Hause in Zeitlupe sah ich, dass er es nur mit offenem Fang nach unten drückte, ganz leicht, ganz sachte, ohne es zu beißen, um ihm zu zeigen: »Hier, kuck, ich hab wirklich nix mehr. Du brauchst mich hier nicht weiter zu belästigen.«

Das waren für mich fast sensationelle Erlebnisse und Aufnahmen, weil ich damit beweisen konnte, dass der Fuchsrüde durchaus bei der Aufzucht der Jungen hilft und nicht einfach ohne Schonzeit weggeschossen werden kann. Mittlerweile konnte ich das noch öfter filmen. Beobachten sowieso. Es ist keine einmalige Sache, sondern eine Tatsache, die inzwischen – auch durch weitere Untersuchungen – endlich so langsam anerkannt wird. Obwohl viele Jäger sie immer noch nicht wahrhaben wollen.

Herr Dreifuß

Berichtet von Marie Mannschatz aus Wulfsdorf bei Hamburg, nacherzählt vom Autor

Das Ganze spielt in der Schweiz. Im Berner Oberland. Oberhalb eines hoch gelegenen kleinen Dorfes. Dort, noch ein bisschen höher gelegen als das Dorf, hat eine Freundin von mir – sie heißt Carla – ein Haus an einem Abhang, von dem aus man weit über das Tal blicken kann. Ein sehr schönes, kleines, mehrstöckiges Haus aus den Fünfzigerjahren. »Chalet« nennen die Schweizer das.

Direkt nebendran beginnt eine Art Wildnis. Da ist Wald; wo man aber nicht so gut wandern kann, weil es sehr steil ist. Deswegen ist da oben – außer dass natürlich viele Tiere unterwegs sind – auch absolut tote Hose. Vor allem im Winter liegt da nur hoher Schnee, und Carla hat damit zu tun, überhaupt runter ins Dorf zu kommen und sich ihre Sachen zu holen.

Am Rand des Grundstücks – vielleicht fünfzehn Meter vom Haus entfernt, also noch in Sichtweite – gibt es einen Komposthaufen. Eines Winters, vor acht oder neun Jahren, fiel Carla auf, dass sich dort immer ein Tier anschlich, um sich etwas zu essen zu holen. Jeden Tag. Soweit ich mich erinnere, fiel ihr das auch nur deswegen auf, weil sie Blutspuren im Schnee fand. Irgendwann sah sie, dass es eine Katze war. Und diese Katze war verletzt. Sie konnte den Hinterlauf nicht mehr bewegen, weil sie dort eine offene Wunde hatte. Kann sein, dass sie in eine Falle geraten war oder ein anderes Tier sie angegriffen hatte; und im Winter heilte das eben nicht.

Dazu muss man wissen, dass Carla eine besonders knorrige alte Schweizerin ist – und eine absolute Katzennärrin. Sie hatte zu diesem Zeitpunkt schon drei Katzen in ihrem Haus leben – und hielt nun öfter Ausschau nach der verletzten Katze. Die war aber total scheu, weil sie ja in dieser Wildnis lebte.

Carla versuchte deshalb, sie durch Füttern näher ans Haus ranzukriegen und sie überhaupt weniger schreckhaft zu machen – dass sie nicht sofort weglief, wenn sie sie sah. Was immer besser klappte. Bis Carla schließlich bemerkte, dass die Wunde wirklich sehr groß war. Weshalb sie sich entschied: »Ich bringe die jetzt zum Tierarzt. Das geht so nicht mit der. Das heilt nicht.«

Sie warf also eine Decke über die Katze und schaffte sie zur Tierärztin im Dorf, die erst mal eine Riesenoperation vornehmen musste und ihr das unterste Glied des rechten Hinterlaufs amputierte. Die Katze hatte dann nur noch drei Beine und war so richtig gehbehindert. Ich meine mich auch zu erinnern, dass sie »Herr Dreifuß« hieß. Die haben alle ganz komische Namen bei ihr, die Katzen.

Diese Operation kostete tausend Schweizer Franken. Und diese tausend Schweizer Franken wurden von Carla bezahlt. Und nicht nur das, sondern sie bekam, weil es eine so große Operation war, von der Tierärztin die Auflage, dass sie die Katze erst mal in einem Zimmer halten musste, wo sie nicht weglaufen konnte. Und dass sie ihr regelmäßig Antibiotika geben und sie überhaupt versorgen musste.

Der einzige Ort, an dem Carla das machen konnte, war aber in ihrem Schlafzimmer. Von da an hockten die beiden

Nacht für Nacht beisammen. Die Katze konnte auch nicht im Haus rumlaufen, denn da waren ja noch die anderen Katzen.

Die nächsten drei Wochen waren eine mühselige und schwierige Zeit – für beide Seiten. Eine echte Herausforderung. Die Katze war sehr unruhig und schreckhaft. Aber mit der Zeit gewöhnte sie sich an Carla und wollte, als diese schwierige Zeit vorüber war, auch gar nicht mehr weglaufen. Sie kriegte ihren eigenen Futternapf, genau wie die anderen Katzen, und kam dann jeden Tag, blieb in der Nähe des Hauses und wurde mehr und mehr zu Carlas Katze.

Nun sprach sich diese Hingabe, die Carla da zeigte, natürlich herum. Als ich das nächste Mal zu Besuch da war – ich bin da seit vielen Jahren immer wieder –, erzählten mir schon die Leute im Dorf: »Stell dir vor, die Carla, die hat so viel Geld für eine wilde Katze ausgegeben, um die heilen zu lassen«; davon wurde schon voller Respekt gesprochen. Und es war auch klar, dass sie das nicht etwa deswegen getan hatte, weil das eine besonders hübsche Katze gewesen wäre. Sie ist ganz normal getigert – ein kleines weißes Lätzchen hat sie –, aber sonst ist sie eher eine etwas dicke, wild aussehende Katze. Wirklich nicht sonderlich schön. Keine, bei der man denken würde: »Ach, wie süß!«

Diese ganze Vorgeschichte musste ich erzählen für das, was jetzt kommt: Carla fliegt nämlich des Öfteren für längere Zeit nach Australien. Vier, sechs Wochen. Manchmal zwei Monate. Aber die Katzen können währenddessen natürlich rein und raus. Sie haben eine Katzenklappe – und jeden Tag kommen Leute aus dem Dorf, die sie versorgen und ihnen Futter hinstellen.

Das war also alles passiert. Carla war in Australien gewesen, die Leute aus dem Dorf hatten die Katzen gefüttert – und zwei Monate später kam ich mit ihr zusammen zurück ins Haus, um da ein paar Tage zu verbringen. Es war wahrscheinlich am frühen Abend, denn es war schon nicht mehr allzu hell.

Und wir gehen da rein – Carla hat unten ein wunderschönes, großes Wohnzimmer mit einem großen Panoramafenster, von dem aus man weit über das Tal blicken kann –, und in diesem Moment, als die Katze, diese ehemals fremde Katze, Carla zu Gesicht bekam, flippte sie total aus. Sie schrie, jaulte und sprang auf ihren drei Beinen dermaßen hoch – das konnte man gar nicht glauben. Aus dem Stand heraus federte sie immerzu hoch. Katapultierte sich richtiggehend in die Luft! Ich konnte es gar nicht fassen. Wie macht man das? Wie macht Katze das? Bis auf Brusthöhe sprang sie hoch. In Riesensätzen. Das war fast wie im Comic. Wo sie diese Sprungkraft hernahm! Und dazu machte sie ganz laute Geräusche – die ich noch nie von einer Katze gehört hatte; und sprang sie immer wieder an und lief um sie rum und konnte sich überhaupt nicht beruhigen. Sie verhielt sich so, wie man das von einem Hund vielleicht gerade noch erwarten würde. Aber für eine Katze war das ein völlig ungewöhnliches, extremes Freudeverhalten. Ich hatte früher selbst Katzen und kenne viele Leute, die welche haben, aber ich habe noch nie gesehen, dass eine Katze sich derartig freut und in Begeisterung gerät.

Das ging etwa zwei Stunden lang – immerzu –, dass sie immer wieder in dieses Freudengeschrei ausbrach. Fast wie indianisches Freudengeheul. Es fehlte nur noch, dass sie zu sprechen angefangen hätte. Es wäre für mich an dieser Stelle gar nicht mehr verwunderlich gewesen, wenn sie auf einmal angefangen hätte zu erzählen, wie's denn so war in den zurückliegenden zwei Monaten, wie sehr sie Carla vermisst hatte.

Irgendwann gingen wir ins Bett und ließen die Katze unten im Haus, weil das natürlich störend war – diese lauten Töne. Aber das war dann fast das Beeindruckendste für mich: Sie gab da unten die ganze Nacht über Laute von sich – man konnte nicht mal mehr sagen, dass sie gejault hätte; das war kein Jaulen mehr –, es waren Laute, die ich nie einer Katze hätte zuordnen können. So ungewöhnlich waren die. Man merkte einfach nur: Sie ist absolut, völlig aus dem Häuschen – und kriegt sich gar nicht mehr ein.

Es dauerte dann noch mal vierundzwanzig Stunden – auch am nächsten Tag noch –, bis sie kapiert hatte: »Sie ist jetzt wieder da. Ich kann mich beruhigen.« Und das war für mich auch das Wesentliche an dieser Geschichte: diese extreme Freude und Bindung bei dieser Katze zu sehen; das ureigene Wesen dieses Tieres, in jenem Moment im Wohnzimmer, so deutlich zu erleben. Das war fast schon archaisch – und hob für mich die Grenze zwischen Mensch und Tier auf.

Aber wenn du mit Carla sprechen würdest – die würde das wahrscheinlich in wenigen Sätzen erzählen. Wir unterhielten uns natürlich hinterher darüber, und sie spielte das, für mein Gefühl, alles ein bisschen herunter. Als ob es in ihr gar nicht so viel ausgelöst hätte. Ich für meinen Teil war ja völlig geplättet von dieser Erfahrung! Und sie nahm das mit einer ganz anderen Ruhe und Gelassenheit hin. So ungefähr: »Na ja, die hat sich halt gefreut, die Katze.«

Ein langer Abschied

Erzählt von Jens Westphalen, Hamburg

Mein Kollege Thoralf Grospitz und ich drehen für das NDR-Fernsehen und arte eine zweiteilige Naturdokumentation über Elefanten in Botswana. Das Projekt dauert mehr als zwei Jahre – und inzwischen haben wir zwei mehrmonatige Drehreisen hinter uns. Die letzte führte uns in den Chobe-Nationalpark im Norden von Botswana. Dort gibt es derzeit die höchste Elefantendichte in ganz Afrika, mit teilweise bis zu vierhundert Tieren, die sich an einem Ort versammeln.

Während der Dreharbeiten leben wir mitten im Busch. Normalerweise ist das Campen und Fahren im Nationalpark nur eingeschränkt erlaubt, aber wir haben natürlich eine besondere Genehmigung, mit der wir sowohl zelten als auch abseits der Wege fahren dürfen; wir dürfen nachts fahren ... Und wenn wir dann in der Dunkelheit unser Camp aufschlagen und ein Feuerchen machen, kommen auf einmal Giraffen, Antilopen – Löwen schleichen herum. Nachts im Schlafsack hörst du die Verdauungsgeräusche der Elefanten. Die gehen und stehen nämlich zwei Meter neben dem Zelt.

Eines Tages waren wir mit einem Boot auf dem Chobe-Fluss unterwegs. Eigentlich, um große Elefantenherden auf einer Insel zu filmen: Sedudu Island. Auf einmal sahen wir ein großes Tier, das halb eingesunken im Uferschlamm lag. Und im Näherkommen merkten wir, dass es ein Elefantenbulle war, der nicht mehr aufstehen konnte.

Wir landeten an, ziemlich nah, so etwa zwanzig Meter von ihm entfernt, und sahen, dass er eine schlimme, großflächige Wunde am Knie hatte, die eiterte. Wahrscheinlich war der ganze Körper schon voller Bakterien; auf jeden Fall war es eine Riesenentzündung. Er hob immer den Kopf und wälzte sich da herum. Es war jämmerlich, jämmerlich anzusehen.

Nun ist es in einem Nationalpark aber nicht erlaubt, in die Natur einzugreifen. Außerdem waren die Park-Ranger bereits informiert. Wir konnten also nichts anderes tun, als dazuhocken und zu warten. Wobei wir davon ausgingen, dass der Elefant bestimmt bald sterben würde; dass zum Beispiel ein Löwenrudel kommen würde, um ihm den Garaus zu machen. Löwen fressen ja öfter Elefanten, insbesondere, wenn diese verletzt oder geschwächt sind. Sie fressen auch die Kadaver. Aber dann passierte den ganzen Tag nichts – außer, dass sich dieses Tier da quälte. Als die Dunkelheit anbrach, war er immer noch am Leben.

Am nächsten Tag fuhren wir also wieder hin – und er lebte immer noch. Es wurde also *noch* trauriger. Wir hofften nach wie vor, dass bald Löwen kommen würden. Es kamen aber keine. Stattdessen kamen andauernd Elefanten – von denen einige völlig achtlos an diesem sterbenden Elefanten vorbeigingen (das waren einmal drei Tiere und einmal ein einzelner Bulle), aber die weitaus größere Zahl hielt bei ihm an und verbrachte viel Zeit mit ihm. Und das war sehr, sehr anrührend. Eine Gruppe kam sogar zwei Mal. Zumindest glaube ich, dass es dieselbe Gruppe war.

Und vor allem bei dieser Gruppe schien es, als würden sie dieses Tier kennen, persönlich kennen, und auch, als wären sie fassungslos. Als würden sie das alles nicht verstehen. Oder anders: als *wollten* sie's nicht verstehen. Sie versuchten immer wieder, ihn aufzurichten. Davon gibt es bewegende Bilder. Elefanten haben ja unglaubliche Kraft. Aber sie gingen ganz zart und einfühlsam mit ihm um, berührten ihn mit ihren Rüsseln. Einzelne Tiere versuchten, ihm – wiederum mit den Rüsseln – hochzuhelfen oder seinen Rüssel anzuheben. Der sterbende Bulle war inzwischen so schwach, dass sein Rüssel oft im Wasser lag, und auch sein Mund. Er hatte deshalb große Schwierigkeiten zu atmen. Und in diesem Zusammenhang hatte ich mehr und mehr den Eindruck, dass die anderen sich in die Lage ihres Artgenossen hineinversetzen konnten. Das war das eigentlich Anrührende und Faszinierende. Sie waren offensichtlich mitfühlend und wirkten – das ist jetzt meine menschliche Interpretation –, als wollten sie sein Schicksal beeinflussen und etwas tun, um sein Sterben zu verhindern. Und sie blieben dann jeweils mehr als eine Stunde bei ihm.

In solchen Situationen fragt man sich natürlich schon, inwiefern diese Tiere reflektieren können. Wusste der sterbende Elefant, was ihm bevorstand? Manchmal, vor allem, wenn er alleine war, hatte er so richtig angstaufgerissene Augen. Und wenn dann die anderen kamen, hob er, soweit es noch ging, sofort seinen Rüssel und versuchte, sie zu berühren. Ich finde es auch hier wieder schwierig, menschliche Attribute zu verwenden oder das Verhalten nach menschlichem Ermessen zu interpretieren. Aber ich hatte den Eindruck, dass er dankbar war oder dass er sich umsorgt fühlte. Auf jeden Fall, dass er auf die anderen Tiere reagierte und dass er ihre Anteilnahme zu schätzen wusste.

All diese Beobachtungen und auch die Gedanken, die ich mir machte, ließen es mit der Zeit immer schwerer werden, diesen Todeskampf mit anzusehen. Der Bulle wehrte sich mit aller Macht gegen sein Schicksal, versuchte immer wieder aufzustehen, drehte sich dabei aber mehr oder weniger nur im Kreis. Das war das, was mich am meisten berührte: zu sehen, wie lange das dauerte; wie sich das weiter und weiter hinzog. Dieses Sterben. Das wurde zum echten Gewissenskonflikt. Wir hätten ihn so gerne erlöst. Aber wir waren nur Zuschauer. Das war nicht gut. Weil wir tatenlos zusehen mussten. Und als der Tag zu Ende ging und er immer noch lebte, hofften wir natürlich, dass er in *dieser* Nacht sterben würde. Oder dass ihn endlich die Löwen holen würden.

Am nächsten Tag fuhren wir wieder hin. Und er lebte immer noch! Er wurde jetzt aber rapide schwächer. Inzwischen hatte er auch, vor allem am Rüssel und an den Füßen, so eine Art Waschfrauenhaut. Als wenn er ewig in der Badewanne gelegen hätte. Die Haut war ganz aufgeweicht und ausgeblichen, ganz schrumpelig. Wobei sich dieses Nicht-sterben-Können wahrscheinlich gerade deswegen so lange hinzog, weil er halb im Wasser lag. Wenn er auf Land gelegen hätte, wäre er schon längst verdurstet gewesen. Es war Trockenzeit und tagsüber unglaublich heiß, weit über vierzig Grad. Aber dadurch, dass er im kühlenden Schlamm lag – sich womöglich sogar bis dorthin geschleppt hatte, um sich Linderung zu verschaffen –, verlängerte er sein Elend im Grunde nur.

Und auch an diesem Tag – dem dritten – gingen die Besuche der Elefanten weiter. Wobei nun wirklich alle in den jeweiligen Gruppen beteiligt waren. Selbst die jungen Tiere. Man merkte, dass offenbar die Trauernden, oder wie immer man diese anderen Elefanten nennen will, ganz unterschiedliche Charaktere waren. Die ganz unterschiedlich, also verschieden zartfühlend, mit ihm umgingen. Die *mehr* oder *weniger* Interesse hatten. Das war ebenfalls noch etwas, was mich faszinierte: die unterschiedlichen Reaktionen der anderen Elefanten auf dieses sterbende Tier und diese offenkundige Empathie von einigen.

Und am nächsten Tag war es dann endlich vorbei. Als wir frühmorgens wiederkamen, schwelten noch die letzten Reste eines Feuers, und ein paar Wildhüter standen herum. Sie hatten ihn nachts getötet, aus dem Schlamm gezogen und mit dicken Hölzern angezündet. Letzteres wohl vor allem, weil Anthrax, Milzbrand, im südlichen Afrika ein großes Thema ist. Das kann ja ganze Tierherden dahinraffen. Obwohl es bei diesem Elefanten ja offensichtlich *kein* Milzbrand war, aber vielleicht wollten sie sichergehen; ich weiß es nicht. Ein Grund war bestimmt auch, dass sie das Elfenbein verbrennen wollten, damit Wilderer keine Geschäfte machen können.

Die schönsten Stunden des Lebens

Erzählt von Sibylle Wiemer, Fintel/Nordheide

Meine Geschichte beginnt 1991. Damals arbeitete ich in einem therapeutischen Kinderheim und war immer wieder auf der Suche nach therapiegeeigneten Pferden, die mit den Kindern und vielleicht auch behinderten Menschen aus der Umgebung arbeiten könnten. Und wenn man Pferde sucht, die nicht viel Geld kosten, bekommt man halt oft ältere oder kranke Pferde oder solche, mit denen schwer umzugehen ist, weil der Mensch schon viel Unsinn mit ihnen getrieben hat.

Und so rief mich damals eine Frau an und sagte, sie hätte einen achtjährigen Wallach, ein sehr gutes Pferd – auch mit sehr guten Schrittbewegungen, was ja in der Therapie sehr wichtig ist. Er würde aber immer wieder lahmen, und keiner fände die Ursachen. Er würde galoppieren und dann wieder humpeln. Ganz unberechenbar. Sie wäre vor längerer Zeit schwer mit ihm gestürzt, und nun wäre auch ihre sechzehnjährige Tochter runtergefallen, wodurch das Vertrauen natürlich dahin wäre.

Ich sagte, ich müsse mir das überlegen, und sie antwortete, es wäre aber schon sehr dringlich, weil das Pferd bereits einen Schlachttermin hätte. Es stünde bereits in Warteposition, weil sie und ihr Mann sich vor einiger Zeit zum Schlachten entschieden und nun erst in letzter Minute von mir gehört hätten.

Der Schlachttermin war am 4. Juli. Und am 3. Juli sagte ich: »Okay, dann bringen Sie ihn her«; weil ich dachte: »Schlachten lassen kann ich ihn immer noch.« Denn wenn er tatsächlich nicht reitbar ist – ganz schwierig oder unheilbar krank, lahm, was weiß ich –, kann ich ihn immer noch töten. Dann hab ich keinen Verlust gemacht; weil, ich musste nur tausend Mark bezahlen. Das entsprach ungefähr dem Fleischpreis.

Schließlich kamen Mutter und Tochter, brachten das Pferd, es hieß Piko – und ich war sofort fasziniert von seiner Erscheinung! Es war ein unbeschreiblich imposanter Rappwallach, mit drei weißen Beinen und einem schwarzen. Nur seine Augen waren auffallend unruhig. Sein Blick hatte fast etwas Verzweifeltes. Aber gleichzeitig war er auch cool: Er musste in diesem Kinderheimkomplex durch einen engen, dunklen Gang gehen. Da hatte er keine Angst.

Und dann hatte er halt Bandagen um die Vorderbeine. Ich wollte sie eigentlich nur zurückgeben und sagte deshalb: »Ich möchte die gerne abmachen.« Daraufhin sagten die beiden, nee, das dürfe man nicht, er hätte sie schon viele Monate lang drauf. Ich war natürlich entsetzt und machte die Bandagen ab: Die Haut darunter war schon ganz kaputt. Die wird mit der Zeit ganz ribbelig, wie übertriebene Cellulitis. Und auch die Hufe waren in einem sehr schlechten Zustand.

Wir ließen ihn dann auf den Platz; erst mal *neben* die anderen Pferde. Da gebärdete er sich wie ein Hengst: stellte den Kopf auf und zeigte dieses typische Imponiergehabe. Und lahmte auch nicht. Ich war schon voller Hoffnung. Wir warteten noch, bis die Frau weg war, und gingen dann mit den Pferden auf die Weide und ließen ihn mit drauf –

allerdings abgetrennt mit einem Elektrozaun, damit er nicht zu den anderen konnte. Was wir in der Folge erleben mussten – das war das erste Mal in meinem Leben, dass ich für ein Pferd weinte: Der raste wie ein Bekloppter über die Weide, mit einem schreienden Wiehern, dass ich dachte: »Mein Gott, wie schlecht geht's diesem Pferd?« So viel Frustration und Resignation und Verzweiflung hatte ich noch nie aus einem Tier herauskommen sehen. Wir hatten den Elektrozaun auf eins fünfzig hoch. Gleich zwei nebeneinander, um wirklich jeden Übergriff auszuschließen: Und dann sprang er über zweimal eins fünfzig! – attackierte sofort die Wallache, sortierte die Stuten, gebärdete sich wieder wie ein Hengst; wir mussten dazwischengehen und erst mal ne andere Lösung finden. Das machten wir so, dass wir ihm die Stuten ließen und die Wallache woanders unterbrachten.

Einige Tage später fingen wir vorsichtig an, ihn zu reiten, und: Das Pferd ging schief, das Pferd folgte nicht den reiterlichen Hilfen, es humpelte immer wieder und dann auch wieder nicht. Nach ein paar Wochen war unser Tierarzt da und gleichzeitig ein zweiter Tierarzt, der sich als Gast auf dem Hof befand. Und wir baten unseren Tierarzt, eine Beugeprobe zu machen. Das ist eine Lahmheitsuntersuchung, bei der die Gelenke des Beins gebeugt und einen Moment lang festgehalten werden. Wenn das Pferd Arthrose hat, dann humpelt es beim Losgehen. Und wenn es nichts hat, humpelt es eben nicht. Piko lahmte danach auf allen drei weißen Beinen. Das ist für ein erst achtjähriges Pferd schon eine deutliche Diagnose.

Aber nun war ja noch dieser andere Tierarzt da – ein sehr bekannter Mann, der die Untersuchung durch unseren Tierarzt auch gar nicht mitgekriegt hatte und das Pferd nicht kannte. Ich sagte zu ihm: »Würdest du bitte mal ne Beugeprobe machen?« Da folgte ich rein meiner Intuition. Am Ende kam das heraus, was ich wahrscheinlich geahnt hatte: Er lahmte wiederum auf beiden weißen Vorderbeinen, aber diesmal auf dem *schwarzen* Hinterbein. Ich stand da und sagte: »Ich weiß, dass das so eigentlich nicht sein kann, aber dieses Pferd lügt. Dem fehlt gar nichts.«

Danach bewegten wir ihn weiterhin nur ganz leicht. Und nach zwei Monaten kam endlich der Durchbruch an einem Tag, als ich zu meiner damaligen Praktikantin sagte: »Heute steige ich von diesem Pferd erst ab, wenn es nicht mehr lahmt.« Sie sagt: »Wie willst du das schaffen?« Sag ich: »Ich weiß nicht. Aber wenn er eine Hürde sieht, lahmt er nie. Wenn er im Gelände ist – draußen im Wald –, lahmt er nie. Und dann kommt er auf den Dressurplatz zurück und lahmt. Und ich möchte, dass das aufhört. Er muss vorher bei der Dressur irgendwas Schlimmes erlebt haben. Und um dem zu entgehen, war der einzige Weg: Er musste lahmen. Aber bei uns hat er's gut. Er braucht dieses Schauspiel nicht mehr.«

Ich stieg um zehn Uhr auf und ritt mit ihm draußen im Gelände, auf dem Feld: Er ging wunderschön. Wir kamen zurück auf den Dressurplatz: Er ging lahm. Dann stellte ich ne Hürde hin: Er ging *nicht* lahm. Ich räumte die Hürde wieder weg: Er ging wieder lahm. Wieder raus ins Gelände: Er ging nicht lahm. Das machte ich über zweieinhalb Stunden, bis ich völlig erschöpft war und weinte und zu ihm sagte: »Hast du deinen Dickkopf jetzt bewiesen? Dann verrate ich dir mal was: Ich bin dickköpfiger als du.« Also ritt ich noch ein bisschen weiter, und es war, als hätte er das verstanden. Denn als ich wieder auf den Dressurplatz kam, ging er nicht lahm. Das tat er von da an nur noch, wenn man fremde Männer auf ihn setzte. Bei Frauen überhaupt nicht. Und in der Therapie auch nicht. Er wurde ein außergewöhnlich sensibles und feinfühliges Therapiepferd; was wir an den verschiedensten Krankheitsbildern und Behinderungsformen erleben durften.

Später fand ich auch heraus, wer für seinen Zustand verantwortlich war. Und zwar traf ich auf einem Turnier zufällig einen berühmten Springreiter, der für Deutschland im Kader reitet. Ich hatte zwischenzeitlich erfahren, dass Piko früher ihm gehört hatte, und wollte einfach nur wissen, was er zu sagen hatte, beschrieb ihm das Pferd; und dann kam's: »Ach, ich erinnere mich. Pechschwarz. So ein bunter Rappe« – das ist ein Fachausdruck dafür, wenn die Rappen weiße Beine, Flecken auf der Nase oder was auch immer haben –, »ein bunter Rappe, zu sitzen wie ein Sofa und ein ganz sturer Hund.« Ich sagte: »Können Sie sich vorstellen, dass dieser sture Hund inzwischen ein exzellentes Therapiepferd ist?« Da wurde er ausfallend, richtig unflätig, und behauptete schließlich, seine Frau hätte das Pferd so kaputt geritten, bei der Dressur. Er selbst hätte ihn kaum geritten.

1994 verließ ich schließlich das Kinderheim, zog mit meinen Pferden nach Fintel und lernte bald Dr. Christian Torp kennen. Das ist eine Koryphäe in der Akupunktur mit Pferden. Piko war inzwischen gesund, er lahmte auch nicht mehr, aber es war immer eine gewisse Traurigkeit in ihm geblieben. In der Folge durfte ich miterleben, wie Christian sich bei Piko über einen längeren Zeitraum hinweg einmal durch die gesamte chinesische Medizin akupunktierte. Ich weiß nicht mehr, mit welchem Meridian es anfing, aber es ging dann weiter: Blasenmeridian, Nierenmeridian und ganz am Ende der Herzmeridian. Er brachte die gesamte Energie dieses Pferdes wieder ins Fließen. Danach war Piko ein Vorbild an Gelassenheit und Zufriedenheit. Und das blieb er zeit seines Lebens.

Etwa zu dieser Zeit wurde ich gefragt, ob ich eine Frau nach ausgeheiltem Brustkrebs auf eines meiner Pferde setzen würde. Sie würde so gerne reiten lernen, das sei ihr Lebenstraum. Und das war von Anfang an ein spannender Prozess: Sie konnte sich weder körperlich noch emotional loslassen. Um ein Pferd mit Zügeln lenken zu können, muss der Reiter sich ja loslassen und den Bewegungen des Pferderückens folgen. Und da die Zügel seine Hände mit dem Maul des Pferdes verbinden, muss er sehr vorsichtig sein, darf nicht ziehen oder grob sein. Bei dieser Frau – sie hieß mit Nachnamen Weiß – war es aber so, dass sie die Hände dazu brauchte, um *sich selbst* zu halten. Was im Grunde mehr ein innerliches Festhalten war als ein physisches. Sie musste immer ein Riemchen haben, das sie packen konnte. Das heißt, sie konnte dem Pferd zwar mit den Beinen bedeuten, schneller zu werden, oder durch Ausatmen und entspanntes Sitzen das Tempo auch wieder reduzieren, aber leiten musste *ich* es. Da gibt's Möglichkeiten, das nennt sich Doppellonge. Damit kann man das Pferd aus der Distanz lenken. Auf diese Weise konnten wir – Piko und ich – viel mit ihr galoppieren, viel mit ihr traben. Frau Weiß liebte das Pferd ohne Ende.

Nach etwa zwei Jahren wurde im Krankenhaus diagnostiziert, dass der Krebs wieder da war, und zwar sehr massiv. Frau Weiß war damals kaum vierzig, ich war Mitte dreißig – und als sie fragte, ob ich mit ihr weiterreiten würde, solange es ginge, brach ich in Tränen aus und sagte: »Das kann ich nicht. Ich kann nicht Sterbebegleitung mit nem Pferd machen.« Ich fand mich zu jung und unerfahren und auch nicht ausgebildet genug. Aber sie sagte mir, sie möge meine bodenständige Art, sie wolle nicht dieses psychologische Wie-fühlst-du-dich-mit-deinem-Krebs?. Außerdem wolle sie nicht auf Piko verzichten.

Er und ich »durften« – muss ich fast schon sagen – danach drei Jahre lang dem Zerfall dieses Körpers beiwohnen. Wir machten dreimal die Woche Therapie mit ihr, erlebten ihre Verzweiflung mit, wie sie alle möglichen Heilungsformen für sich in Anspruch zu nehmen versuchte. Es gibt ja auf dem Krebsmarkt viele Möglichkeiten, Hoffnung zu schüren; aber auch teilweise sehr spannende Sachen. Einmal war sie auf einem Kurs in Köln. Da kam sie wieder und war noch mehr verzweifelt, weil die Leiterin gesagt hatte, alle sollten sich in der Runde vorstellen: »Guten Tag, mein Name ist ... ich bin soundso alt, und meine Lebenserwartung ist noch soundso lange, weil ich den und den Krebs habe.« Aber im Grunde hatte das für sie eine bahnbrechende Erkenntnis zur Folge: Ich muss den Krebs nicht bekämpfen, sondern es geht darum, ihn zuzulassen und zu fragen: Warum ist er in meinem Leben? Sie sagte: »Eigentlich müsste ich jetzt ne Gesprächstherapie anfangen. Aber ich würde das lieber mit dir machen.«

In dieser Therapie passierten Dinge, das weiß ich noch wie heute: Sie saß auf dem Pferd und erzählte mir ihr ganzes Leben. Der spezielle Schritt des Pferdes löst die Zunge ja ungemein. Und immer, wenn es so richtig ans Eingemachte ging, wurde Piko plötzlich langsamer und drehte sich entweder mir oder ihr zu. Oder: Ich blieb oft stehen und scharrte ein wenig mit dem Fuß im Sand; das war einfach meine Art des Nachdenkens. Und ich hab heute noch dieses Bild vor Augen, wie dieser mächtige Rappe neben mir stand – es fehlte nur noch, er hätte auch mit dem Fuß gescharrt. Er kuckte mich dann jedes Mal an, kuckte meinen Fuß an, und Frau Weiß sagte: »Schau mal, der versteht uns.«

Schließlich kam der Herbst, ihr letztes Vierteljahr. Da war es so: Sie stieg auf, und entweder marschierte er los, ohne Rücksicht auf meine eigene Gehbehinderung. So nach dem Motto: »Nimm deine Beine in die Hand. Jetzt wird gelaufen. Das tut ihr gut.« Oder er ging los, als würde er ein rohes Ei auf dem Rücken tragen – und ich brauchte in dem Moment nicht mehr zu fragen, wie's um sie stand. Das zeigte mir das Pferd innerhalb von drei Schritten ganz genau.

Ein paar Wochen später ging er nur noch ein einziges Tempo: sehr langsam, sehr vorsichtig, sehr bedacht. Man merkte, dass er ihr vor allem in den Kurven half sich auszubalancieren. Ihr Zustand wurde immer schlechter. Sie hatte Metastasen im ganzen Körper. Unter anderem auch eine in der Lende und eine in der Halswirbelsäule. Bei einer Nachuntersuchung war sie das erste Mal in den Rollstuhl gesetzt worden und hatte sich fürchterlich darüber erbost. An dem Tag machten wir einen Ausritt. Es war ein sehr schöner Herbsttag. Und Piko ging vorsichtig, aber stetig. Er fand mittlerweile sogar in der Vorsicht noch Unterschiede, sodass ich noch mehr Rückmeldungen über sie bekam. Und wir gingen halt über die Felder in Fintel, während sie wegen des Rollstuhls fürchterlich am Pöbeln war: »Ich kann mich ja auch gleich umbringen! Wenn ich im Rollstuhl sitze, dann ist mein Leben ja gar nichts mehr wert!«, und wurde immer aggressiver und aggressiver, sodass Piko immer unruhiger wurde. Irgendwann mussten wir eine Straße kreuzen. Da war aber nichts los. Das war nur so ein asphaltierter landwirtschaftlicher Weg. Ich hielt das Pferd an, drehte mich um und sagte: »Wenn du willst, dann spring hier runter. Denn wenn du jetzt auf die Straße fällst, bist du sowieso tot.« Daraufhin kuckte sie mich an und sagte: »Deswegen bin ich so gerne bei dir. Eigentlich will ich mich ja nicht umbringen. Ich will ja leben. Aber ich hab das Gefühl, mir bleibt keine Wahl.«

So kam sie zur nächsten Erkenntnis: »Mein Körper hat beschlossen, mich umzubringen.« Mit anderen Worten: »*Ein Teil* von mir hat beschlossen, mich umzubringen. Und mein Geist will das im Grunde nicht. Er weiß, dass ich da etwas loslassen muss. Aber ich kann es nicht loslassen.« Das heißt, dieses Nicht-loslassen-Können, das sie von Anfang an auf dem Pferd erlebt hatte, spiegelte ihre gesamte Situation wider. Sie war ein Kämpfer. Aber sie wollte es lange Zeit nicht wahrhaben, wie krank sie war.

Anfang November musste sie ins Krankenhaus. Sie schrieb mir von dort ganz mühselig auf einer alten Schreibmaschine in Großbuchstaben einen Brief: dass sie denke und fühle, ihr Leben ginge zu Ende, und dass sie nicht mehr den Eindruck habe, noch irgendwas beeinflussen zu können. Dass sie mir aber sagen wollte, dass die Stunden mit Piko zu den schönsten ihres Lebens gehörten und dass sie von niemandem so viel Verständnis empfangen habe wie von ihm. Im Grunde genommen, schrieb sie, wolle sie *ihm* danken und gleichzeitig mir. Das würde verschwimmen, denn oft hätte sie das Gefühl gehabt, sich mit dem Pferd zu unterhalten, mit mir als Übersetzerin.

Und ich wollte in dieser Phase noch nicht wahrhaben, dass so etwas überhaupt möglich ist. Das kam erst viel später in mein Leben. Da stellte ich fest, dass ich auch *selbst* viel mehr wahrnahm, als ich mir eingestehen wollte; dass Empathie zwischen Mensch und Pferd sehr ernst zu nehmen ist – oder nenn es Intuition.

Mitte Dezember konnte sie nicht mehr aufstehen. Ich beschloss dann, Weihnachten zu ihr zu fahren und das Pferd in ihren Garten zu stellen. Ich hatte am 23. noch Geburtstag und alles so geplant, dass ich am 25. morgens fahre. Am 21. morgens kam Piko, der sonst nie krank war, krank aus der Box. Wir mussten ihn tierärztlich behandeln lassen. Er hatte starke Untertemperatur. Wir packten ihn in Decken, liehen uns Rotlichtlampen von einer Genossenschaft und benachbarten Schweinebauern, um ihm damit die Box warm zu machen – und am Abend kam der Anruf, dass Frau Weiß gerade gestorben war. Ab diesem Punkt hatte ich das Gefühl, dass er – das hört sich jetzt komisch an – durch ihren Tod selbst wieder gesundete. Dass er weitergekommen war in seiner eigenen Entwicklung; dadurch, dass er sie begleitet hatte.

Am nächsten Tag fuhr ich zur Beerdigung – die aus irgendwelchen Gründen sehr schnell stattfinden musste. Piko ging's wieder gut. Aber ich selbst machte mir jahrelang große Vorwürfe, dass ich ihn – in dem Moment, als mir die Idee gekommen war – nicht einfach noch mal vor ihre Haustür gefahren hatte. Nicht, weil er noch was hätte tun können, sondern nur, um diese letzten Tage noch mal zu bereichern. Und um auch ihm die Möglichkeit zu geben, Abschied zu nehmen. Beiden.

Nach Frau Weiß kamen noch andere krebskranke Frauen, es kamen Säuglinge, und es kamen Schwerbehinderte, schwerst Mehrfachbehinderte, geistig Behinderte und viele, viele seelisch behinderte Kinder, die sich heute noch daran erinnern, dass sie Piko einen Teil ihrer Gesundung oder Lebensqualität zu verdanken haben. Aber die Geschichte mit Frau Weiß begleitet mich seitdem. Ein Jahr bevor sie gestorben ist, schenkte sie mir eine Blume, eine Clematis. Die hüte ich wie meinen Augapfel. Sie blüht jedes Jahr im Mai. Und was auch noch übrig bleibt: Ich durfte über zwanzig Jahre dieses Pferd begleiten; das hochsensibel war, im Grunde viel zu sensibel für diese Welt.

Die weggeworfene Katze

Erzählt von Lotte Klein, Stockdorf/Oberbayern

Ich hatte mal eine Katze. Die war schon an ihrem Lebensende, als ich sie bekam. Und zwar war sie von ihren Vorbesitzern weggeworfen worden, weil sie angeblich inkontinent war. Die hatten gesagt: »Jetzt macht sie in die Wohnung. Jetzt wird sie eingeschläfert.«

Mein Tierarztkollege hatte sie aber nicht eingeschläfert, sondern einen Platz für sie gesucht. Ich sagte: »Zu mir!«

Als ich sie schließlich bei mir hatte, dachte ich: »Bist du verrückt? Du hast ja überhaupt nicht daran gedacht, dass dir die Katze jetzt die ganze Wohnung vollpieselt!«

Auf einmal war sie verschwunden. Ich suchte unter jedem Schrank. Überall. Sie war weg. Bis ich zu einem meiner Enkelmädchen sagte: »Such du mal.«

Sie machte sogar die Klappe vom Kachelofen auf – worauf ich nie gekommen wäre –, und siehe da: Da saß die Katz! Sie war innen, von der Küche aus, diese ganzen Röhren hochgestiegen, die es nun mal in so einem Kachelofen gibt, und saß nun ganz hinten; das konnte man nur vom Flur aus sehen, wo es noch mal eine Klappe gibt. Da saß sie. Ganz versteckt. Auf den Röhren. Vor lauter Angst. Das kann man sich ja vorstellen, wie verunsichert dieses Tier war: Mit achtzehn Jahren einfach weggeschmissen; soll getötet werden. »Aus! Amen! Fertig! Funktioniert nicht mehr! Weg damit!« Das wusste sie doch alles! Das bekam sie doch mit! Und dann auch noch in diesem Alter. Das ist, als ob du einen neunzigjährigen Menschen nimmst, ihn ins Altersheim stopfst – und aller Kontakt, alles, was er kennt, ist auf einmal weg.

Mein Enkelmädchen schnappte sie dann, und wir konnten sie glücklich rausziehen. Aber gleich verkroch sie sich wieder woanders. Nicht *im* Kachelofen, sondern darunter. Das ging tagelang. Sie kam und kam nicht raus. Ich dachte: »Ich halt das nicht aus! Eine trauernde Katze, die unter meinem Ofen verhungert.« Noch dazu: Ich war damals selber gerade verlassen worden. Die Katze kam mir vor wie der Spiegel meiner verletzten Seele. Saß ich also heulend mit ihr bei diesem Ofen – ich vorne dran, sie darunter. »Ach komm«, sag ich. »Und ich verspreche dir: Ich bleib bei dir, solange du willst.« Sie kam aber nicht.

Also dachte ich: »Na gut, sie muss erst mal die Küche kennenlernen. Und sie muss vor allem *mich* kennenlernen. Schlafe ich halt nachts auf dem Küchensofa.«

Dann schlief ich wer weiß wie lange auf diesem Sofa. Nachts kroch sie immer dazu. Aber in der Früh war sie wieder verschwunden. Es dauerte einige Zeit, bis sie auch tagsüber mal langsam und vorsichtig ankam. Und noch länger dauerte es, bis sie überhaupt mal Futter annahm.

Danach hing sie erst mal ganz lange an mir. Ich war die einzige Sicherheit. Aber ich gehe nun mal gerne nachts im Wald spazieren. Die Katze ging mit! Auf einmal war sie verschwunden. Natürlich! Dachte ich bei mir: »Du bist echt wieder bekloppt! Gehst hier mit der Katze. Die verläuft sich. Du siehst nix. Wie kannst du wieder so einen Quatsch machen?«

Aber sie suchte immer wieder Kontakt: »Drrr.«

Wusste ich also: »Ah, sie ist hier irgendwo.«

Und weiter. »Drrr. Drrr.« Mal sie, mal ich.

»Bist du noch da?«

»Drrr«, ging's wieder von irgendwoher.

Und weil ein anderes von meinen Enkelmädchen dabei war – sie war damals noch sehr klein –, sagte ich immer: »Katze-Katze, komm«. Aber nachdem das Enkelmädchen noch kein K sagen konnte, sagte es: »Tatzi-Tatzi-tomm!« Und daraus wurde schließlich Tatzito.

Und diese Tatzito – kein einziges Mal machte sie hier in die Wohnung! Das ist bei Katzen wie bei Kindern auch. Deren Ins-Bett-Machen ist fast immer ein Auf-sich-aufmerksam-Machen. Ein Verzweiflungsakt. »Ich werde mit etwas nicht fertig.« Aber das wird, vor allem bei Katzen, selten gesehen, sondern es werden Antibiotika gegeben, es werden alle Blasenmittel probiert, und wenn's nix nützt – tja, dann wird das Tier erlöst, wie's so schön heißt.

Diese Katze – Tatzito – lebte noch volle zwei Jahre bei mir. Ich war ihr zutiefst dankbar, dabei sein zu dürfen, wie sie sich in ihrem Alter noch einmal auf eine ganz neue Lebenssituation einließ. So wurde dieses verlassene Geschöpf zu meinem Lehrer.

Erst ganz am Ende dieser beiden Jahre – einmal konnte sie nicht mehr zu mir auf die Eckbank hüpfen – dachte ich: »Hoppla!«

Als Nächstes wollte sie nicht mehr essen. Da wusste ich: »Es wird bald so weit sein.«

Aber dann ging sie raus. Draußen regnete es. Es war Matsch und Dreck und Zeugs. »Nein«, sag ich. Meine Angst war: Sie liegt irgendwo, patschnass und mausetot, und ich find sie nicht mehr. Ich sag: »Komm.« Trug ich sie also wieder rein. Sie sollte in meiner »liebenden Obhut«, auf weichen Kissen, trocken und unter Kontrolle sterben. Eigentlich furchtbar, oder? Aber bis ich das erst mal erkannte! Dass das nur mein eigener Wunsch war! Während *sie* den Wunsch hatte rauszugehen. Draußen das Feuchte tat ihr gut; sie brauchte die Freiheit, oder was weiß ich.

Dann musste ich erst mal mit mir ringen: »Was ist wichtiger? *Ihr* Wunsch oder meiner?« Nach einiger Zeit sagte ich: »In Ordnung. Du darfst gehen. Es ist dein letzter Wunsch. Mach, was du willst.«

Und – husch – war sie weg. Beim Nachbarn. Von mir aus hätte sie dort auch bleiben dürfen. Ich wäre nicht hinterhergegangen. Aber dann rief er an: Da sei eine Katze. Die läge da an seinem Teich. Trug ich sie also noch mal zurück, legte sie hier an meinen eigenen kleinen Teich und meinte zu ihr: »So, da darfst du jetzt liegenbleiben. Ich tu nichts. Ich mach nichts. Mach du alles, so wie du es willst.«

An dem Tag war noch ein kleiner Enkel da. Spielte ich also erst mal mit ihm – bis mir einfiel: »Ach, ich muss mal wieder nach der Katze schauen.«

Und dann kroch sie, vom Teich aus, mit ihren letzten Kräften zu mir hin. Legte ihr Köpfchen in meine Hand. Ich tat nichts. Außer da zu sein. Lag auf dem Bauch, stundenlang, auf den Pflastersteinen, hielt ihr das Köpfchen. Das war ein solches Geschenk, das da von ihr kam! Das Köpfchen in meine Hand zu legen und zu sagen: »Du, es war gut, noch diese beiden Jahre.« Oder was auch immer sie sagte. Sie hatte das am Anfang ja mitgekriegt, dass ich gesagt hatte, ich würde solange bei ihr bleiben, wie sie wollte. Da ging's einfach nur um Vertrauen. Vielleicht ist das sogar das Wichtigste im Leben. Vertrauen zu sich; vielleicht noch zu einem anderen Geschöpf; zu sich selbst und anderen.

Das ist eines der Dinge, die ich von den Tieren gelernt habe.
Und dann starb sie – in meiner Hand.

Der letzte Tag

Erzählt von Nina Steigerwald, Ochtmannien/Niedersachsen

Barbara war mein drittes oder viertes Milchschaf. Ich fand Schafe immer langweilig und dumm; weil ich vorher Ziegen hatte. Und im Vergleich zu Ziegen *sind* sie auch langweilig und dumm. Aber da es eben heißt, dass ihre Milch gesünder sei und meine Ziegen sich nicht gut melken ließen, kaufte ich mir eines Tages Ostfriesische Milchschafe – und war entsetzt, wie hässlich sie sind. Allein schon diese aufgewölbten Ramsnasen! Und der Schwanz ist unbewollt. Der ist nackig. Die haben hinten wirklich so 'n Rattenschwanz hängen.

Tja, und dann hatte ich zuerst zwei weiße. Aber weiße Schafe sind ja nicht so spannend. Und deshalb kam ich auf die Idee, eine Herde von schwarzen Schafen zu haben, mit nur einem weißen dabei. Ich fuhr dann zu einem Züchter. Der hatte einige dunkle Schafe. Da nahm ich ein schwarzes. Aber es gab auch noch ein sogenanntes »buntes«, geschecktes. Das fand ich auch nett. Irgendetwas war zwischen uns. Also nahm ich das auch noch und nannte es Barbara. Die bunte Barbara; nach einer Tante von mir, die Bärbel hieß, in der Schweiz lebte und dort Barbara genannt wurde. Sie war von ihrer Art her auch sehr bunt.

Barbara war zu Anfang extrem scheu. Sie ging vor Angst fast die Wände hoch; beim Ausladen, oder jedes Mal wenn wir Wurmkur geben oder die Klauen machen mussten – echt ein Drama!

Als sie alt genug war, ließ ich sie zum ersten Mal decken. Sie bekam zwei Lämmer, war aber immer noch scheu. Als die Lämmer zwei Monate alt waren, setzte ich sie ab – sprich: Ich brachte sie auf eine andere Weide, mit allen anderen Lämmern – und wollte am nächsten Morgen ganz frohgemut meine beiden Jungschafe melken. Barbara machte den Rücken krumm, zog das Euter hoch, stand da auf diesem Melkstand – und es kam kein Tropfen! Ich war als Melkerin jetzt nicht so begnadet; trotzdem war ich durchaus in der Lage, Milch aus nem Schaf zu kriegen. Aber Barbara – sie stand da, zog das Euter hoch und nix ging.

Tja, was macht man da? Ich wollte ja was von ihr haben. Dann bekam ich zum Glück übers Internet Hilfe und schaffte es mit homöopathischen Mitteln und Dranbleiben irgendwie, Milch aus diesem Schaf rauszukriegen. Sie zog sich immer noch zusammen, aber es ging ein bisschen was. Und ab da wurd's besser.

Ein Jahr später erfuhr ich, dass man Schafe beim Melken gar nicht füttern soll. Das ist ja heutzutage üblich, auch bei Kühen oder Ziegen. Sie haben ihre Futterrinne, fressen, werden währenddessen festgeklemmt und hinten wird gemolken. Das ist Standard. Aber das ist es nur deswegen, weil's funktioniert, nicht weil's dem Tier guttäte. Beobachtet man ein Muttertier auf der Weide, und es ist ein Lamm dabei, das gerade zu trinken anfängt, dann hört die Mutter auf zu fressen, stößt auf und käut wieder. Sie schaltet automatisch in den Ruhemodus, wenn ihr Lamm trinkt. Und deswegen ist es viel schlauer, wenn man den Schafen beibringt, beim Melken auch ohne Essen stillzustehen. Das ist insgesamt harmonischer und besser für den Milchfluss.

Und das trug alles noch zusätzlich dazu bei, dass Barbara stetig entspannter und zutraulicher wurde. Es gab ein Jahr, da bekam sie sogar mal Vierlinge durch. Obwohl bei ihr der Strichkanal besonders dünn ist. »Striche«, das sind bei Kuh, Schaf und Ziege die Zitzen. Und bei Barbara kam da halt nur ein ganz dünner Strahl. Die Milchleistung an sich war immer gut; aber es kam nie viel auf einmal. Und ihre Vierlinge bekam sie *ohne Zufüttern* durch. Das war echt beeindruckend.

Dann hatte sie allerdings vor zwei Jahren ne kalte Euterentzündung. Das ist ne Entzündung, die nicht mit Hitze einhergeht; und dadurch bemerkt man sie erst mal nicht. Noch dazu bei Barbara, die ja ein dunkles Schaf ist; bei der keine Rötungen zu sehen sind.

Normalerweise werden Tiere mit Euterentzündung gleich »gemerzt«. Da ist dann Feierabend. Aber Barbara war inzwischen das Lieblingsschaf aller Praktikanten und Helfer, die wir hier haben. Sie hatte sich zu einem richtigen Kuschelschaf entwickelt. Wenn man in den Stall ging und sich hinsetzte, kam sie an und ließ sich kraulen. Wenn man aufhörte, kam sie noch mal ein Stück nach. Und so ein Schaf schlachtet man natürlich nicht so einfach.

Dann hing sie da wirklich zwischen Leben und Tod. Die Tierärztin sagte gleich zu Anfang: »Wenn sie das übersteht, wird das Euter irgendwann abfallen.« Dachte ich: »Wie bitte? Euter abfallen?« Und es war tatsächlich so. Dieses Schaf stank wochenlang derart nach Verwesung! Aber dann hatte der Körper die betroffene Euterhälfte so weit abgetrennt, dass er sie abwerfen konnte. Da lag plötzlich ein halbes Euter auf der Wiese. Hammer! Faszinierend, was da so geht in der Natur!

Deswegen bekam sie dieses Jahr schon keine Lämmer mehr. Sie hätte zwar auch mit nur einer Euterhälfte noch welche haben können, aber wenn der Organismus eh schon zeigt: »Hallo, ich pack da was nicht«, muss man ein Schaf nicht noch mit nem Lammgewicht und mit ner Milchproduktion belasten. Noch dazu fing sie nach der Krankheit an, nicht mehr so ganz rundzulaufen.

Nun ist sie also einerseits von diesem schreckhaften Jungtier zu so ner richtig tollen Oma geworden; andererseits ist sie so alt, dass sie nur noch mit Mühe aufstehen kann. Und einem Fluchttier auf die Beine zu helfen und es am Leben zu erhalten, nur damit es noch ein paar Meter über die Weide wackeln kann – das ist keine Tierliebe in meinen Augen. Und deshalb war heute Barbaras letzter Tag. Nachher kommt der Schlachter und wird ihr mitten in der Gruppe den Bolzenschuss ansetzen. Das hört sich brutal an, ist aber für das Tier viel weniger Stress, als wenn man es erst mal fünfzig Meter von der Herde wegführen würde. Das sind ja nicht nur Flucht-, sondern auch Herdentiere. Sie leben immer in ihrem Verbund. Und deswegen ist es besser, das normale Procedere zu haben: Barbara kommt rein, kriegt ihr Essen genau dort, wo sie auch sonst ihr Essen kriegt, ahnt also nichts Böses – und im nächsten Moment ist es schon vorbei. Das ist wichtig, finde ich. Aber abgesehen von den ethischen Fragen, die sich vorher stellen – »Ist es gut und richtig?«, oder konkret bei Barbara: »Was ist da noch Lebensqualität?« –, ist es trotzdem jedes Mal ne wahnsinnige Überwindung.

Mit der Kuh auf Augenhöhe

Erzählt von Sonja Simon, Bünde/Westfalen

Vor zwanzig Jahren machte ich eine Lehre auf einem Biohof. Ich bin also Biobäuerin. Dahinter steckte, glaube ich, einfach der Traum vom Leben auf dem Land – der in der Realität natürlich ganz anders aussieht. Aber woran ich von Anfang an Spaß hatte, das war der Umgang mit den Tieren. Die haben aus sich heraus etwas, was es leicht macht, ihnen zu vertrauen. Menschen haben das viel weniger.

Und dann war also ich Stadtmensch da mit auf dem Hof. Erster Lehrling, den die je hatten. Das war an und für sich ein netter Betrieb, aber die kamen ursprünglich aus einem ganz anderen Beruf. Das waren Lehrer, die mal gesagt hatten: »Wir machen jetzt nen Biohof«, weshalb sie für das Fachliche einen Agraringenieur eingestellt hatten: Dietrich, der dann mein Ausbilder war.

Der Tieranteil war auf diesem Hof allerdings eher klein. Es ging vor allem um Ackerbau. Aber weil es irgendwelche staatlichen Prämien gab, wenn du auch noch eine sogenannte Mutterkuhherde aus dem Boden stampfen konntest, hatten sie auch noch so was.

Mutterkuhherde bedeutet ja: Die Tiere haben ein relativ schönes Leben. Wann immer es vom Wetter her geht, sind sie draußen und werden im Grunde so lange in Ruhe gelassen, bis sie geschlachtet werden. Es geht nur um Fleischproduktion. Du melkst nicht. Weswegen die Kälber bei den Müttern bleiben dürfen.

Und ich war dann halt diejenige, die für die Kälberaufzucht verantwortlich war. Ich verbrachte viel mehr Zeit im Stall und auf der Weide, als notwendig gewesen wäre. Einfach auch, weil ich's gerne machte und Dietrich mich machen ließ. Das Einzige, was dann da los ist – außer, dass du mal Zäune steckst und die ausgebrochenen Tiere wieder einfängst –, sind die Geburten. Rinder haben ja von sich aus ein soziales Gefüge mit einer klaren Hierarchie, in deren Rahmen sie ein bestimmtes soziales Verhalten miteinander teilen: wer wen krault und wer nicht. Es gibt eine klare Hackordnung. Und da gab es eine Kuh, die hieß Flocke, die war eindeutig die Chefin. Vor der musstest du auf der Hut sein. In der konventionellen Landwirtschaft werden die Kühe ja meist enthornt, damit sie sich in ihrer beengten Umgebung nicht verletzen – und auch *dich* nicht verletzen. Aber auf diesem Hof – obwohl das kein Demeterhof war, wo die Kühe grundsätzlich ihre Hörner behalten dürfen – waren sie alle nicht enthornt. Das heißt, wenn du mit sieben oder acht Kühen und schließlich den Kälbern in einem kleinen Stall von fünfzig, sechzig Quadratmetern bist: Da musst du schon wirklich gut mit denen sein. Das ist anders als bei Milchvieh, wo du die Kühe ja oft vorne auf die eine oder andere Weise fixiert hast und nur aufpassen musst, dass sie dich hinten nicht treten. Wenn sie aber – so wie bei uns – den Kopf frei haben: Die können dich richtig wegfegen. Gerade wenn du ihnen den Rücken zukehrst oder sonst was. Und deswegen war es gerade bei Flocke so: Du konntest sie zwar streicheln oder füttern, aber du musstest immer hellwach sein. Denn wenn es ihr zu viel war, hat sie sofort mit den Hörnern nach dir gestoßen.

Irgendwann brachte Flocke ein Kalb zur Welt. Ich weiß

gar nicht, ob es ihr erstes war. Aber es kam so zur Welt, dass es die Vorderläufe nicht gerade machen konnte und reichte deshalb nicht an das Euter heran. Dabei ist es gerade bei Rindern wichtig, dass sie schnell angesetzt werden und trinken, weil sie ihren Immunschutz ausschließlich über die erste Muttermilch kriegen, die sogenannte Biestmilch oder das Kolostrum. Und wenn du's so machst wie normalerweise in der Tierhaltung, setzt du das Kalb kurz an, und dann nimmst du es weg und trägst ab diesem Moment die Milch zum Kalb. Denn wenn du Kuh und Kalb länger zusammen lässt, wird das Geschrei hinterher umso schlimmer – richtig grausig –, während du bei Mutterkuhhaltung sonst gar nichts machen musst. Das funktioniert alles von selbst. Aber wenn's mal nicht funktioniert, ist es dein Job, dafür zu sorgen, dass das Kalb möglichst schnell die Milch kriegt. Das war bei Flocke ziemlich abgefahren, weil: Ich wusste ja auch nicht, wie ich das machen sollte. Vor allem musste ich dafür unter die Kuh. Aber ich red dann halt immer mit den Tieren – und erklärte ihr, so gut ich konnte: »Hier, dein Kälbchen muss trinken, es kann aber die Füße nicht gerade machen. Und ich nehm es jetzt mal und will dir auch gar nichts Böses, sondern versuche nur, es anzusetzen.«

Und ich hatte das Gefühl, sie kriegt mich total mit. Sie ist vollkommen präsent. Und sie versteht auch, dass ich ihr nichts will, sondern dass ich helfe. Das war echt irre. In den nächsten Tagen war ich ganz oft bei dem Kalb, und sie hat mich alles machen lassen. Wobei das an sich nichts Kompliziertes war. Ich musste es halt da drunterhalten und anheben; diesen Reflex bedienen, sodass es anfangen konnte zu trinken; den Kopf strecken, damit die Milch in die richtige Röhre ging, und ansonsten die Bänder und Sehnen ein bisschen dehnen – ein bisschen Gymnastik machen. Nach zwei, drei Tagen konnte es stehen und zum ersten Mal selber trinken. Und genau in diesem Moment kam Flocke mit dem Kopf zu mir runter, nahm mich mit den Hörnern und schob mich mit Nachdruck zur Seite. Das hieß so viel wie: »Danke, ab jetzt geht's alleine.« Was auch deswegen bemerkenswert war, weil dieser Moment von ihrer Seite aus so klar kommuniziert war. Es fühlte sich wirklich nach Begegnung an. Nicht nur im Sinne von: »Hier, ich hab was Leckeres zu fressen.« Sondern: Zack! Totale Ebenbürtigkeit!

Und das fand ich in der Rückschau auf eine Art ganz unspektakulär. Aber dieser Moment hat mein Tierbild völlig gedreht. Ich war danach viel respektvoller. Obwohl ich natürlich schon vorher geglaubt hatte, respektvoll mit den Tieren zu sein. Aber da war trotzdem – auch wenn ich liebevoll mit ihnen war – oft das Gefühl, in gewisser Weise auf sie runterzuschauen. Nicht absichtlich, sondern weil das in unserem Kulturkreis so dermaßen drin ist. Sogar wenn ich sage: »Yeah, mein tolles Haustier«, ist da trotzdem oft ein Gefälle in meiner Betrachtungsweise. Während ich in dieser Situation mit Flocke das Gefühl hatte, es ist Augenhöhe. Und das war total cool.

Zwei Sommer mit Schweinen im Wald

Erzählt von Marianne Wondrak, Wien

Mein Weg in die Grundlagenforschung war alles andere als geradlinig. Ich hatte zuerst beschlossen, Agrarwissenschaften zu studieren, weil ich fand, dass man in der landwirtschaftlichen Tierhaltung noch vieles verbessern muss. Dann stellte ich aber fest, dass man als Agraringenieurin gar nicht so viel bewirken kann, weil man da doch viel zu sehr auf der Seite der wirtschaftlichen Produktion steht.

Deswegen studierte ich auch noch Tiermedizin, weil ich hoffte, auf der Gesundheitsebene weitermachen zu können, weil – einfach gesagt – gut gehaltene Tiere eher gesund bleiben als solche in schlechter Haltung. Aber in der landwirtschaftlichen Tiermedizin hat man einen relativ großen Abstand zu den Tieren. Man kommt immer nur kurz in einen Stall, untersucht von einer kranken Schweineherde vielleicht ein oder zwei Tiere näher, nimmt Blut oder gibt Medikamente, kann aber auch hier an der Grundsituation nichts ändern. Zum Beispiel, dass die Tiere so gehalten werden, dass sie zwangsläufig krank werden *müssen*, weil die Luft im Stall derart schlecht ist, dass sie Husten davon bekommen. Oder weil sie so stark gemästet werden, dass sie Gelenkprobleme bekommen.

Noch dazu tut einem oft der Landwirt leid, der dann dasteht und sagt: »Hilfe, was soll ich machen? Die Kuh muss wieder tragend werden!« Womöglich hat er gerade einen neuen Stall gebaut, sich dafür hoch verschuldet – und muss deswegen natürlich an die Molkerei liefern. Er hat Druck. Die Molkerei sagt aber: »Moment, wir zahlen jetzt nur noch achtundzwanzig Cent statt dreißig pro Liter.« Also muss er schauen, dass er so viel liefert wie möglich. Als Tierärztin fängt man dann an, Mittel wie etwa Hormone zu geben, von denen man in vielen Fällen eigentlich denkt: »Lass uns nur vier Wochen warten. Dann wird die Kuh auch so wieder tragend.« In diesem System mitspielen zu müssen, hat mich sehr frustriert. Als Tierärztin habe ich mich im Grunde nur als ein kleines Rädchen gefühlt – irgendwo zwischen der Fleischindustrie, der Milchindustrie und der Pharmaindustrie – und musste dafür sorgen, dass alles am Laufen bleibt.

Danach war ich ein Jahr lang im Tierschutz. Politische Arbeit. Das war wiederum deswegen frustrierend, weil man in diesen Diskussionsrunden immer nur Kompromisse aushandeln konnte – die aber lange nicht so weit gingen, dass sich wirklich was unmittelbar fürs Individuum verbesserte. Der logische Schluss war, in die Grundlagenforschung zu gehen und zu zeigen, dass zur Gesundheit der Tiere nicht nur Futter, Wasser und Licht gehören, sondern auch *soziale* Gesundheit.

Inzwischen bin ich am Messerli Forschungsinstitut als Universitätsassistentin angestellt und arbeite dort seit gut drei Jahren an meiner Dissertation. Wir interessieren uns vor allem für die Mensch-Tier-Beziehung an sich. In diesem Rahmen kamen wir für meine Arbeit sehr schnell aufs Schwein; weil es sowohl in ethisch-moralischer als auch medizinischer und kognitiver Hinsicht ein interessantes Tier ist. Von unserer Institutsphilosophie her war außerdem schnell klar, dass wir unsere Tests und Versuche im Rahmen einer naturnahen Freilandhaltung machen wollten. So artgerecht wie möglich. Erstens wiederum aus ethisch-moralischen Gründen: weil wir unsere Tiere ihr ganzes Leben lang behalten wollen und deshalb möchten, dass es ihnen so gut wie möglich geht. Und zweitens auch rein logisch gesehen: Wenn wir die soziale Intelligenz von Tieren erforschen wollen, müssen wir ihnen auch die Möglichkeit geben, überhaupt erst mal ein soziales Gefüge aufzubauen und ihre eigenen sozialen Fähigkeiten zu trainieren. Und das kann nur funktionieren, wenn sie in einer möglichst abwechslungsreichen Umgebung in einer möglichst natürlichen Gruppe aufwachsen und leben.

Darum entschieden wir uns, eine acht Hektar große Weide am Rand des Biosphärenparks Wienerwald zu pachten – das Gelände ist an die Forschungsstation Haidlhof angeschlossen. Zentral in der Mitte der Weide liegt ein Wäldchen. Dort bauten wir die Schlafhütten – die Schweine sollten ja *das ganze Jahr* im Freien leben. Deswegen mussten wir auch überlegen, welche Rasse wir anschaffen sollten. Es gab zwar ein paar bodenständige österreichische und auch ungarische oder deutsche Rassen, die gut geeignet gewesen wären, aber sie hatten alle gewisse Nachteile, die unsere Kunekune nicht hatten. Kunekune sind eine alte, bis vor Kurzem noch vom Aussterben bedrohte neuseeländische Schweinerasse. Der Name stammt aus der Maori-Sprache und heißt »dick und rund«. Und so sehen sie auch aus. Sie haben den großen Vorteil, dass sie ein sehr dickes Fell haben und relativ klein bleiben. Ein ausgewachsener Eber ist mit hundertzwanzig Kilo schon stattlich; während wir bei nem ungarischen Mangaliza-Eber schon bei zweihundert Kilo, bei einer Mastrasse bei gut dreihundert

Kilo gewesen wären. Außerdem sind Kunekune sehr sozial und freundlich, auch gegenüber Menschen. Und der größte Vorteil für ne echte Weidehaltung ist: Sie wühlen nicht, sondern sie fressen Gras und Klee und kommen von daher mit einer guten Weide bestens aus.

Wir fingen erst mal mit drei Sauen an, fuhren sie zum Eber und brachten sie anschließend tragend zu uns. Als es ans Ferkeln ging, lief bei den ersten beiden alles problemlos. Aber Rosalie – die drei Damen heißen Rote Zora, Black Beauty und Rosalie – war ein bisschen kleiner und dünner. Deshalb hatte ich mir im Vorfeld gedacht: »Die ist so zart, da möchte ich bei der Geburt dabei sein.« Und weil ich nun ihre Hütte nicht blockieren wollte, spannte ich mir draußen, zwischen den Bäumen eine Plane auf und übernachtete dort mit Schlafsack und Isomatte. Es war Sommer – August –, aber es war kalt. Es wehte ein frischer Wind, und es regnete.

Irgendwann war's bei Rosalie so weit. Ich sah: Sie baute eine Art Nest und suchte so ein bisschen in der Hütte rum. Man merkte: Sie hat jetzt die Wehen. Aber auf einmal entschloss sie sich, nicht in der Hütte zu bleiben, sondern zu mir in mein Lager zu kommen. Die sieben Jungen kamen auf meinem Schlafsack zur Welt. Davon waren allerdings zwei schon so schwächlich, dass sie gleich in der ersten Nacht starben. Zwei weitere waren ebenfalls nicht so ganz fit. Und weil Rosalie wenig Milch hatte, fing ich an, Milch zuzufüttern, und verbrachte in diesem Sommer überhaupt sehr viel Zeit bei den Schweinen.

Im zweiten Sommer schlief ich von vornherein öfter draußen im Wald. Meistens unter einem Baum. Das war teilweise ganz lustig, in der Früh mitten in der Natur aufzuwachen, und Eulenjunge schauen vom Ast auf einen runter; und meistens hatte sich über Nacht das eine oder andere Schwein zu mir in mein Lager gekuschelt. Aber bei den Geburten war es das gleiche Spiel wie im Jahr davor: Die ersten beiden – Zora und Beauty – hatten kein Problem. Rosalie war dagegen schon vorab sehr schwerfällig und kurzatmig und hatte nen sehr dicken Bauch. Es ging ihr nicht gut. Zum Glück konnte ich sie inzwischen so genau einschätzen, dass ich, kurz vor der Niederkunft, direkt zu ihr in die Hütte ging und jedes Ferkel sozusagen einzeln begrüßte. Allerdings bekam sie auch diesmal wieder Fieber und Milchdrüsenentzündung. Der Milchfluss hörte fast auf. Weshalb sie von den sieben Ferkeln nur drei säugen konnte und ich vier mit der Flasche aufziehen musste.

Nun sind aber Handaufzuchten meist fehlgeprägt und sehen den Menschen als ihresgleichen an. Das mag witzig sein, wenn man ne Katze hat, die sich dann seltsam benimmt und besonders anhänglich ist. Aber ein Kunekune-Eber kann wie gesagt hundertzwanzig Kilo bekommen und ordentliche Hauer – und das sind etwas ungünstige Voraussetzungen, falls er irgendwann mal auf die Idee kommen sollte, eine Rangordnung mit einem ausfechten zu wollen. Abgesehen davon, dass die vier Handaufzuchten wahrscheinlich auch ein gestörtes Beziehungsverhältnis zu ihren Artgenossen entwickelt hätten.

Deswegen nahm ich sie nicht mit zu mir nach Hause, wo ich im Warmen in meinem Bett hätte liegen können, sondern entschied mich, die ganze Ferkelzeit über im Wald zu bleiben und die vier in ihrer Gruppe, in ihrem sozialen Gefüge aufzuziehen, mehr oder weniger als Ersatzmama. Ich legte also meinen Schlafsack zu Rosalie in die Hütte und fütterte vier Wochen lang, jede Nacht lang, alle fünfundvierzig Minuten bis eine Stunde, die Handaufzuchtferkel, während Rosalie die anderen säugte.

Bereits bei der zweiten Fütterung, bei der zweiten Portion Milch, hatten's die vier kapiert, dass sie nicht zur Mutter, sondern zu mir kommen sollten. Ich war meistens wieder eingeschlummert – die Hütten sind aus Holz und innen dick mit Stroh eingestreut, also recht gemütlich. Die Kleinen kamen dann immer an – das sind ja winzig kleine Schweinchen, so lang wie ne Hand –, schnüffelten und grunzten leise an meinem Ohr herum und weckten mich damit. Das war schon was Besonderes, bei einem Schwein in der Wurfkiste liegen zu dürfen; weil das eigentlich protektive Mütter sind, die aufpassen, dass man den neugeborenen Ferkeln nicht zu nahe kommt.

Aber die Geschichte geht noch weiter. Und zwar hatte ich damals um die Hütte von Rosalie herum einen kleinen Zaun aufgestellt, damit sie ihre Ruhe vor den anderen Sauen hat und ich ihr besonders gutes Futter geben kann – Bananen und andere Sachen, die sie besonders liebt –, damit sie wieder zu Kräften kommt. Nach insgesamt drei Tagen war sie klinisch gesund. Das heißt, wenn ich sie untersuchte, konnte ich nichts mehr feststellen. Aber es ging ihr nicht gut. Man merkte, sie ist nicht fit; sie zog den Bauch ein, hatte offensichtlich Schmerzen, und auch vom Kreislauf her ging es ihr immer schlechter. Ich machte mir echt Sorgen. Bis ich überlegte: »Hm, wenn's der Kreislauf ist, vielleicht lass ich sie einfach mal laufen, damit sie sich ein bisschen bewegt.« Ich öffnete die Tür der kleinen Umfriedung – und so schnell sie nur konnte, trabte sie auf die andere Seite des Waldes, aufs Klo, um sich erst mal zu erleichtern. Sie hatte also drei Tage lang keinen Kot abgesetzt, weil ihr das zu nah an ihrer Schlafstätte gewesen wäre. Erst als sie wieder auf ihr angestammtes Klo durfte – puh! –, konnte sie das loswerden. Die Arme tat mir im Nachhinein echt leid. Aber so weit geht die Sauberkeit der Schweine, dass Rosalie es nicht ertragen konnte, so nah an ihr Bett zu machen.

Man kann sich vorstellen, was diese Tiere in der regulären Landwirtschaft ertragen müssen, wenn sie ihr ganzes Leben in ihrer eigenen Scheiße – Entschuldigung! – verbringen müssen und in diesem wahnsinnigen Gestank. Selbst in gut belüfteten Ställen herrscht immer noch ein wahnsinniger Gestank. Es muss wirklich schlimm sein für Schweine, dass sie das so erleben müssen. Wir mussten bei uns die Hütten noch nie ausmisten. Wir mussten die Futterplätze noch nie reinigen. Man findet dort nie irgendeine Hinterlassenschaft. Alle Schweine gehen, wenn sie morgens aufwachen, erst mal auf die Toilette. Sogar bei schlechtestem Wetter gehen sie mindestens hinter die Hütte. Es stimmt also überhaupt nicht, dass Schweine »dreckige Viecher« sind. Und sie riechen auch nicht. Wenn bei uns Besucher kommen, trauen sie sich zuerst nicht, die Schweine zu berühren, weil sie denken, wenn sie dann mit dem Zug nach Hause fahren, würde das ganz arg riechen. Aber Schweine haben keinen Körpergeruch. Wenn man sie anfasst, riecht man hinterher nach Wald und Erde, aber nicht nach Tier. Das liegt daran, dass sie keine Talgdrüsen an der Haut haben und dadurch auch kein fettiges Fell.

Auf jeden Fall lernten unsere vier Handaufzuchten zum Glück, sich wie Schweine zu benehmen. Sie benehmen sich auch uns gegenüber kein bisschen anders als andere

Schweine. Wenn ich da bin, beachten sie mich genauso viel oder wenig, wie die anderen es auch tun. Das ist hauptsächlich charakterabhängig. Wie viele andere Tiere haben auch Schweine ganz unterschiedliche Persönlichkeiten. Durch die Nachkommen im ersten und zweiten Jahr haben wir inzwischen vierzig Tiere. Ich vergleiche sie, Besuchern gegenüber, gern mit ner Schulklasse. Sie sind so unterschiedlich wie wir. In diesem Zusammenhang gibt es ein Sprichwort, das ich gern zitiere. Man sagt ja: »Die Katze schaut zu uns runter, der Hund schaut zu uns rauf, und das Schwein begegnet uns auf Augenhöhe.« Von Gleich zu Gleich.

Was uns – meinen Studenten, meiner Mitarbeiterin Ariane und mir – aber erst jetzt mehr und mehr auffällt, ist, dass Schweine sogar derart unterschiedlich in ihren Persönlichkeiten sind, dass sie auch bevorzugte Menschenfreunde haben. Wenn ich da hinkomme, begrüßen mich immer die fünf oder sechs üblichen Verdächtigen. Zacharias zum Beispiel, der ist unsere Nummer zwei. Wenn ich auf die Wiese gehe und er meine Stimme hört, ist er sofort da und will Aufmerksamkeit und gestreichelt werden. Auch der Boss, Zampano, will sofort, dass ich zu ihm komme. Er beißt alle anderen weg. Ich dachte lange Zeit: »Na ja, das sind halt die Zutraulichsten.« Wenn aber Ariane hingeht, die ebenfalls ein sehr enges Verhältnis zu den Schweinen hat und sie fast genauso lange kennt wie ich, schauen diese fünf oder sechs sie nicht mit dem Hintern an, wie man so schön sagt. Sie wird von ganz anderen Tieren begrüßt. Und das sind wiederum welche, von denen ich dachte, dass sie kein Interesse haben, mit Menschen umzugehen; weil sie mich völlig ignorieren. Die Wahrheit ist: Sie können mit mir anscheinend nicht. Und ich nicht mit ihnen.

Es ist auch nicht so, dass ich mit diesen fünf oder sechs irgendetwas Besonderes gemacht hätte. Im Gegenteil. Mit Zampano oder Zacharias konnte ich nie gut arbeiten. Umgekehrt sind diejenigen, die sehr gut lernten und mit denen ich von daher mehr und intensiver arbeiten konnte, aber nicht die, die auf der Weide sofort zu mir gerannt kommen. Es muss also etwas mit der Chemie oder einer gewissen Sympathie zu tun haben; dass sie tatsächlich, wie wir auch, bestimmte Individuen netter finden als andere.

Solche Unterschiedlichkeiten stelle ich immer wieder fest. Zora, Black Beauty und Rosalie sind ja unsere *Queens*. Zora ist sehr forsch, sogar ein bisschen *bossy* anderen Schweinen gegenüber. Sie war schnell die Chefin von den dreien und ist sehr laut und sehr »gesprächig«, könnte man sagen. Noch dazu hat sie eine sehr spezielle Stimme. Man hört meist schon aus der Ferne, dass die Zora kommt, weil sie ihr Dahinschreiten sozusagen kommentiert. Ich behaupte manchmal, sie singt; geht singend über die Wiese, singt oder grunzt oder quietscht vor sich hin, mit einem ganz speziellen Ton. Black Beauty dagegen war immer eher schüchtern; wollte auch nicht wirklich angefasst werden, gerade zu Anfang – nur so ein bisschen, und dann war's ihr schon wieder genug. Und Rosalie war unser Püppchen. Sie wollte ständig gekrault werden, hängte sich sehr an uns dran und wusste nie so ganz, wo sie mit sich hinsollte. Sie war auch relativ zart; man dachte oft: »Na, wenn eine krank wird, dann unsere Rosalie.«

Persönlichkeitsmerkmale sind ja generell vererblich. Dazu kommen aber noch andere Faktoren. Zora hat offenbar ihre *bossy* Persönlichkeit weitgehend vererbt. Wir beobachten, dass die Z-Kinder in der Rangordnung – wir haben die Nachkommen jeweils nach den Anfangsbuchstaben der Mütter benannt – weiter oben stehen als die der anderen beiden Mütter. Von Zampano und Zacharias habe ich ja schon erzählt. Der legendärste unter den anderen ist unser Zazou. Er ist derjenige, der am allerschnellsten lernt. Er ist ein Streber, ein G'scheitl, der immer als Allererstes angerannt kommt, wenn er merkt: »Okay, es geht los, wir machen was, es gibt wieder was zu gewinnen.« Er war der Erste, der seinen Namen konnte, der Erste, der überhaupt etwas an den Touchscreens konnte, mit denen unsere Schweine arbeiten. Er ist aber zugleich ein bisschen ein Fiesling, so ein kleiner Kläffer, der aus 'm Hintergrund noch mal nachbeißt und gemein zu den anderen ist. Auch Menschen gegenüber ist er manchmal schwierig. Zu mir ist er nett und auch zu Ariane, aber mit der Studentin, die letzten Sommer da war und die sehr viel mit ihm arbeitete, führte er einen regelrechten Kleinkrieg. Wenn er etwas tun sollte und sie ihn bat: »Würdest du bitte zum Training kommen?«, folgte er erst nach wiederholtem Aufrufen – wenn überhaupt –, arbeitete dann manchmal mit oder zerstörte Dinge, einfach so. Das macht er sonst nicht, aber bei ihr schon. Und wenn sie sagte: »Würdest du jetzt bitte wieder rausgehen? Wir sind fertig«, stand er stocksteif wie ein Bock. Erst wenn Ariane oder ich kamen und sagten: »Zazou, würdest du bitte ...«, ließ er sich erweichen.

Auch das ist wahrscheinlich wiederum ne Sympathiefrage. Alle anderen Schweine folgten der Studentin wunderbar, nur Zazou nicht. Er mochte sie irgendwie nicht oder fand's vielleicht lustig, sie zu triezen. Von daher hatte ich oft Sorge, dass er mit seinem fiesen Charakter womöglich Chef der ganzen Herde wird und alle anderen unterdrückt und sogar uns gegenüber unangenehm wird. Das ist einer, dem traue ich nicht so recht über den Weg. Bei dem passe ich immer auf, was er sich jetzt wieder ausdenkt. Aber er ist zum Glück körperlich relativ klein geblieben und von daher höchstens die Nummer fünf oder sechs in der Rangordnung. Mit Zampano oder Zacharias kann er es nicht aufnehmen.

Wobei gerade Zampano auch nicht gerade einfach ist. Er folgt nicht, arbeitet nicht mit und hat so eine rotzige Art. Den kann man dreimal einladen, und er macht deswegen noch lange nicht mit. Er ist mir von seinem ganzen Charakter her ehrlich gesagt nicht sonderlich sympathisch, aber er besteht darauf, dass ich ihn begrüße und Zeit mit ihm verbringe. Ein Dickschädel! Nicht umsonst heißt Dickschädel auf Englisch auch *pighead*. Schweine haben grundsätzlich Dickschädel, aber Zampano hat nen besonderen Dickschädel. Vielleicht ist er deswegen Boss der Herde geworden.

Dagegen sind die B-Kinder durchaus nicht alle so schüchtern wie Black Beauty. Da kommt womöglich auch der Vater durch. Und die zarte Rosalie hat einen Sohn, Romeo, der weit oben in der Rangordnung mitspielt. Der ist ein Kämpfer, der sich in jedes Getümmel stürzt. Oder eine weitere Ausnahme: Zafira, die ja von Zora abstammt. Das ist unser Kuschelschwein. Alle Schweine lassen sich gerne das Fell streicheln und den Rücken kratzen und den Bauch kraulen, *vor allem den Bauch*. Wenn man Schweine am Bauch krault, legen sie sich hin, Füße hoch, und wollen noch mehr gekrault werden. Und Zafira ist da fast schon aufdringlich und kann nie genug bekommen. Bereits als ganz Kleines kam sie immer an und wollte gestreichelt werden.

Es sieht übrigens sehr lustig aus, wenn man anfängt, Kunekune zu streicheln. Dann wird der Blick langsam müde, sie wirken, als ob sie in Trance fallen, und auf einmal – wie totgeschossen, wupp! – fallen sie um, strecken ihre kurzen Beine von sich und liegen wie eingeschlafen da. Wenn man aber aufhört zu kraulen, merkt man: Sie sind durchaus wach und schubsen einen mit dem Rüssel, damit man weitermacht. Wobei das bei unseren besonders deutlich wird, weil sie so zutraulich sind und keine schlechten Erfahrungen mit Menschen gemacht haben. Bei Zafira ist es so: Wenn man sie auch nur anschaut und so tut, als würde man sie gleich kraulen, fällt sie schon um. Sie wäre bestimmt ein gutes Therapieschwein. Denn sie hat genau das, was man in der tiergestützten Therapie braucht. Nämlich, dass das Tier das Eis bricht.

Bei uns geht es natürlich um andere Dinge. Hauptsächlich um Kognitionsversuche. Die Schweine werden gerufen, und dann machen wir mit ihnen vor allem Lernversuche. Zum Beispiel müssen sie am Touchscreen mit dem Rüssel auf eine Scheibe drücken. Dahinter ist ein Bildschirm, auf dem wir ihnen zwei Sorten Bilder zeigen – manche Schweine müssen auf Gesichter drücken, manche auf Hinterköpfe –, und wenn sie richtig wählen, macht es Piep, und es kommt ne Belohnung raus. Und wenn sie falsch wählen, kriegen sie nix. Das können die stundenlang machen. Das finden die ganz großartig. Alle Kinder lieben Computerspiele!

Was die Belohnung an sich betrifft, hat wieder jedes Schwein seine Vorlieben. Wir haben einzelne, die arbeiten nicht für Brot, die arbeiten nur für Weintrauben; und andere, denen müssen wir Brotwürfel geben, und wenn's keine

Brotwürfel gibt, machen sie alles falsch. Aber sobald's wieder Brot gibt, konzentrieren sie sich und machen alles richtig. Manche sagen auch: »Na ja, ein einziges Brotwürfelchen, damit kannst du mich nicht locken.« Die verhandeln dann richtig. Zafira arbeitet am liebsten für Weintrauben, und Zora arbeitet nur, wenn's Brot gibt. Rosalie genauso. Und wenn sie kein Brot kriegt, wird sie richtig wütend und fängt an, ganz entgegen ihrem an sich eher zarten und freundlichen Wesen, die Einrichtungen zu zerstören.

Ein solches Verhalten versuchen wir, so gut es geht, zu ignorieren. Wir arbeiten mit den Schweinen ausschließlich mithilfe positiver Verstärkung. Das heißt auch: Es gibt keine Strafe. Außerdem ist die Mitarbeit freiwillig. Das heißt, die Tiere laufen den ganzen Tag auf der Wiese rum und fressen Gras und suhlen sich und machen, was sie wollen. Und wenn wir mit ihnen arbeiten wollen, rufen wir sie mit Namen auf. Dann kommen sie, oder eben nicht. Wenn sie nicht wollen, ist das für uns ein Zeichen, dass sie gerade nicht motiviert sind oder was anderes vorhaben. Dann warten wir und lassen sie in Ruhe. Und das hat sich absolut bewährt. Schweinen darf man nicht im Befehlston kommen, sondern muss mit ihnen umgehen wie mit Freunden, muss »bitte« und »danke« sagen: »Würdest du bitte …?« Manchmal sieze ich sie sogar: »… wäre ich Ihnen sehr verbunden, wenn Sie mir helfen würden und mir folgen würden.« Und dann funktioniert das. Voraussetzung ist ein höflicher Grundton.

Auch das ist etwas, was in der Welt da draußen, vor allem in der Landwirtschaft, völlig verkannt wird. Wenn man sieht, wie Schweine dort behandelt werden – mit Schlägen, mit Stöcken, mit Elektroschocks und ich weiß nicht was –, ist das genau das Gegenteil von dem, wie man mit ihnen umgehen soll. Muss! Eigentlich geht's gar nicht anders.

Wie so vieles wurde mir aber auch das erst so richtig bewusst, als ich hier anfing, mit den Schweinen zusammenzuarbeiten. In der Tierarztausbildung wurde uns immer eingeschärft: »Geh niemals alleine in einen Stall mit Schweinen, die schwerer als dreißig Kilo sind. Geh niemals ohne ein Treibbrett zu einem Eber in die Box. Pass bloß auf – Schweine sind gefährlich!« Aber meiner Meinung nach hängt das nur damit zusammen, wie mit ihnen landläufig umgegangen wird; dass sie frustriert und wütend sind und dass der Mensch dann zum Feind wird. Im Grunde sind Schweine – von ihrer Persönlichkeit und ihrem Charakter her – sehr offen und gehen gerne auf Menschen zu. Eigentlich sind Schweine und Menschen Freunde.

Dazu fällt mir die Geschichte unserer Ronja ein. Eines Sonntags rief mich der Wochenendtierpfleger an und sagte: »Der Ronja geht's nicht gut, die frisst nicht.« Ich fuhr also hin und untersuchte sie und merkte, der geht's wirklich nicht gut. Sie hatte eine Nierenentzündung; und sie hatte Untertemperatur. Ich ergriff sofort alle tierärztlichen Maßnahmen, die mir einfielen, und richtete mich für die Nachtschicht ein, installierte ihr in der Hütte ne Wärmelampe, brachte ihr Wärmflaschen, deckte sie zu, mummelte sie richtig ein und versuchte immer wieder, sie mit Wasser und Leckerbissen dazu zu motivieren, wenigstens eine Kleinigkeit zu sich zu nehmen. Schweine lieben Apfelsaft. Also kaufte ich ihr Apfelsaft und kochte Tee. Außerdem stellte ich auch bei ihr einen kleinen Zaun um die Hütte auf, damit die anderen, die sonst mit ihr darin schliefen, nicht reinkonnten. Der hielt aber nicht lange. Um zehn Uhr nachts machten die anderen den Zaun nieder und kamen mit in die Hütte, weil sie ebenfalls da schlafen wollten, so wie es ihre Gewohnheit war. Schweine können sehr konservativ sein, was ihren Schlafplatz betrifft. Sie sitzen meist in denselben Hütten, mit denselben Nachbarn. In dieser Nacht war's mir sogar ganz recht. Es war November und schon empfindlich kalt. Und wenn zehn Schweine eng an eng auf so einer kleinen Fläche liegen – die Hütten sind nur zwei mal drei Meter –, dann wird's da schön warm.

Ungefähr um Mitternacht ging's Ronja wieder besser, und ich fuhr nach Hause. Ich war gerade schwanger und wollte natürlich nicht zwischen den Schweinen schlafen. Am nächsten Morgen besuchte ich sie wieder, und es ging ihr erneut schlechter. Die nächste Nacht wurde noch kälter. Irgendwann hielt ich es nicht mehr aus, weil's mir selber nicht gut ging – mir war sehr kalt –, und ich fuhr um halb zehn nach Hause, etwas essen, und rief Ariane an, ob wir uns die Nachtschicht teilen können, weil es dem Tier nicht gut geht und man es bewachen muss. Ronja war zu diesem Zeitpunkt schon ganz wirr, stand immer wieder auf und lief raus in die Kälte, sodass man sie wieder zurück in die Hütte bringen musste. Das war alles ziemlich kompliziert. Aber wir wollten sie natürlich nicht aufgeben. Es ging schließlich um Ronja, unsere Freundin. Wir wollten sie so gut wie möglich pflegen.

Um Mitternacht kam Ariane mit Nadine, einer weiteren Kollegin. Die beiden hatten vor, auf dem Hof zu übernachten – es gab da ein kleines Schlafzimmer –, um abwechselnd aufzupassen. Ronja marschierte noch mal raus ins Dunkle, ins Kalte. Wir fanden sie – gerade als wir besprochen hatten, wo alle Sachen sind, und wieder zurückgehen wollten – im Wald, legten sie zu dritt auf eine Decke, trugen sie wieder in die warme Hütte, und als wir alle drei um sie versammelt waren, starb sie. Ich glaube, dass sie wirklich wartete, bis wir alle drei da waren. Das passierte mir schon des Öfteren, dass Tiere warteten, bis ich da war und sagte: »So, es ist alles gut. Ich pass auf dich auf.« Und dann ließen sie locker und starben.

Auf jeden Fall gibt es immer wieder Einzeltiere, die eine sehr enge Beziehung zu uns aufbauen und viel mehr in uns sehen als die reinen Futtergeber. Zum Beispiel Zampano. Letzten Sommer waren auch noch andere Studenten wegen eines kurzen Projekts bei uns. Da sollten die Schweine am Touchscreen wieder eine einfache Unterscheidung zweier Bildklassen lernen. Und Zampano machte immer nur Blödsinn. Er drückte immer falsch. Dann war aber die Studentin zwei Tage nicht da, und ich übernahm ihr Training. Ich holte Zampano von der Wiese und dachte: »Na ja, der wird's wahrscheinlich eh wieder nicht kapieren.« Auf einmal kam er auf neunzig Prozent Richtige! Das ist enorm. Mehr als achtzig Prozent erwarten wir gar nicht. Und das passierte jedes Mal, wenn ich dabei war. Er wollte mir offensichtlich gefallen. Er wollte bei mir – seiner Freundin – eher was richtig machen als bei jemandem, den er nicht kennt. Und Zampano ist ja eigentlich ein großer furchterregender Eber mit riesengroßen Hauern. Aber wenn ich mich zu ihm auf den Boden setze, kommt er wie ein kleiner Kuschelbär ganz langsam an, legt mir sacht seinen Kopf, seinen riesigen Schädel, aufs Knie und möchte gekrault werden. Und dass gerade er – die Nummer eins, der Boss – so zart daherkommt, ist schon manchmal richtig niedlich.

An solchen Stellen, wenn unsere Besucher sehen, wie lieb

und niedlich Schweine sein können, sag ich oft: »*Alle* Schweine sind wie unsere Schweine.« *Alle* Schweine sind – wenn sie gut gehalten werden – friedlich und freundlich und lassen sich gern streicheln; und verstehen Menschen. Und wir können *sie* verstehen. Wenn ich unseren Schweinen klarzumachen versuche, was ich von ihnen will, habe ich fast immer den Eindruck, dass sie mich verstehen. Und wenn sie mir sagen wollen, was *sie* stattdessen lieber tun möchten, verstehe ich sie, glaube ich, ebenfalls ziemlich genau.

Ihr Hauptausdrucksmittel ist die Stimme. Man kann ihre Gemütslage *hören*. Wenn sie guter Laune sind. Wenn sie frustriert sind. Wenn ihre Laune kippt. Es ist im Training oft sehr schön zu sehen und zu hören – wenn sie zuerst nicht verstehen, was sie tun sollen, und es einfach nicht können; dann gibt's Töne, mit denen sie sich richtig beschweren. Als ob wir sagen würden: »Ach, Menno! Ich schaff das nicht!« Und andersrum, wenn der Groschen gefallen ist und sie's verstanden haben – »Ah, so geht das« –, machen sie ebenfalls bestimmte Geräusche.

Sie können auch Stolz ausdrücken. Gerade wenn sie im Training rausgefunden haben, wie's geht – »Aha, das muss ich also so machen, okay« –, benehmen sie sich ähnlich wie bei anderen positiven Erregtheitszuständen. Etwa wenn man sie begrüßt, wenn man mit besonders gutem Futter kommt, oder wenn man sie krault. Sie geben dann bestimmte Lautäußerungen von sich, stellen alle Haare auf und freuen sich. Das geht so weit, dass sie – wenn sie bereits erfahrener sind – schon vorab, das heißt, wenn sie noch gar nicht mit der Apparatur in Berührung sind, mit aufgestellten Haaren ankommen, fröhlich quietschend.

Zweitwichtigstes Ausdrucksmittel, nach der Vokalisation,

ist die Körpersprache. Oft signalisieren sie damit zum Beispiel, dass sie jetzt eigentlich lieber schlafen oder kuscheln wollen würden anstatt zu arbeiten. Stufe eins sieht dann so aus, dass sie mehr oder weniger einfrieren, den Kopf und die Ohren etwas hängen lassen, den Rücken entspannt fast ins Hohlkreuz fallen lassen und die Haare aufstellen. Stufe zwei ist dasselbe, nur mit dem Kopf auf oder an unsere Knie gedrückt; eventuell reiben oder schubbern sie sich ein bisschen. Als letzte Stufe, wenn wir gar nicht reagieren, legen sie sich direkt auf unsere Füße, sodass wir unmöglich weitergehen können. Alles meist in Verbindung mit niedlichen kleinen Grunzlauten.

Schweine können sich also sowohl verständlich machen als auch uns verstehen. Sie sind uns überhaupt viel ähnlicher, als uns bewusst ist. Und das, obwohl sie individuell so verschieden sind. Letzteres vergisst man immer wieder. Bei Schweinen ganz besonders, weil sie in riesengroßen Zahlen gehalten und dadurch entpersonalisiert werden. Aber in Wahrheit ist bei ihnen viel mehr los, als wir es ihnen landläufig zutrauen. Und es ist auch relativ leicht, eine liebevolle Beziehung zu ihnen zu bekommen. Ich kann da gar keinen Grund nennen, aber mir haben schon viele Leute gespiegelt, dass man sich als Mensch in der Nähe von Schweinen wohlfühlt und dass sie ein so fröhliches Glücksgefühl ausstrahlen und eine positive Ausstrahlung haben. Es ist angenehm mit ihnen. Schweine sind einfach angenehme Zeitgenossen.

Das fünfzehnte Kälbchen

Erzählt von Karin Mück, Butjaaingen/Wesermarschland

Gisela kam Weihnachten vor zwei Jahren zu uns ins Kuhaltersheim. Da war sie schon fast siebzehn, also relativ alt für ne Kuh. Und zwar hatte uns ein Arbeiter aus einem Milchviehbetrieb in Thüringen angerufen und gefragt, ob wir zwei Kühe übernehmen würden. Dazu gehörte auch noch Penelope, die genauso alt war wie Gisela. Es war wohl so gewesen, dass sein Chef gesagt hatte: »Ich habe Gisela zum Schlachten angemeldet.« Worauf Steffen, so heißt der Arbeiter, meinte: »Nein, ich will das nicht. Ich kenne sie seit fünfzehn Jahren. Ich besorg ihr nen Platz.« Darauf sagte sein Chef: »Das kannst du gerne machen. Aber dann krieg ich vierhundert Euro von dir. Die zieh ich dir vom Lohn ab.«

Das Ganze hat uns auch deswegen so berührt, weil Steffen am Telefon so traurig war. Er meinte: »Ich organisier den Transport. Ich mach alles!« Es ist nämlich gar nicht so einfach, eine Kuh von einem Bundesland zum anderen zu bringen. Dafür muss man eine amtstierärztliche Bescheinigung haben und die Kuh neu anmelden. Trotzdem versprach Steffen, sich um Gisela zu kümmern. »Und wenn was ist«, meinte er, »dann komme ich.«

Also sagten wir zu. Eigentlich war abgemacht, dass er sie mit dem Pferdeanhänger bringen würde. Dafür lag aber zu viel Schnee. Deshalb sagten wir ihm: »Lass uns lieber einen professionellen Tiertransporteur nehmen. Wir kennen da einen. Der ist bei dir in der Nähe. Du kannst ja mitfahren.«

Dann dauerte die Fahrt aber acht Stunden. Als sie hier ankamen, kippte Gisela erst mal vom Hänger, brach einfach beim Abladen zusammen, vor lauter Entkräftung und Stress. Man muss bedenken: Sie hatte siebzehn Jahre lang in diesem Stall gelebt. Das war ein ehemaliger DDR-Genossenschaftsbetrieb. Man kann sich ja vorstellen, wie es dort aussah. Tausende von Rindern. Aber sie kannte nichts anderes. Und nun wurde sie auf einmal da rausgerissen in einen Hänger verfrachtet – sie wusste wahrscheinlich gar nicht, wie ihr geschah.

Danach lag sie erst mal wochenlang im Stall. Diese Kuh war, von ihrem Allgemeinzustand her, dermaßen erschreckend! Das Fell war stumpf, der Blick war trüb – es war jämmerlich anzusehen.

Wobei wir, etwa zu dieser Zeit, ne Kuh aufgenommen hatten, der es ähnlich ging. Klara. Und zwar gibt es in Schleswig-Holstein jedes Jahr einen riesigen Viehmarkt. Da werden hauptsächlich solche Kühe verkauft, die nicht mehr schwanger werden oder nicht mehr genügend Milchleistung bringen. Die gehen per Schiffstransport in den Libanon – sollen nur noch diesen Transport überleben. Auf dem Schiff sterben schon viele. Und drüben werden sie sofort geschlachtet.

Nun hatte uns eine Frau angerufen, die auf diesem Viehmarkt gewesen war und per Zufall gesehen hatte, wie dort eine Kuh vom Hänger kippte. Nur noch Haut und Knochen. Das hatte sie fotografiert – und konnte danach die ganze Nacht nicht schlafen. Sie sah sich immer wieder das Bild an. Bis ihr auffiel: »Ich kann ja die Ohrmarkennummer erkennen!« Also fing sie an zu recherchieren. Ein paar Stunden später erzählte sie uns die Geschichte am Telefon und fragte, ob wir die Kuh übernehmen würden. Meinten wir: »Ja, okay.«

Mittlerweile stand die Kuh schon auf der Verladestation. Aber der Händler war bereit, sie uns zu verkaufen. Also fuhren wir da hin, um sie zu holen. Das ist dann oft sehr schwierig: Die Händler sind oft sehr brutal. »Ich prügle die euch mal auf'n Hänger!« Da muss man vernünftig bleiben und sagen: »Nee, wir haben Zeit. Wir machen das schon.« Zum Glück findet Jan, mein Partner, als ehemaliger Bauer meistens eine Ebene mit diesen Leuten. Ich selber kann das nicht. Aber er fängt an, über Getreidepreise zu reden – und schon geht das.

Nachher sah ich auch, in wie vielen Ställen diese Kuh schon gestanden hatte. Wenn man eine Kuh kauft, kriegt man ja immer den sogenannten Rinderpass mit. Diese Kuh war erst sieben Jahre alt – hatte aber acht verschiedene Ställe hinter sich. Im ganzen Land. Sie muss nur unterwegs gewesen sein.

Wenn man heute Bilder von ihr sieht – vorher und nachher –, das ist schon erschreckend. Würde man nicht genau auf die Fellzeichnung achten: Man könnte kaum glauben, dass es sich um dieselbe Kuh handelt. Sie ist inzwischen wieder richtig hübsch, hat ganz tolles, plüschiges Fell, ist zwar immer noch ein bisschen ängstlich und zurückhaltend, aber das ist ja in Ordnung. Eine Kuh muss ja nicht unbedingt schmusig sein.

Und Gisela war, als sie hierherkam, in nem ähnlich erschreckenden Allgemeinzustand. Noch dazu war sie auf einem Auge blind, hatte nen gebrochenen Schwanz und versteifte Knie. Etwa achtzig Prozent der Kühe, die wir hier kriegen, haben massive Gelenkprobleme. Was dadurch kommt, dass sie auf schnelles Wachstum gezüchtet werden. Und auf Hochleistung. Mittlerweile kreuzt man sogenannte Fleischrassen mit Milchrassen. Das werden derart riesige Kälber, dass die Kuhmütter gar nicht mehr in der Lage sind, sie alleine zur Welt zu bringen.

Eine weitere Rolle spielt, dass sie alle keine Muttermilch hatten – weil ihnen in der Regel ja sofort die Kälber weggenommen werden, damit der Bauer die Milch verkaufen kann. Aus demselben Grund werden sie auch in einer Art Dauerschwangerschaft gehalten. Gisela hatte in ihrem Leben vierzehn Kälber und musste über hunderttausend Liter Milch geben. Das kann man sich kaum vorstellen. Was das für Mengen sind! Die meisten Kühe werden im Alter von zwei Jahren schwanger. Viel zu früh, weil sie eigentlich erst mit drei ausgewachsen sind. Dann sind sie neun Monate schwanger. Und schon sechs bis acht Wochen nach der Geburt sind sie erneut schwanger – müssen aber gleichzeitig auch noch ne Milchleistung erbringen. Möglichst zehntausend Liter im Jahr. Das hält kein Körper aus. Diese Kühe haben im Durchschnitt zwei bis drei Kälber. Dann sind sie am Ende.

Außerdem geht's um Dinge wie Anbindehaltung. Wir haben hier ne Kuh, die fünf Jahre lang an einer kurzen Kette in einem dunklen Stall leben musste. Als sie letzten Sommer hierherkam, hatte sie gleich nen Scheidenvorfall. Das sah aus wie ein Fußball, der ihr hinten rausgerutscht war. Der Tierarzt meinte: »Oh-oh! Das ist schwierig. Die hat ja überhaupt kein Bindegewebe, keine Muskulatur – weil sie sich nie bewegen konnte.«

Auch das war bei Gisela ähnlich. Wenn ich mir diese Kuh so ansah, empfand ich sie oft als eine Art Mahnmal für alle Milchkühe. Wir mussten ihr anfangs sogar Fußfesseln anbringen, um zu verhindern, dass ihr beim Aufstehen die Beine auseinandergrätschten.

Was allerdings bemerkenswert war: Sie wurde, von der Rangordnung her, gleich als erfahrene Kuh in die Herde aufgenommen. Es ist ja so: Wenn ne neue Kuh in eine Herde kommt, bilden die anderen erst mal nen Kreis und kucken: »Ah, da passiert was!« Kühe sind sehr neugierig. Wenn da nun ne junge Kuh ankommt, versucht sie erst mal mit gesenktem Kopf zu zeigen: »Hey, wenn ihr was vorhabt – ich bin kampfbereit.« Wobei Kühe natürlich nicht kämpfen. Das sind höchstens Schubsereien. Meistens kommen gleich die Ranghöheren und geben der jungen Kuh durch Blickkontakt und Kopfsignale zu verstehen: »Pass mal auf, du stellst dich mal hinten an.« Wogegen ne erfahrene Kuh bereits mit erhobenem Kopf auf die anderen zugeht. Ganz selbstbewusst. Dann machen die Platz, und der Fall ist erledigt.

Als wir noch Willem hatten – unseren Zwölfhundert-Kilo-Ochsen –, der stellte sich in solchen Fällen meist vorne dran. So etwa: »Mädels, ich regle das.« Und wenn er sah, dass da eine ältere Kuh vom Hänger stieg, veranlasste er die anderen zurückzutreten. Und dann ging die alte Dame, durch dieses Spalier, in die Herde. Es gab keinerlei Anfeindungen. Und das war bei Gisela ähnlich. Wenn sie an die Kuhputzmaschine wollte – das ist so eine große rotierende Bürste –, traten die anderen zurück. Sie hätten sie – noch dazu in ihrem erbärmlichen Zustand – locker wegkicken können. Das taten sie aber nicht. Und so erholte sie sich mehr und mehr.

Im Frühling ließen wir sie dann auf die Weide. Wodurch

wir merkten, dass sie für die weiten Strecken, die Rinder normalerweise täglich zurücklegen – wenn sie den Platz dazu haben –, gar nicht mehr die Kraft hat. Bei Gisela war nach wie vor allein schon das Aufstehen schwierig. Eine Kuh richtet sich ja schaukelnd auf. Sie schaukelt von hinten nach vorne. Und dann – durch einen Schwung – steht sie auf. Was bei Gisela wegen ihrer versteiften Hinterbeine gar nicht ging. Sie konnte auch nie richtig grasen, weil sie gar nicht stillstehen konnte, sondern immer nachjustieren musste.

Also sagten wir: »Wir schaffen ne Krankenweide. Wer passt da sonst noch rein?« Da war zum Beispiel die alte Frau Lotti. Das ist ne jetzt sechzehnjährige Kuh, die mit gebrochenem Becken zu uns kam und die mit anderen Artgenossen eigentlich gar nichts zu tun haben will, weil sie zwölf Jahre in Einzelhaft gelebt hat. Also legten wir Gisela mit Lotti zusammen. Und Gisela erholte sich weiter, hatte aber immer wieder Einbrüche. Wir hatten bei ihr immer unsere Zweifel.

Während eines solchen Einbruchs kam mal die Amtsveterinärin vorbei. Beim Veterinäramt hat man uns sowieso auf dem Kieker, weil wir die Ohrmarkenpflicht nicht einhalten – und auch andere Sachen nicht, die wir als unnötige Quälerei empfinden, weil unsere Tiere ja sowieso nicht geschlachtet werden. Und dann gab es eben mal eine Kontrolle, bei der die Veterinärin meinte: »Ich stand zehn Minuten dort hinten in der Kurve und filmte diese braunweiße Kuh.« Sie meinte Gisela. »Was Sie hier machen, ist Tierquälerei. Diese Kuh gehört eingeschläfert.«

Ich meinte zu ihr: »Frau Doktor, erstens haben wir hier einen Tierarzt, der regelmäßig diese Kuh ankuckt. Und zweitens: So wie Gisela aussieht – das ist doch erst das Ergebnis der Massentierhaltung. Das wissen Sie doch. Sie sehen doch selber, in welchem Zustand die meisten Kühe auf dem Schlachthof ankommen.«

Wir hatten natürlich auch deswegen ein anderes Empfinden, weil Gisela uns immer wieder überrascht hatte. Abends dachten wir oft: »Oh, sie kommt nicht mehr auf die Beine. Wenn sie's heute Nacht um eins nicht geschafft hat, schmeißen wir den Trecker an und heben sie auf.« Wir hatten extra ein Hebegerät gekauft, um ihr auf die Beine zu helfen. Oft dachten wir dann: »Okay, wir gehen jetzt raus – und sie wird da immer noch liegen.« Aber dann suchten wir mit Taschenlampen alles ab – *und sie war einen Kilometer weit gelaufen*, lag glücklich, als sei gar nichts gewesen, in der äußersten Ecke der Weide und war am Mampfen.

Was uns auch noch sehr berührte: Wir hatten Steffen, dem Arbeiter, ja am Anfang versprochen, dass wir ihn anrufen, wenn etwas mit Gisela ist. Er hatte sich dann wirklich jedes Mal ins Auto gesetzt und war aus Thüringen gekommen und hatte teilweise die ganze Nacht bei ihr gesessen. Einmal – obwohl wir mit ihm noch gar nicht über unsere Einstellung gesprochen hatten – meinte er: »Ich hab gekündigt. Als ich neulich bei euch war, hab ich das Wort Ausbeutung aufgeschnappt. Darüber hab ich nachgedacht. Und irgendwie bin ich drauf gekommen: ›Stimmt eigentlich! Gisela ist ausgebeutet worden.‹« Jetzt hat er einen viel schlechter bezahlten Job. Als Fensterputzer im Schichtdienst. Aber er ist glücklich.

Zwischenzeitlich hatte er uns mehr über diesen Betrieb erzählt. Ihm war zum Beispiel aufgefallen, dass, immer wenn ein bestimmter Arbeiter Schicht hatte, die Kühe sich

Augenverletzungen zugezogen haben. Viele waren auf einem Auge blind. Das kommt da her, dass eben gewisse Methoden angewendet werden, sobald sie nicht freiwillig in den Melkstand gehen. Dann wird geschlagen, oder es wird der Schwanz gebrochen, was ja ne ganz empfindliche Stelle bei ner Kuh ist. Und dann geht die!

Das Ergebnis solcher Behandlungsmethoden kann man auch bei bestimmten Nachbarbauern von uns sehen. Bei uns tobt teilweise die ganze Herde über die Weide – und hopst und spielt. Und da gibt es speziell einen – wie die sich da bewegen! Wie Roboter.

Ausgerechnet von einem dieser Nachbarn lief uns letztes Jahr eine Kuh zu. Ich hatte gerade durchgezählt. Wir kucken mehrmals am Tag über die Weide: »Ist alles in Ordnung?« Wir haben ja immer Pflegefälle, bei denen man darauf achten muss: »Wie laufen sie? Wie sind die Klauen? Müssen wir was machen?« Auf einmal zählte ich siebenunddreißig. Dachte ich: »Komisch, wir haben doch nur sechsunddreißig!« Und dann seh ich ne Kuh und denk: »Oh, die kenn ich ja gar nicht!« Da stand also eine fremde Kuh auf unserer Weide. Ganz scheu. Jan meinte gleich: »Oh, die ist hochträchtig.«

Nun mussten wir natürlich kucken, wo sie überhaupt hingehört. Wir riefen dort an und meinten: »Hör mal, deine Kuh ist uns zugelaufen.« Und das war einer, der uns überhaupt nicht mag, weil wir ja alles anders machen. Weshalb uns klar war, dass er uns nicht so einfach diese Kuh verkaufen würde.

Nun hatten wir aber gerade Feriengäste aus Luxemburg und sagten ihnen: »Wir geben euch tausend Euro. In Hundertern. Steckt sie euch vorne in die Hosentasche und lasst sie ein bisschen raushängen, damit er das sieht. Das funktioniert bei Bauern immer. Und dann überlegt euch mal eine Geschichte. Irgendwie müsst ihr uns raushalten und so tun, als würdet ihr die Kuh selber übernehmen wollen.«

Sie erzählten ihm schließlich, sie seien Pädagogen und würden für ein Schulprojekt eine Mutterkuh mit Kalb benötigen – und kauften also tatsächlich diese Kuh, die zwei Tage später ein Kälbchen bekam. Ein Bullenkälbchen.

Nun war diese Kuh aber erst zwei Jahre alt und völlig überfordert mit der ganzen Situation. Sie gehörte ja noch gar nicht richtig zur Herde. Alle ehemaligen sogenannten Milchkühe, die schon länger hier leben, rasteten total aus und wollten alle dieses Kälbchen – alle standen drum herum und leckten es ab und stritten sich und machten ein unglaubliches Geschrei. Bis wir sagten: »Das ist zu viel Unruhe. Wir trennen Mutter und Kälbchen von der Herde und bringen beide zu Gisela.«

Die hatte einen Monat vorher wieder einen Einbruch gehabt, und zwar so schlimm, dass wir zum ersten Mal überlegt hatten, sie vielleicht doch einschläfern zu lassen. Der Tierarzt hatte es aber doch noch mal mit Infusionen versucht und gesagt: »Sie hat nur noch eine Chance, wenn ihr sie auf die Weide bringt.« Also banden wir ne alte Tür an den Trecker, hievten sie da rauf und zogen sie auf die Weide. Und tatsächlich: Dort stand sie wieder auf.

Und als sie nun dieses Kälbchen sah: Ihr Kopf ging hoch, sie fing an zu muhen und zu rufen, und das Kälbchen rannte zu ihr und ließ sich ablecken. Wobei das Interessante war, dass die Mutter gar nichts dagegen hatte. Von den anderen Kühen hatte sie sich eher bedroht gefühlt. Bei Gisela empfand sie es offenbar sogar als Entlastung. Jetzt hatte sie endlich Zeit zum Grasen. Sie war ja selber in keinem guten Zustand. Und so kam das Kälbchen weiterhin zum Trinken zu ihr; aber zum Schmusen und Schlafen legte es sich zu Gisela. Es versuchte auch öfter, bei ihr zu trinken. Was natürlich nicht ging. Gisela kuckte sich immer ganz verwundert um: »Was macht der denn?« Aber man merkte: Die Augen strahlten. Sie genoss das sehr.

Das war im Spätsommer. Und erst ab dieser Zeit blühte Gisela so richtig auf. Vorher war sie uns gegenüber immer noch misstrauisch gewesen. Aber dann gingen wir eben jeden Tag zu dem Kälbchen und setzten uns dazu. Und dadurch machte sie die Erfahrung: »Aha, da sind zwar Menschen, aber dem Kälbchen passiert nichts.«

Danach lebten die drei erst mal sieben oder acht Monate zusammen auf der Krankenweide. Aber zum einen ist da nicht so viel Platz, und zum anderen handelte es sich ja um ein Bullenkalb, das sicher auch mal so ein Zwölfhundert-Kilo-Ochse wird wie früher unser Willem. Weswegen Jan nach einer Zeit meinte: »Der Kleine muss jetzt mal ein bisschen was lernen. Wir lassen den in die Herde.«

Und Gisela weinte die ganze Nacht. Es war kaum auszuhalten. Sie stellte sich an die äußerste Spitze der Weide, in Richtung Herde, und rief und rief – und verausgabte sich dabei völlig. Am nächsten Tag sagten wir: »Nee, Mutter und Kälbchen bleiben noch eine Weile bei Gisela. Das ist für die beiden sicher nicht optimal, aber Giselas Lebenserwartung ist nur noch sehr gering, und die beiden haben ihr Leben noch vor sich.«

Dann verbrachten sie auch noch den ganzen nächsten Sommer zusammen. Aber Ende September wurde Gisela immer schwächer. Wir mussten sie immer öfter mit dem

Hebegerät auf die Beine stellen. Und nachher, die letzten drei Tage, ging es gar nicht mehr.

Am Ende war es für uns eine ganz schwierige Entscheidung. Der Horror ist ja immer: Man weiß es, man kann es kopfmäßig verstehen, und man sieht es auch – die Kraft ist nicht mehr da –, aber trotzdem hat man jedes Mal eine Phase, in der man sich erst mal in die Tasche lügt. Hinzu kommt, dass es noch mal eine andere Dimension ist, wenn so ein Großtier stirbt. Es tut einem richtig weh, wenn so ein Wesen zusammenbricht.

Nun war es aber so, dass der Tierarzt Gisela zuerst nicht einschläfern wollte, weil er ja, genau wie wir, zwei Jahre lang immer wieder die Erfahrung gemacht hatte: Sie steht sowieso wieder auf. Bis er sah, wie das Bullenkalb in den Stall gelaufen kam, zuerst auf Gisela runterschaute und dann anfing, sie abzulecken. Bis dahin war es ja umgekehrt gewesen.

Worauf wir sagten: »Okay, lasst uns noch mal beraten. Sie wird ohne fremde Hilfe nicht mehr aufstehen können. Es ist möglich, sie noch zwei, drei Wochen lang zu drehen. Aber bei diesem Körpergewicht wird sie sich schnell wund liegen. Also was soll das?«

Deshalb sagten wir: »Lasst uns das so machen. Jetzt. Das Kälbchen leckt Gisela ab. Und sie kriegt von hinten die Spritze.« Sie merkte es auch gar nicht und dämmerte weg. Das war gut. So hatte ich mir das gewünscht.

Aber von so einem Großtier darf man sich ja leider nicht würdevoll verabschieden. Man muss den Abdecker holen. Und oft dauert es drei, vier Tage, bis er kommt. Noch dazu hatten wir Ende des Sommers noch mal eine heftige Hitzeperiode. Und dann ruft man dort an, und es wird einem gesagt: »Tja, die sind gerade alle damit beschäftigt, die Hühnerbatterien auszuräumen.« Da waren Millionen Hühner erstickt, weil es keine Klimaanlagen gibt; das darf ja alles nicht teuer sein. Das wird einem ganz offen gesagt. Und dann wartet man – und dieser tote Körper liegt tagelang auf dem Hof, und man denkt sich: »Ist das alles gruselig. Dieses ganze System der Tierausbeutung. Das ist alles so schrecklich.«

Irgendwann kam er dann doch – dieser fürchterliche Abdecker. Das ist ein Riesen-LKW. Hinten mit einer offenen Wanne mit Kran. Da wird das Tier gewogen. Und dann zermatscht der es vor deinen Augen. Meistens ist die Wanne ja schon voll, mit vielen toten Tieren. Und dann wird das Tier mit einem Greifarm, wie bei einem Bagger, nach oben befördert. Aber nun muss ja Platz in dieser Wanne geschaffen werden. Also wird alles nach unten gedrückt – und das stinkt fürchterlich!

Was mich aber sehr positiv berührte: Es gab ja viele Menschen, die bei uns eine Patenschaft für Gisela übernommen hatten. Und die mussten wir natürlich informieren. Was da für Reaktionen kamen! Wie viele da auf einmal schrieben, dass sie jetzt Vegetarier geworden sind! Oder Veganer. Genau durch diese Geschichte mit Gisela und dem Kälbchen. Dass eine Kuh, nachdem man ihr vierzehn Kälbchen weggenommen hatte – und so kaputt und krank wie sie war –, doch noch mal ein Kälbchen haben durfte und das so genossen hatte – das brachte doch viele zum Nachdenken.

Gestreifter Stoiker

Erzählt von Rosie Koch, Berlin

Bei unserem Dreh für *Wildes Berlin* begegnete uns einmal ein Dachs. Wir hatten für diesen Film alle mobilisiert, die in Berlin irgendetwas mit wilden Tieren zu tun haben. Unter anderem den Wildtierexperten der Stadt, Derk Ehlert, der uns eines Tages anrief und sagte: »Fahrt mal an den Stuttgarter Platz. Da haben mich Leute angerufen. Da wäre ein Waschbär oder so. Kuckt euch das mal an.«

Wir fuhren natürlich sofort dort hin, redeten mit den Leuten, und es war tatsächlich so, dass sie von einem schwarz-weiß gestreiften Tier erzählten, einem Waschbär oder Dachs. Dachten wir zuerst: »Nee, ein Dachs, am Stuttgarter Platz, mitten in der Stadt in Charlottenburg, das kann nicht sein. Das hört sich eher nach nem Waschbär an. Aber erst mal schauen.«

Das Tier war in den zwei Nächten zuvor immer im selben Hinterhof gesehen worden, einem klassischen Berliner Hinterhof, also sehr groß, nahtlos umgeben von vier- oder fünfstöckigen Mietshäusern. Teilweise schien das Tier sogar in die Treppenhäuser zu kommen. Und für die Leute war nun die Frage: Ist es ein wildes Tier, ist es zahm, ist es gefährlich, wurde es von jemandem ausgesetzt? Man müsste das mal feststellen.

Der Besitzer eines der Häuser hatte im Erdgeschoss ne Ladenwerkstatt mit nem großen Fenster in den Innenhof und ließ uns in dieser Nacht dort Beobachtungsposten beziehen. Zum Glück hatte mein Freund Roland, mit dem ich den Film zusammen machte, sicherheitshalber die Kamera dabei. In den zwei Jahren, in denen wir *Wildes Berlin* drehten, gingen wir kaum noch ohne aus dem Haus.

Und da saßen wir nun also ab elf. Es wurde zwölf, es wurde eins, es wurde zwei, und um drei war auf einmal Bewegung im Hinterhof. Es war tatsächlich ein Dachs. Uns hat's echt umgehauen! Wir fragten uns natürlich: »Wie kommt ein Dachs hierhin? Hat ihn jemand aufgezogen und dann freigelassen? Wo schläft er?« Es war alles völlig rätselhaft.

Nachdem wir für die Werkstatt keine Schlüssel hatten, konnten wir ihn in dieser Nacht nur kurz aus dem Fenster filmen. Am nächsten Abend kamen wir wieder und sprachen auch noch mit anderen Leuten. Einige meinten: »Es gibt nicht nur einen, sondern sogar zwei. Der eine ist ganz groß, wie ein Schäferhund. Und der andere ist ganz klein. Das muss dem sein Baby sein. Und die kommen sogar ins Treppenhaus!«

Wir stellten erst mal überall dort, wo die Leute das Tier – oder *die Tiere* – besonders oft gesehen hatten, Kameras auf und gingen, weil wir wussten, dass vor Mitternacht sowieso nichts passieren würde, erst mal aufs Dach, um von dort den Sonnenuntergang zu drehen. Als wir wieder unten waren, tigerten wir noch eine ganze Weile im Hof hin und her, positionierten uns mal da, mal da, bis wir merkten: »In einem der Häuser ist irgendwas los.« Und dann kamen auch schon Leute und sagten: »Da ist er! Da ist er! Er ist im Treppenhaus.«

Also wir: da hingerannt. Auf einmal tauchte, völlig aus dem Nichts, auch ein Reporter von der *B.Z.* mit nem Fotoapparat auf. Und Roland und der *B.Z.*-Mann begleiteten den Dachs nun vorsichtig nach oben. Interessanterweise ging er zu jeder einzelnen Tür, stupste mit der Nase dran, nächste Tür. Wieder ein Stockwerk höher, kuckt links, kuckt rechts, wieder zu den Türen, wieder überall gestupst, wieder hoch. Bis er ganz oben war. Dann wieder runter, und im Runtergehen das Gleiche noch mal: Er stupste immer an die Türen, komplett stoisch.

Als er schließlich weg war, kamen die Leute aus ihren Wohnungen: »Habt ihr gesehen? Das war der Große.« Wodurch uns klar wurde: Da kocht einfach die Gerüchteküche hoch. Wenn die Leute aus dem Fenster kuckten und ihn unten im Hof sahen, von weit oben, sahen sie einen kleinen Dachs, ein Baby. Und wenn sie ihm im Treppenhaus begegneten, womöglich noch ein paar Stufen höher als sie selber, erschraken sie dermaßen, dass sie meinten, ein *riesiges* Dachs-Vieh gesehen zu haben. So kam das Gerücht zustande, es gäbe einen ganz großen und einen ganz kleinen.

Wir sprachen uns nun erst mal mit dem *B.Z.*-Mann ab und erklärten, es wäre uns sehr wichtig, dass er uns vor Veröffentlichung der Fotos Bescheid sagt. Denn uns war klar: Danach ist die Hölle los. Dann sind die Fernsehteams im Anmarsch und bauschen das auf, die Leute kriegen Angst, dass sie gebissen werden, und am Ende muss der Stadtjäger ran, und die Sache ist erledigt. Also nahmen wir dem *B.Z.*-Mann das heilige Versprechen ab, dass er uns auf jeden Fall informiert, bevor die Fotos rauskommen.

Gut, wir wussten nun, dass es ein einzelner erwachsener Dachs war. Der Rest war immer noch ein Rätsel. Obwohl wir ihn die ganze Nacht beobachteten, stellten wir vorerst nur fest, dass er alle Türen im Hinterhof abklapperte. Wenn er reinkam, lief er die Treppen rauf und runter und checkte die Wohnungstüren. Nach einiger Zeit fiel uns aber auf – oder zumindest reimten wir uns das so zusammen –, dass es in diesem Hof so ne Art Haupttor gibt, durch das man auch mit dem Auto fahren kann. Und dieses Tor ist elektrisch. Wahrscheinlich war er dort mit hineingelangt, kam aber nun – da das Tor ja nicht von einem Dachs ausgelöst werden konnte – nicht mehr heraus und suchte deshalb nen anderen Ausgang. Deswegen ging er an jede Tür.

Nun mussten wir natürlich kucken, ob das stimmte, ob er wirklich gefangen war, und »begleiteten« ihn deshalb auch in der nächsten Nacht. Wodurch wir endlich herausfanden, wo er schlief. Und zwar gibt es in einem der Häuser, in so ner Ecke, einen breiten Riss im Fundament. Der Dachs hatte ihn noch ein wenig verbreitert und konnte dadurch in einen Zwischenraum zwischen Außenwand und Keller schlüpfen. Dort lag er tagsüber. Das Problem war nur, dass es von innen, zu diesem Zwischenraum hin, eine Art Kellerfenster gibt – so ein komisches Fenstergitter aus Blech –, sodass man ihn von bestimmten Kellerräumen aus sehen konnte. Und dieses Gitter konnte man öffnen.

Das war nun unsere größte Sorge. Weil die Hausbewohner natürlich des Öfteren kuckten, was wir machten, wussten inzwischen auch sie, wo sich der Dachs befand. Und falls der *B.Z.*-Mann nun doch nicht sein Wort hielte und ein TV-Team käme, wäre das Tier in die Enge getrieben und würde womöglich beißen. Und dann würde man kurzen Prozess machen.

Deswegen schlugen wir uns also auch noch die nächsten beiden Nächte mit dem Dachs um die Ohren. Ich hatte inzwischen den Generalschlüssel für alle Türen, und wir stellten überall passive Kameras auf – also Kameras mit einer festen Einstellung und vor allem ohne Kameramann –, damit wir ihn nicht stressten, und versteckten uns irgendwo, um ihn zu beobachten. Und dadurch gewannen wir ihn richtig lieb. Es gibt nichts Süßeres als so nen Dachs, der durch den Hinterhof tigert. Er war so cool! Vor allem wegen seiner stoischen Art: »Ja, ich kuck halt nach dem Ausgang. Ob da jetzt Leute im Treppenhaus sind oder nicht, ist mir ziemlich egal.«

Pragmatischerweise hatte er mittlerweile angefangen, nach Regenwürmern zu buddeln und im Komposthaufen zu wühlen. Danach ging er wieder an die Arbeit. Wieder ne Runde an den Türen stupsen. Wir legten ihm auch öfter ein paar Äpfelchen hin – in die Nähe der Kameras natürlich. Und einmal, als er nachts unterwegs war, bauten wir ihm sogar in seinen Schlafraum eine passive Kamera ein – die ich in der Nacht darauf wieder rausholte und deren Bilder ich morgens sichtete. Ich sah ihm quasi stundenlang beim Schlafen zu. Das ist derart herzerweichend, wenn so ein Dachs schläft! Er hat einen viel langsameren Atemrhythmus als wir Menschen. Aber immer wieder wacht er kurz auf, schmatzt genüsslich vor sich hin, wie ein kleines Kind, kratzt sich irgendwo, kramt ein bisschen herum – er hatte sich seinen Schlafplatz notdürftig ausgepolstert, mit ein paar Ästchen und Blättern, die er sich zu so etwas Ähnlichem wie einem Kissen zurechtschob –, und dann rollte er sich wieder ganz fest ein und schlief weiter. Ganz langsam atmend. Und das hörte man. Und wenn man es ne Weile gehört hatte, verliebte man sich in ihn. Ich hätte ihm ewig zuhören können. Man hörte ihn schnarchen. Man hörte ihn träumen. Er träumte vom Essen. Ich glaube, er hatte trotz der Äpfel und der Regenwürmer ganz schön Hunger.

Am vierten Tag rief schließlich der *B.Z.*-Mann an und sagte: »Morgen kommt's in der Zeitung.« Daraufhin riefen wir die Berliner Forsten an; das ist die Landesforstverwaltung des Landes Berlin. Auch dort wäre man womöglich nicht extrazimperlich gewesen. Wenn man befunden hätte, dass der Dachs gefährlich wäre, hätte man ebenfalls den Stadtjäger geholt. Zum Glück kannten wir dort ein paar Leute und sagten: »Wir sind ganz sicher: Der ist wild. Der kommt draußen auch klar, aber findet halt die Tür nicht, weil die elektrisch versperrt ist.«

Abends trafen wir uns daraufhin mit jemandem von den Forsten zum Essen am Stuttgarter Platz und gingen schließlich um elf oder um zwölf gemeinsam in den Hinterhof, um dem Dachs unter fachlicher Aufsicht die elektrische Tür aufzumachen. Roland positionierte sich draußen. Wir hatten drinnen auf dem ganzen Weg noch lauter Kameras aufgestellt und Hänsel-und-Gretel-mäßig ein paar Apfelstücke in Richtung Ausgang gelegt – und sahen nun dem Dachs ein letztes Mal dabei zu, wie er schnüffelnd durch den Hinterhof wandelte und Türen prüfte, um schließlich unseren Apfelstückchen zur Tür zu folgen.

Und dann war's sehr schön, noch mal zu sehen, was er für ein schlauer Dachs war. Er ging zu dieser Tür, spähte vorsichtig ein wenig nach draußen, ging dann *vor* die Tür, kuckte links und rechts, ging zur Straße, kuckte wieder – so wie man's Kindern beibringt – zweimal links, einmal rechts, und rannte los, über die Straße und rüber zum S-Bahn-Ring; das ist eine rund um den inneren Teil der Stadt verlaufende S-Bahnstrecke, die jedes Wildtier, das irgendwie in die Stadt kommt, zwangsläufig mal überqueren muss. Und dann war er verschwunden. Er war wieder frei.

Am nächsten Abend – nachdem die Geschichte also in der *B.Z.* erschienen war – fuhren wir noch mal zum Hinterhof, um die Schlüssel wieder abzugeben und uns mit den Leuten zu unterhalten. Sie waren entsetzt und meinten, ein paar Fernsehleute wären einfach reingekommen, mit Kameras und allem Drum und Dran, hätten noch nicht mal gefragt, sondern seien sofort in den Keller gestürmt, Fenstergitter aufgerissen und hätten tatsächlich – in Ermangelung eines lebendigen Dachses – einen ausgestopften hingestellt, und zwar einen mit weit aufgerissenem Maul. Noch dazu hätten sie nur solche Aussagen gesendet, in die man hineininterpretieren konnte – und die Leute schworen uns, sie hätten das so nicht gesagt –, dass sie Angst hätten und dass der Dachs vielleicht gefährlich wäre. Es war ne sehr einseitige Berichterstattung. Und da waren wir doch sehr froh, dass er weg war. Wäre er noch da gewesen, hätte er keine Chance gehabt. Deshalb waren wir auch sehr begeistert von dem Journalisten von der *B.Z.*, der sein Versprechen wirklich gehalten hatte.

Das sich selbst heilende Pferd

Erzählt von Sabine Bruns, Fehrenbruch/Niedersachsen

Ich bin Tierphysiotherapeutin. Ursprünglich wollte ich das lernen, um mit meinen Pferden auf Turnieren erfolgreicher zu sein. Aber schon während der Ausbildung ließ ich alle meine Pläne sausen, denn als ich die Pferde besser verstand, wollte ich keinen Leistungssport mehr machen.

Tierphysiotherapie war damals – Ende der Neunziger – ganz neu. Deswegen waren auch die, die Leistungssport machen wollten, sehr daran interessiert. Und weil ich ja aus diesen Kreisen kam, hatte ich sofort viel zu tun. Wir gründeten sogar ne Schule, und ich arbeitete fünfzehn Jahre lang sehr aktiv in diesem ganzen Bereich.

Das ist die Vorgeschichte. Nun gibt es bei den Pferden ein gesundheitliches Problem namens Ataxie. Man kennt den Begriff eigentlich eher aus dem Humanbereich. Ein Ataxiepatient leidet unter Bewegungsstörungen. Bei den Pferden bezieht sich Ataxie in der Regel auf solche Bewegungsstörungen, die durch Verletzungen des Rückenmarks entstanden sind. Früher galt das als unheilbar. Die Züchter sagten: »Ungefähr jedes hundertste Pferd hat diesen Schaden. Das wird dann halt geschlachtet. Punkt, basta!« Dabei rührt das Ganze nur da her, dass es bei Fohlen, wenn sie größer werden und anfangen zu spielen, natürlich öfter mal nen Unfall gibt. Das heißt, sie sind vielleicht doof gefallen, haben sich Wirbel gestaucht, und dadurch entsteht ein Schaden im Rückenmark, der Lähmungserscheinungen zur Folge hat. Das ist teilweise derart schlimm, dass sie gar nicht mehr normal geradeaus laufen können. Sie haben sehr große Gleichgewichtsprobleme, haben kein Gefühl in der Hinterhand – das schlurft bei ihnen alles so hinterher –, und wenn sie um die Ecke wollen, kippen sie einfach weg.

Leider sind die heutigen Sportpferde schon von der Zucht her besonders anfällig für so was. Wildpferde haben ja eher nen geraden Rücken und waagrecht angesetzten Hals. Während Sportpferde – die ohnehin schon sehr groß sind –, noch zusätzlich nen steil nach oben strebenden Hals haben. Das bedeutet von der Wirbelsäule her, dass ihnen im Schulterbereich eine enge Biegung angezüchtet ist, damit sie schon von Haus aus diese Haltung haben, die nachher auf'm Turnier erwünscht ist.

Und dann traf ich mal durch Zufall eine Frau mit einem Pferd, das genau das hatte. Ich behandelte es, und ihm ging's dadurch auch besser; was sich schnell rumsprach. Deswegen bekam ich von einem Züchter einen jungen Hengst geschenkt – Rudi, anderthalb Jahre alt –, der ebenfalls dieses Problem hatte. Anderthalb, das ist ja bei Pferden ein Alter, in dem sie besonders übermütig und fröhlich sind. Die Züchter können sie manchmal kaum bändigen. Und bei nem Pferd mit Bewegungsstörungen kann das natürlich gefährlich werden. Wenn das hinfällt, kann es einen mit den Hufen treffen. Oder wenn es anfängt zu steigen, weil es Angst kriegt vor irgendwas – da kann ja alles Mögliche passieren.

Deswegen hatte sich mit Rudi in dieser Zeit gar keiner beschäftigt; geschweige denn, mit ihm was probiert. Er stand nur im Stall und hatte von nichts ne Ahnung. Als ich ihn abholte – wir mussten ihn auf'n Anhänger halb tragen, weil er da gar nicht alleine rauflaufen konnte. Und abladen konnte ich ihn auch nicht alleine, weil er immer kurz vorm Umkippen war. Er konnte kaum stehen.

Dann hatte ich ihn erst mal eine Woche lang bei Freunden, die ne Reithalle haben, und fing da an, vorsichtig mit ihm zu arbeiten. Erst danach holte ich ihn zu mir nach Hause. Was ich mit dem alles anstellte! Alle möglichen Spiele, wie etwa: Leckerli suchen und unterm Eimer rauswühlen, mit'm Ball spielen; alles, was mit Koordination und so zu tun hat. Oder Krankengymnastik. Dass er zum Beispiel Bandagen überall um den Körper gewickelt bekam, damit er merkt, was überhaupt seine Hintergliedmaßen machen. Oder: Er hebt ein Bein, sodass er nur noch auf drei Beinen steht, und ich lehn mich an ihn dran. Und das – als er später ausgewachsen war – mit diesem Monster mit einssiebzig Stockmaß! Das heißt, er wusste genau: Er darf nicht zu doll ... sonst fällt er auf mich drauf.

Und er verstand auch das Training an sich: *was* er damit übt. Ein gutes Beispiel ist die Matratzenübung. Da steht er auf ner großen Matratze – das kommt ebenfalls aus dem Humanphysiotherapiebereich –, und dann muss er sich ausgleichen, um nen Gleichgewichtssinn zu entwickeln. Anfangs ging er nur kurz mit nem Fuß drauf, und das war's. Aber dann stellten sich die anderen Pferde immer abwechselnd drauf. Mit allen vieren. Einfach, weil sie Lust darauf hatten. Und er sah sich das tagelang an. Bis er sich irgendwann hinten anstellte, um das auch mal zu probieren. Von da an konntest du zukucken, wie er jeden Tag ein Stückchen weiter auf die Matratze ging, bis er mit allen vieren draufstand.

Und das tat dieses halbwilde Pferd – das ja vorher gar

keine Erziehung genossen hatte – alles, ohne dass ich jemals Angst haben musste, dass er mir was tut. Auch als ich ihn einritt: Da wusste ich ja noch gar nicht, ob das funktioniert oder ob er gleich wieder umkippt. Er war immer total positiv, fand's toll, dass ich da oben saß, und agierte nie gegen mich. Weil ich nie auf Konfrontation ging. Ich versuchte nie, ihn zu dominieren. Klar, wenn er mich zum Beispiel gebissen hätte, hätte er von mir wahrscheinlich reflektorisch eine Ohrfeige bekommen. Aber das ist ja etwas, was junge Pferde auch untereinander tun. Und das brauchte ich nie. Weil er wusste, dass das in Ordnung ist, was ich mit ihm mache. Er kam immer freiwillig, wenn ich sagte: »Komm, Rudi, wir wollen üben.« Er machte beständig die Erfahrung, dass seine Probleme geringer wurden. Und dadurch wusste er: »Ich muss üben. Und dann geht das.« Ich glaube, er sah mich wirklich als so ne Art Assistentin: »Ach, so soll ich das machen! Na ja, kann ich ja mal probieren.«

Bei alldem legte er ne unglaubliche Ausdauer an den Tag. Er verzweifelte nie an sich und seiner Krankheit, machte immer weiter und übte immer mehr eigenständig. Unter anderem Bocksprünge. Das konnte er vorher auch nicht. Und die anderen konnten das alle. Rudi konnte gerade mal galoppieren. Und dann beobachtete ich: fünfzig Mal!, wie er versuchte, hinten die Beine hochzuwerfen, dabei hinfiel, wieder aufstand ... du konntest richtig sehen, wie er dastand und überlegte, wieder angaloppierte, und wieder und wieder. Bis er die ersten Bocksprünge hinkriegte. Er merkte richtig: »Ich kann das üben.« Das war faszinierend.

Und er entwickelt sich seitdem auch sonst toll. Er ist ein fröhliches Pferd, er kann in der Herde laufen, er tobt rum, er spielt, er ist völlig normal. Seine Bewegungsabläufe haben zwar nicht die Schönheit wie bei einem Turnierpferd, sondern sind eher durchschnittlich, ein bisschen schlurfend, aber das ist etwas, was der Laie wahrscheinlich nicht mal erkennt.

Na, und wenn man so was erlebt hat und weiterhin mit Pferden zu tun hat, erlebt man natürlich immer mehr. Zum Beispiel: Meine Pferde kennen ihre Namen. Wenn sie alle auf der Weide stehen und ich ruf einen mit'm Namen, hebt der den Kopf. So: »Willst du was von mir?« Die anderen fressen weiter. Solche Erfahrungen verändern einen natürlich. Sie verändern die ganze Einstellung. Man ist für die normale Leistungssportwelt oder die normale Reitschulwelt verloren. Man kann die damit verbundenen Zwänge nicht mehr mit dem eigenen Gewissen vereinbaren. Rudi ist jetzt siebzehn, und ich könnte ihn normalerweise reiten. Die meisten Reiter würden das wahrscheinlich tun. Aber wenn man ein bisschen sensibel dafür ist, merkt man schnell, dass er wegen seiner Problematik *nicht gerne* geritten wird. Deswegen lasse ich das inzwischen auch bleiben. Ich reite überhaupt fast gar nicht mehr, weil ich Pferde gar nicht mehr als Nutztiere betrachte. Für mich sind das eher wilde Tiere; intelligente Tiere, die unheimlich viel auf'm Kasten haben und mit denen ein Miteinander auf einer ganz anderen Ebene möglich ist. Rudi macht bis heute – wenn Seminarteilnehmer da sind – mit Freude die Übungen von damals vor. Ich muss nur die Matratze rausholen. Er steht dann so da: »Hier, ich zeig euch jetzt mal, wie das geht.« Und das ist einfach irre. So jemanden zum reinen Befehlsempfänger zu degradieren – das kann ich nicht mehr. Das gewöhnt man sich ab.

Duschen mit Eichhörnchen

Erzählt von Axel Wasmann, Hamburg

Ich lief mal mit einem Freund durch Hamburg. Und zwar St. Pauli. Also nicht durch einen Randbezirk, sondern schon mitten durch die Stadt. Es war an einem Samstagabend. Es war dunkel. Und, ich glaube, es war Frühjahr oder Herbst. Es war jedenfalls nicht heiß, und es war nicht kalt. Es war nicht Winter, und es war auch nicht mitten im Sommer. Es war eine angenehme Jahreszeit.

Irgendwann liefen wir an einem Park vorbei. Am Eingang standen ein paar Leute um ein kleines Eichhörnchen herum. Ein rotbraunes Eichhörnchen mit weißem Bauch. Als es mich sah, rannte es sofort zu mir und krabbelte mir das Bein hoch. Als wäre ich ein Baum oder so was. Alle waren völlig überrascht. Ich faltete die Hände am Bauch – und da saß es nun: auf meinen Händen an meinem Bauch. Dann setzte ich es wieder ab. Aber es rannte sofort wieder hoch. Das fanden wir ganz lustig und machten das ein paar Mal. Es kam immer wieder zu mir hochgekrabbelt.

Kurz darauf gingen die Leute weg, weil, okay, sie hatten's inzwischen einige Male gesehen. Aber ich dachte natürlich: »Was mache ich jetzt mit dem Eichhörnchen?« Zufällig hatte ich eine Tüte Sonnenblumenkerne dabei. Ich weiß gar nicht mehr warum. Ich laufe sonst nie Samstagabend mit einer Tüte Sonnenblumenkerne herum. Dann versuchte ich, das Eichhörnchen mit den Sonnenblumenkernen zu füttern. Die wollte es aber nicht essen.

Also gingen mein Freund und ich in den Park rein, und ich versuchte, es an einem Baum abzusetzen, richtig an den Baum ranzuhängen, drehte mich um und ging. Und sofort rannte es den Baum runter, mir hinterher und wieder mein Bein hoch. Ich ging also zurück zum Baum, setzte es wieder ab – und das Gleiche noch mal. Irgendwie war es nur daran interessiert, bei mir zu sein. Es wollte nicht zu meinem Freund. Es wollte zu mir.

Schließlich dachte ich: »Okay, das hat anders keinen Sinn. Ich nehme es jetzt mit nach Hause.« Weil, es war ja noch ganz jung. Wir wussten halt auch nichts anderes zu tun. Es ließ sich auch gar nicht abhalten.

Also gingen wir zu mir nach Hause – und es folgte mir in meiner Wohnung auf Schritt und Tritt. Überallhin. Wir setzten uns auf mein Sofa und guckten auf meinem Laptop eine DVD. Und das Eichhörnchen krabbelte mir hinten in den Kragen und saß da die ganze Zeit. Saß einfach nur da. Und ich ließ es sitzen. Ich fand die Situation zwar ein bisschen seltsam – ein bisschen abgefahren –, aber vor allem fand ich sie schön. Richtig schön. Wenn so ein Tierchen bei dir im Nacken sitzt – eineinhalb Stunden, zwei Stunden –, das ist ja schon ein Vertrauensbeweis.

Dann war der Film zu Ende, und ich dachte: »Okay, ich muss jetzt mal duschen.« Ich lief zur Dusche. Das Eichhörnchen lief mir hinterher. Ich zog mich aus. Ging in die Badewanne. Es kam mir hinterher. Das Wasser lief. Es krabbelte an mir hoch – während ich mich duschte – und saß da die meiste Zeit auf meiner Schulter. Ich musste immer kucken, dass es nicht vom Wasserstrahl erfasst wird. Das muss man sich mal vorstellen! Du stehst unter der Dusche – das ist richtig nass geworden!

Ich duschte halbwegs zu Ende. Zog mich wieder an. Und immer saß es irgendwo auf mir. So langsam wurde mir klar, dass es auf Dauer bei mir bleiben wollte. Also überlegte ich: »Okay, dann behältst du es halt erst mal.« Ich habe ein Fenster zum Hof raus, da sind Bäume, da hätte es vielleicht runterklettern können und in dem Hof – der ist total grün – irgendwie leben können und wäre dann zu mir in die Wohnung gekommen, wie eine Hauskatze.

Das Problem war nur: Es wollte nicht essen. Und das war ein bisschen doof. Ich weiß gar nicht mehr, was ich ihm alles angeboten habe. Alles Dinge, bei denen man normalerweise denken würde: »Mensch, das müsste so ein Eichhörnchen doch eigentlich essen.« Aber es aß nicht. Ich stellte ihm Milch hin. Wollte es *auch* nicht. Und da fing ich an, mir Sorgen zu machen.

Wir gingen dann schlafen. Mein Freund schlief nebenan. Ich legte mich hin. Und sofort kam es wieder an – in mein Bett rein – und krabbelte unter das Kopfkissen. Dort machte es noch ein paar Töne, so eine Art Gequietsche – das war ja das Süßeste überhaupt: Es lag in meinem Bett, unter meinem Kopfkissen, und quietschte vor sich hin!

Und da lag es dann die ganze Nacht und schlief. Aber kaum stand ich morgens auf, kam es auch wieder raus. So richtig: »*Hey, what's up, man?* Was geht?« Nur wollte es wieder nicht essen. Wir versuchten alles. Und von daher war mir klar: Dann ist heute Abschiedstag.

Aber nun war ja Sonntag. Ich rief verschiedene Tierheime an. Die meinten alle: »Nee, tut uns leid, mit so einem Eichhörnchen können wir nichts anfangen.« Bis ich schließlich doch etwas fand. Das war südlich von Hamburg auf dem Land. Die meinten: »Ja, bringen Sie es mal. Wir haben hier schon andere Eichhörnchen. Wir werden versuchen, die alle zusammen auszuwildern.«

Also nahm ich es, stieg in mein Auto – mit meinem Freund zusammen – und fuhr los. Dann flippte das Eichhörnchen völlig aus. Raste nur noch herum. Von Fenster zu Fenster. Sprang immer wieder auf meine Schulter und kreuz und quer. Es war natürlich noch nie im Leben Auto gefahren, ist ja klar. Wahrscheinlich war die Situation ein bisschen traumatisch. Aber wir wollten ihm halt ein gutes Zuhause suchen. Dieses Tierchen hatte in mir – in ganz kurzer Zeit – so richtig väterliche Instinkte geweckt. Ich wollte mich kümmern. Ich wollte, dass es gut aufgehoben ist.

Als wir ankamen, wurde ich echt traurig. Denn jetzt war endgültig klar: »Du musst es abgeben.« Ich hatte es auf der Schulter sitzen. Und es war auch wirklich relativ nervös und ängstlich – Eichhörnchen sind ja an sich schon unruhige Tiere –, es war nicht mehr so ganz bei mir. Ich weiß nicht, ob es was geahnt hat. Vielleicht kam das auch durch die Autofahrt.

Auf jeden Fall wurden wir von einer sehr netten Frau begrüßt. Die erzählte noch ein bisschen von der Eichhörnchengruppe, die es da schon gab. Dann setzte ich es ab – und wir fuhren schweren Herzens weg. Das war einfach traurig, so loslassen zu müssen. Ich hatte nach wie vor das Gefühl, dass es gerne bei mir geblieben wäre, dass es eine besondere Verbindung spürte. Denn das war ja offensichtlich. Wie es an mir hing! Und wie es mir vertraute! Und wie süß es war! Ich hatte mir bis dahin nie sonderlich viel aus Eichhörnchen gemacht, außer dass ich sie süß fand. Aber seitdem ...

Ein verrückter Hund

Erzählt von Nadia Knöpfel, Zürcher Unterland

Ende 2009 sagte ich meinem Mann: »Ich will einen Hund.« Meinte er: »Kommt nicht infrage. Wir haben schon zehn Pferde, zwei Ponys und neun Katzen. Es gibt kein Tier mehr. Sonst ziehe ich aus.« »Hm, ja, also gut.«

Dann sah ich im Frühjahr 2010 – ich weiß nicht wie viele Male – im Internet so einen hochbeinigen Jack Russell; der war etwa fünf Monate alt. Und egal, was ich im Internet suchte: Ständig kam dieser Hund! Ich sagte zu meinem Mann: »Schau doch mal. So schön! Ich geh den anschauen.« Sagt er wieder: »Ich meine es ernst. Ich zieh aus, wenn du einen Hund nach Hause nimmst.« »Okay.«

Auf jeden Fall konnte ich es nicht lassen. Ich schrieb eine Mail, ob der Hund noch da wäre, und die Leute, denen er gehörte, schrieben zurück, ja, ich solle vorbeikommen und schauen.

Dachte ich: »Soll ich das wirklich tun? Na ja, ich kann ja mal hinfahren.« Ich hatte Urlaub, und mein Mann war gerade drei Wochen beim Militär.

Also fuhr ich nach Luzern, am Abend. Ich klingle an der Haustür dieser Familie. Die Mutter öffnet. Der Hund sitzt an der Treppe, angebunden. Sag ich: »Ja, was machen Sie denn da?« Ja, der sei so verrückt. Sag ich: »Aber nein! Sie können den doch von der Leine lassen! Also bitte!«

Sie macht ihn los, und er kommt sofort auf mich losgestürmt und beißt sich an meinem Unterarm fest. Ich sag: »Binden Sie diesen Hund an! Der ist ja gemeingefährlich!«

»Wollen Sie ihn nicht mitnehmen?«

»Nein, auf keinen Fall nehme ich so einen Hund mit!«

Schließlich nahm er auch noch die Katze auseinander, packte sie am Genick und schüttelte sie ständig. Ich sag: »Ich hab zu Hause Katzen, Pferde – das geht nicht.«

Ich gehe zur Haustür raus, öffne die Autotür – und ehe ich mich versehe, sitzt der Hund schon auf dem Beifahrersitz und sieht mich an: *Nimm! Mich! Mit!* Auf einmal wurde mir klar: Der muss mit. Ich kann den auf keinen Fall hierlassen. Da ergreift einer seine letzte Chance.

Dann kam aber die Mutter runter: »Oh, das tut mir leid. Geben Sie mir den Hund.« Nur war er nicht mehr dazu zu bewegen, aus dem Auto zu steigen. Nach einer Weile sag ich: »Okay, ich denke, der Fall ist klar. Ich nehm ihn mit.«

Auf dem Heimweg saß er die ganze Zeit neben mir und starrte mich an. Ich dachte: »Oh nein, mein Mann packt die Koffer und zieht aus.«

Zu Hause – das Erste, was der Hund macht: Er zerkleinert das Sofa, jagt meine Katzen durchs ganze Haus ... Im selben Moment ruft mein Mann an: »Na, wo warst du heute?« »Tja, ein bisschen unterwegs.« »Geht's dir gut?« »Jaja, jaja.« Und ständig dieser Hund im Hintergrund. »Ich warne dich: Wenn dieser Hund ...!« »Neinnein!«

Am nächsten Tag musste ich eine Hundepsychologin organisieren. Die meinte am Schluss: »Dieser Hund ist hoffnungslos«, sie würde ihn einschläfern. Dachte ich: »Nein. Ich kann doch den Hund nicht ... Er ist erst fünf Monate alt.«

Gut; ging ich mit ihm spazieren. Aber er riss ständig an

der Leine. Und ich hatte ja gar keine Ahnung von Hunden. Sag ich zu ihm: »Du bist ein komischer Hund. Du kannst dich doch nicht immer so verrückt aufführen.« Ich mache ihn von der Leine los, damit er laufen kann. Er rennt natürlich weg. Ich warte und warte, aber es kommt und kommt kein Hund. Drei, vier Stunden später kehrte er von alleine wieder nach Hause zurück, verwüstete wieder die Wohnung ...

Ich rief meine Mutter an und sagte: »Ich hab Mist gebaut. Ich hab einen Hund mit nach Hause genommen. Er macht mir alles kaputt ...« Meine Mutter hat jahrelang als Hundetrainerin gearbeitet. Eigentlich hatte ich sie gar nicht anrufen wollen, weil ich keine Lust auf irgendwelche Moralpredigten hatte. Prompt sagt sie: »Wie kannst du so einen Hund nehmen, so einen Jack Russell! Du weißt doch, wie verrückt die sind!« »Ich hab ihn ja gar nicht genommen. Er ist von alleine gekommen.« »Bring ihn zurück!« Sag ich: »Ja also – nein! Ich kann ihn nicht zurückbringen!«

Dann fing er immer an zu schreien. Sobald ich auch nur aufs WC ging oder in die Waschküche, schrie er. Ganz schlimm! Und zwei Wochen später musste ich wieder zur Arbeit gehen! Was mach ich mit diesem Hund? Schließlich nahm ich ihn mit ins Büro. Er zerlegte erst mal das ganze Büro. Zum Glück hatten wir im Souterrain der Firma einen Untermieter. Der hatte einen Labrador und meinte: »Bring doch Chico« – so hieß der Jack Russell – »nach unten. Ich pass auf ihn auf, während du arbeitest.« Gut. Wenigstens etwas. Deponierte ich Chico also dort.

Aber dann kam mein Mann nach Hause. Das Erste, was er tat: Koffer gepackt. Sagt er: »Der Hund ist morgen weg.« Sag ich: »Nein! Ich kann den Hund nicht zurückgeben.«

Daraufhin rief er bei dieser Familie an – sie sollten sofort den Hund abholen. Also kamen sie: Mutter und drei Töchter. Der Hund ging nicht mal in die Nähe! – zog den Schwanz ein, versteckte sich ständig hinter mir. Sag ich zu meinem Mann: »Ich kann ihn nicht zurückgeben. Er stirbt sonst.« »Nein, der Hund muss weg.« »Gut, dann musst du leider ausziehen, weil: Der Hund bleibt!« Und alles nur aus Mitleid mit diesem Hund. Das war bei mir schon immer so. Als ich noch klein war, musste mein Vater ständig Vögel retten. Ich brachte alles nach Hause: Katzen, Ratten ... alles, was vier Beine und ein Fell hatte. Aber was erstaunlich war: Ich bekam alles wieder hin – sogar, was eigentlich gar nicht mehr hinzubekommen war. Ich weiß auch nicht. Ich hab manchmal das Gefühl, ich kann die Tiere hören; genauso deutlich wie die Menschen.

Zum Glück fuhr mein Mann erst mal mit einem Nachbarn zu einem Rockfestival – und ein paar Tage später fand ich heraus, dass ich schwanger war. Da konnte er natürlich nicht mehr gehen. Er sagte zwar immer wieder mal: »Der Hund muss gehen.« Aber ich antwortete: »Nein, der Hund gehört zur Familie. Basta.«

In den nächsten Monaten war ich mit Chico in drei Hundeschulen. Überall hieß es: »Der hat einen Dachschaden. Der ist nicht normal.« Er folgte kein einziges Mal. *Gar nicht!* Wenn er von der Leine war, rannte er einfach los. Und wenn du riefst, schaute er kurz zurück: »Tja, ich komm nachher wieder.«

Aber irgendwie – eine oder zwei Wochen vor der Geburt meines Kindes ließ ich ihn mal wieder von der Leine; er kam ja sowieso immer wieder zurück. Auf einmal sprangen drei Rehe über die Wiese. Und er sofort hinterher. Ich dachte, ich bekomm mein Kind mitten auf dem Weg. Ich konnte kaum noch laufen und schrie, so laut ich konnte: »*Chicoooo! Komm! Hier! Her!*« Und er gehorchte das erste Mal! Er bremste, drehte um und setzte sich neben mich hin. Von diesem Tag an war dieser Hund wie ausgewechselt. Er lief nie mehr weg, verwüstete nie mehr die Wohnung; als ich ein paar Stunden nach der Geburt mit meinem Sohn nach Hause kam – das Erste, was Chico tat: Er legte sich neben ihn. Bis heute hat er ihm noch nie etwas angetan. Er ist jetzt ein ganz normaler Hund.

Das große Kaninchenmissverständnis

Erzählt von Hilal Sezgin, Lüneburger Heide

Eigentlich wollte ich überhaupt keine Kaninchen haben, hatte nie über Kaninchen nachgedacht, und anders als die meisten Leute fand ich Kaninchen auch gar nicht süß; aber irgendwie war es so, dass eine Frau, von der ich im Internet las, einen Platz für einige Kaninchen suchte, weil der Typ, dem sie gehörten, sie schlachten wollte. Deshalb taten sie der Frau leid, und die Frau tat mir leid, und ich meldete mich bei ihr und sagte: »Ich hab hier nen alten Hühnerstall. Da kann man ja auch Kaninchen reintun, wenn man ihn ein bisschen umbaut.« Offenbar hatte ich damals – wie Birgit Vanderbeke das mal ausgedrückt hat – gerade »ein bisschen Kraft« über.

Es ging um fünf Kaninchen. Zwei Zwergkaninchen und drei große. Wobei die beiden Zwergkaninchen eigentlich diejenigen waren, die ich niedlich fand; obwohl ich ja Kaninchen normalerweise *nicht* niedlich fand; aber die fand ich *doch* niedlich. Nur waren die Zwergkaninchen schon weg. Alle Leute hatten die Zwergkaninchen haben wollen, aber niemand die großen. Denn große Kaninchen werden *echt groß*. Und irgendwie endete das damit, dass ich also die drei großen nahm. Das waren alles Männchen – *hieß es*!

Nun gibt es mit Kaninchen, wenn sie zu mehreren sind, von vornherein ein Problem. Und zwar prügeln sie sich extrem viel. Kaninchen sehen zwar süß aus, aber die können echt biestig sein. Noch dazu drei Männchen. Deswegen mussten die erst mal kastriert werden. Und bis die Kastration wirkte – bis die männlichen Hormone nachließen und so weiter –, sollten wir sie trennen. Also bauten wir draußen drei geräumige Käfige – die Quarantänekäfige sozusagen – für die Kastrationsquarantäne. Dort waren sie erst mal fünf Wochen. Wobei letztlich nur Bosse und Ole kastriert wurden – wir nannten die drei Bosse, Ole und Lasse; wie die Jungs von Bullerbü –, denn Lasse war angeblich noch nicht so weit. Bei ihm sagte die Tierärztin: »Die Hoden sind noch nicht rausgekommen.« Kaninchenhoden sind in den ersten Lebensmonaten nämlich innen. Erst dann kommen sie raus. Was bedeutet, dass man erst dann kastrieren kann.

Zwei Wochen später fuhr ich noch mal mit Lasse zur Tierärztin. Die Hoden waren immer noch nicht raus. *Wieder* zwei Wochen später, *wieder* bei der Tierärztin: Hoden immer noch nicht raus. Ich sag: »Bist du dir sicher, dass das ein Junge ist?« Sagt sie: »Hm!«, kuckte noch mal genau hin, holte sogar ein Buch aus dem Regal, denn es ist bei Kaninchen echt schwer zu erkennen, ob es ein Junge ist oder ein Mädchen. Und siehe da: Es war ein Mädchen! Lasse war ein Mädchen. »Also gut«, dachten wir.

In der Zwischenzeit hatten wir den ganzen Hühnerstall umgebaut: Emporen gebaut und Tunnel gebaut, Versteckmöglichkeiten gebaut, Labyrinthe ebenfalls gebaut, Gänge gebaut, wo sie durchschlupfen konnten; wobei man darauf achten musste, dass jede Höhle zwei Ausgänge hatte. Denn, wenn die sich prügeln ...

Als die Kastrationsquarantäne vorbei war, setzten wir die drei da rein, und – alles super! Alle verstanden sich gut. Jeder war mit jedem befreundet. Jeder kuschelte mit jedem. Das einzig Seltsame war: Alle drei bewegten sich, als ob sie nur mit den Vorderbeinen liefen – das Hinterteil zogen sie mehr oder weniger hinter sich her. Das sah ganz komisch aus. Wenn zum Beispiel Ole eine von unseren neu gebauten Schrägen hochlaufen wollte, rutschte er einfach wieder runter. Das änderte sich erst nach weiteren zwei Wochen. Da benutzten sie zum ersten Mal auch die Hinterbeine. Wodurch uns klar wurde: Die hatten in den engen Käfigen, in denen sie vorher gelebt hatten, überhaupt keine Muskeln an den Hinterbeinen ausbilden können.

Ein paar Tage später fing Ole auf einmal an, Bosse zu vermöbeln. Und zwar so richtig. Obwohl er der Kleinere ist. Am Schluss duldete er nur noch, dass Bosse auf dem einen Balkon hinten rechts saß. Sonst gab's Prügel. Und so eine Prügelei ist weder harmlos – einmal hatte Bosse so richtig ein kaputtes Augenlid – noch ist es schön, so etwas als Mensch mitzuerleben. Das ist nicht nur: so ein bisschen hauen. Die verwirbeln sich so richtig ineinander. Nach ein paar Wochen dachte ich echt: »Meine Nerven! Ich halt das nicht mehr aus!«

Dann telefonierte ich erst mal mit irre vielen Leuten, lauter selbsternannten und auch wirklichen Experten. Aber jeder sagte etwas anderes – wie man Kaninchen vergesellschaften sollte, wann sie sich vertragen –, jeder hatte eine andere Theorie. Nur in einem waren sich alle einig: Kaninchen sind ausgesprochen schwierig. Die sehen zwar süß aus, aber das ist ein großes Missverständnis. Denn *Menschen* finden zwar Kaninchen süß, aber *Kaninchen* finden Menschen total egal. Einer der drei – Bosse – kam sogar manchmal an und duckte sich, so wie Kaninchen das oft beieinander machen, und wollte, dass man ihn am Kopf streichelte. Aber das ist ein Ausnahmekaninchen. Die meisten Kaninchen wollen nicht gestreichelt werden. Das ist sogar ein großer Stressfaktor für die. Und deswegen sind Kaninchen als Haustiere völlig ungeeignet. Die wollen einfach nur ihr eigenes Ding machen.

Jedenfalls musste nun also ein neuer Plan her. Wir teilten Stall und Gehege in zwei Hälften, und Bosse kam in die eine Hälfte, Ole und Lasse in die andere; denn die beiden waren inzwischen so etwas wie ein Paar. Als Nächstes brauchten wir natürlich eine Partnerin für Bosse. Und jetzt könnte man ja meinen, das wär nicht so schwierig gewesen. Kaninchen gibt es schließlich überall. Aber erstens konnten wir nur solche nehmen, die Draußenhaltung gewöhnt waren. Und zweitens war die Suche teilweise einfach widerlich. Bei eBay-Kleinanzeigen zum Beispiel gab es an die siebentausend Kaninchen. Auch von Leuten, die welche schlachteten: »Wir schlachten Ihr Kaninchen ganz sanft bei Ihnen zu Hause«, und so ein Scheiß.

Über einen Kaninchengnadenhof fanden wir schließlich Mia, ein Kaninchen mit nach unten hängenden Ohren – »Widder« werden die genannt –, total widernatürliche Züchtung, weil die Ohren sich leicht entzünden. Jedenfalls mussten wir dann Bosse und Mia ebenfalls erst mal aneinander gewöhnen. Obwohl Bosse einsam war, hätte er sonst in erster Linie sein Revier verteidigt. Deshalb bedienten wir uns eines Tricks. Und zwar tauschten wir die Gehege. Ole und Lasse kamen in das bisherige Gehege von Bosse. Während Bosse und Mia rüber ins andere Gehege kamen, das dadurch zum neuen Territorium wurde; weshalb Bosse also Mia nicht bekämpfte. Die beiden ignorierten sich mehr oder weniger. In den ersten fünf Tagen war das so: »Na ja, da hoppelt halt irgendwer rum.« Aber danach waren sie richtig süß zusammen; schmusten auch und lagen nebeneinander, putzten einander ... Und Ole und Lasse waren auch süß und verschmust. Ab und zu bekamen sie nen Koller. Dann stritten sie sich wieder. Aber im Großen und Ganzen verstanden sie sich echt klasse. Bis sich Bosse ein paar Tage später durch nen Schlitz in der Zwischentür zwängte und nun zur Abwechslung mal Ole vermöbelte. Ich kam frühmorgens rein und dachte: »Oh Scheiße, was ist denn hier los?« Überall lagen Büschel von Haaren. Da hatte wohl Bosse diesmal Ole dermaßen am Auge erwischt, dass richtig das Lid gerissen war. Also: zum Arzt; das musste genäht werden.

Dann flickte ich noch den Spalt in der Tür – und nun schien endlich mal alles gut zu sein. Bis ich neulich noch ein Kaninchen bekam. Ein Löwenkopfkaninchen. Das hatten Leute im Wald ausgesetzt, und Nachbarn hatten es gefunden und mir Bescheid gesagt. Jetzt prügeln sich wieder alle. Und wir bauen erneut den Stall um.

Leben im Überfluss

Erzählt von Erich Fähnle, Zang/Östliche Schwäbische Alb

Ich hab schon lange mit Bienen zu tun. Eigentlich seit meinem sechzehnten Lebensjahr. Damals hatte ein Großonkel von mir zwanzig oder fünfundzwanzig Völker. Da durfte ich einmal mit. Und das erste Erlebnis waren zwei Stiche in den Kopf. Einer rechts und einer links. Jeweils über dem Ohr. Das hat mich aber nicht abgehalten, mit Bienen zu arbeiten. Nur konnte ich längere Zeit keine *eigenen* Bienen haben. Ich komme aus einer kleinen Landwirtschaft auf der Ostalb, lernte aber erst mal ganz typisch Handwerk. Werkzeugmacher. Nach der Lehre und Gesellenzeit studierte ich Maschinenbau. Dann war ich viel beruflich unterwegs, konnte also wieder keine Bienen haben. Und als schließlich meine Eltern die Landwirtschaft nicht mehr betreiben konnten, machte ich sie weiter. Letztendlich konnten wir uns erst, als mein Sohn mit dem Studium fertig war, die ersten eigenen Bienen zulegen. Mit sechs Völkern fingen wir an und hatten schon im dritten Jahr zweihundertfünfzig. Das ging sehr schnell.

Durch diese große Völkerzahl merkte ich auch, dass jedes Volk eine Art Persönlichkeit darstellt. Ein Bienenvolk wird ja oft als »der Bien« bezeichnet. Da ist, wenn man so will, jeder Bien eine eigene Einheit, mit eigenen Gewohnheiten, die durchaus von dem Volk rechts und links daneben abweichen können.

Eine Geschichte, die mir sehr einprägsam war – das liegt

schon einige Jahre zurück –, da hatte ich etwa sechzehn Völker hier an der Südseite des Hauses stehen. Dann kam der Frühling, die Temperaturen stiegen, die Bienen fingen an Nektar einzutragen, ich sah in gewissen Abständen nach und stellte jeweils fest: Alle haben schon gut Honig gesammelt, nur dieses eine Volk hatte überhaupt nichts. Es war einfach nichts drin. Immer nur so viel, dass sie damit ein paar Tage Regen überbrücken konnten, mehr nicht.

Ich sah mir das zwei-, dreimal an und fasste dann den Entschluss: Wenn ich das vierte Mal komme, und sie haben wieder keinen Honig, entferne ich die Königin und teile die Bienen auf die anderen Völker auf.

Beim nächsten Mal war wieder kein Honig drin. Also fing ich die Königin heraus, und wie ich sie da so auf der Hand habe und sie so anschaue, sehe ich: Das ist doch eine wunderschöne, wunderschöne Königin! Warum sammeln die keinen Honig? Dann rückte ich von meinem Entschluss ab, sie zu liquidieren oder liquidieren zu *lassen*. Ich bringe im Allgemeinen keine Königin selber um, sondern gebe sie zu einem anderen Volk. Haben die ne bessere Königin, erledigen die das Geschäft. Haben sie ne schlechtere, nehmen sie die neue an.

Aber darauf wollte ich es in dem Fall nicht ankommen lassen. Also sperrte ich sie in einen Königinnenkäfig, falls vielleicht mal ein Volk da ist, das keine Königin hat. Und tatsächlich: Unter den sechzehn Völkern war bald eines, dass auf irgendeine Art und Weise seine Königin verloren hatte. Da dachte ich: »Ob sie sie kaputtmachen oder nicht, ich nehm jetzt dieses Kästchen« – die sind bei mir aus Kunststoff, es gibt aber auch Holz mit Metalldraht zum Beispiel – »und lege es geschlossen auf das Volk drauf.«

Danach machte ich erst mal an den anderen Völkern weiter, schaute aber immer so ein bisschen aus'm Augenwinkel, was die Bienen mit der Königin im Käfig machten – und sah sofort: Die sind gar nicht aggressiv zu ihr, die wollen sie gar nicht umbringen – was durch die Lüftungsschlitze im Käfig ohne Weiteres möglich gewesen wäre –, sondern sind im Gegenteil schon dabei, sie zu füttern.

In so einer Situation strömen dann die von der Königin produzierten Pheromone aus, die Duftstoffe. Denn die sind für ein Volk das Erkennungszeichen, ob eine Königin vital ist oder nicht. Eine vitale Königin erzeugt entsprechend Pheromone, und darauf reagiert das Volk. Wenn eine Königin *im* Volk drin ist, ist praktisch der ganze Kasten erfüllt davon, sodass alle Bienen jederzeit wissen, wo's langgeht, was sie arbeiten müssen. Die Königin steuert ihr Volk mit diesen Düften.

In Bienenvölkern herrscht ja eine hierarchische Ordnung. Wenn eine Biene schlüpft, fängt sie sofort an zu arbeiten. Die erste Tätigkeit ist Putzdienst. Den muss sie etwa drei Tage verrichten. Dann wird sie Ammenbiene für die älteren Larven, ebenfalls etwa drei Tage. Und anschließend noch mal drei Tage: Da darf sie den Futtersaft für die frischgeschlüpften Larven zubereiten.

Sie muss also zuerst gewisse Vorstadien durchlaufen. Als Nächstes erfolgt die Aufsplittung in Fachbereiche: Sie wird Wachserzeugerin oder Baubiene oder gehört zu der Kolonne, die Nektar und Pollen annimmt und verarbeitet. Der Pollen muss ja eingestampft werden. Das ergibt dann das Futter für die Larven. Oder aber dem Nektar muss Wasser entzogen werden. Nektar hat etwa siebzig, fünfundsiebzig Prozent Wassergehalt. Der Honig soll aber unter achtzehn

Prozent haben, wenn er haltbar sein soll. Um diese Aufgabe kümmern sich die Stockbienen allgemein.

Schließlich steigen sie zur Wächterin am Flugloch auf. Sie müssen dann kontrollieren, dass nichts Unerbetenes eindringt. Es kommen ja auch Wespen, Hummeln – die ebenfalls von dem Nektar oder von dem Honig haben wollen. Manchmal schleicht sich eine Maus hinein – wenn die Öffnung groß genug ist –, oder es kommen fremde Bienen. Jedes Volk, jeder Stock hat ja einen anderen Geruch, fein differenziert. Der Geruchssinn von Bienen ist sehr viel feiner als der von Hunden. Sie können also sehr genau abschätzen, wer zum Volk gehört und wer nicht. Eine fremde Biene darf erst mal nicht rein. Es sei denn, sie hat Nektar und Pollen dabei. Dann darf sie passieren. Aber wenn sie nichts dabeihat, muss sie schon sehr lange darum betteln, letztendlich doch noch eingelassen und aufgenommen zu werden. Und dafür sind die Wächterbienen zuständig.

Dieser Innendienst dauert etwa drei Wochen. Als Nächstes ist die Flugzeit dran. Wobei die Jungen, die erstmals den Kasten verlassen, sich eine Weile einfliegen müssen. Das sind dann die, die immer mit dem Kopf, mit dem Gesicht praktisch, in Richtung Kasten fliegen und sich so merken: Das ist mein Zuhause, da muss ich wieder hin.

Und dann geht's zum Sammeln. Dann sammeln sie Pollen, sammeln sie Nektar und tragen ein; mitunter müssen sie auch, wenn's im Sommer heiß ist, eine Wasserquelle in der Nähe haben, bei der sie Wasser holen können, um den Stock zu kühlen. Ist's zu kalt, gibt's die Heizbienen, die durch Muskelkontraktion, also schnelle Vibrationen, für die entsprechende Temperatur sorgen.

Aber um wieder auf diese Königin zurückzukommen:

Ich hatte nun also alle anderen Völker durchgearbeitet und konnte mich wieder ihr zuwenden. Und da sah ich: Die Bienen wollen sie unbedingt haben. Ich öffnete also den Käfig, ließ die Königin rauslaufen – die sich oben auf ein Wabenrähmchen setzte, wo sich sofort ein Hofstaat bildete, sie weiter versorgte ...

Das Volk nahm also die Königin mit Freuden und Dankbarkeit an. Sie wurde gehegt und gepflegt – und sammelte mit dem Volk noch zwanzig Kilo Honig, obwohl das Jahr ja bereits fortgeschritten war. Woraus ich für mich den Schluss zog: Wenn das Volk nicht will, kann die Fürstin machen, was sie will; es wird nichts dabei rauskommen. Denn dass sie eine gute Königin war, hatte sie ja jetzt bewiesen. Es war einfach so, dass das erste Volk ihr nicht Folge leisten wollte. Und somit auch nichts tat.

Wir stellten auch fest: Wenn wir Völker im Wald haben – nicht tief im Wald drin, sondern entweder am Rand oder nur zehn, zwanzig Meter drin: Das eine Volk hat hellen Honig und das andere hat dunklen. Am selben Standort! Ich ließ mir mal die Zeit, das zu beobachten, und mir fiel auf, dass die starken Völker den dunklen Honig haben und die schwächeren Völker den hellen. Offensichtlich ist das Sammeln an den Nadelgehölzen – was den dunklen Honig ergibt – für ein Volk aufwendiger. Die Bienen arbeiten sich da teilweise dermaßen ab, dass sie am Ende kein Haarkleid mehr haben. Die sind dann regelrecht nackt. Eine junge Biene, wenn sie schlüpft, hat ja ein wunderbares Haarkleid. Während die Bienen, die zum Beispiel in der Weißtanne stehen, sich durch das Rumschlüpfen in den Nadeln praktisch die Haare vom Leib schaben. Aber sie haben den kräftigen, dunklen Honig.

Dagegen die kleineren Völkchen: Die fliegen lieber auf Wegränder oder auf Wiesen. Die sammeln lieber den Nektar von Blüten als den Honigtau von Nadelbäumen. Nur wenn mal ein richtig gutes Jahr für Tannen- oder Fichtenhonig ist, wenn's mal regelrecht von den Bäumen runtertropft, wenn das Sammeln nicht so beschwerlich ist, dann fliegen alle da hin.

Es ist ja so, dass die Bienen den dunklen Honig aus Ausscheidungen von Blattläusen machen. Die Laus hat ja die Fähigkeit, in die jungen Triebe ein Loch zu stechen, also die Siebröhre zu öffnen. Dann fließt da der Saft heraus. In diesen Röhren herrscht ein gewisser Druck, wie bei uns im Adernsystem, bei unserem Blutkreislauf. Wobei die Laus nachhelfen kann. Sie kann nämlich saugen. Also saugt sie genügend heraus – und das, was sie nicht braucht, wird auf dem schnellsten Weg direkt ausgeschieden; es geht also nicht durch den eigentlichen Verdauungstrakt und ist deshalb auch keine Ausscheidung beispielsweise im Sinne unseres Urins. Sondern es ist der originale Saft. Und von diesen Tropfen, die die Blattlaus wieder ausscheidet, leben Ameisen, leben Bienen ... Wenn's im Wald genügend Läuse hat, ist für alle der Tisch reich gedeckt. Dann sind ja auch noch die Wespen da, die Hummeln, die Hornissen und Käfer, Schmetterlinge – alles, was kriechen und fliegen kann und irgendwie an den Saft herankommen kann, ist da beteiligt. Das ist ja das Wesen der Natur: Wenn's was gibt, ist gleich genügend für alle da. Dann herrscht Fülle. Eine einzige Tanne, die etwa vierzig, fünfzig Jahre alt ist, reicht in so einem Fall aus, um ein ganzes Bienenvolk zu ernähren. Und im Wald stehen ja hektarweise Tannen! Da könnten unzählige Völker stehen, und alle hätten immer noch genügend. Genau wie die anderen Insekten und wer sonst noch davon profitiert. Alle!

Und deswegen ist es etwas Wesentliches bei einem Bienenvolk, dass es immer den Überfluss anstrebt. Wenn der herrscht, darf auch mal ne Wespe oder ne Hummel in den Stock. Dann dürfen auch die Ameisen in den Stock. Alle dürfen von dem Ertrag holen. Nur wenn's knapp wird oder wenn's von außen nichts mehr gibt, werden die Bienen pingelig. Dann wird alles, was nicht zum Volk gehört, abgestochen. Eine Wespe wird so lange gejagt, bis sie sie haben. Wenn es ihr gelingt, lebend aus dem Flugloch rauszukommen, hat sie noch Glück gehabt.

Und deswegen darf man, wenn man wirklich Imker sein will, einem Bienenvolk nie allen Honig wegnehmen. Denn das ist ja etwas, was sie für sich selbst sammeln und nicht für den Menschen. Der Mensch darf von dem Überfluss nehmen, und wenn er sich daran hält, geht's auch dem Bienenvolk gut.

Freudentänze

Erzählt von Randolf Menzel, Berlin

Einst, als ich zum ersten Mal Bienen dressierte – das heißt konditionierte, um mit ihnen wissenschaftlich zu arbeiten –, sagte mein Doktorvater Martin Lindauer zu mir: »Da nimmst du so ein Zuckergefäß; und du musst ja wissen, welche Biene schon mal da war. Also machst du ihr nen weißen Punkt drauf.«

Die Methode von Nobelpreisträger Karl von Frisch, wie man Bienen individuell markiert, sodass man sie einer Zahl zuordnen kann und sie auf diese Weise zu unterscheiden vermag, kannte ich damals noch gar nicht so genau. Er hatte nach seiner Arbeit über das Gehör der Fische angefangen, sich mit Bienen zu beschäftigen, und stand da zuerst mal vor dem Problem, dass Bienen – wenn sie da aus dem Stock raus- und wieder reinfliegen – ja alle gleich aussehen. Damals konnte man zum Beispiel Tücher mit Honig aufhängen und dadurch die Bienen anlocken, sodass man allerhand beobachten konnte – mögen sie dies, oder mögen sie das? –, aber sobald man ihre Individualität erfassen wollte, um etwa Aussagen über den Dressurerfolg zu treffen, war man aufgeschmissen.

Der große Schritt von Karl von Frisch bestand darin, dass er die Bienen mithilfe eines ausgeklügelten Farbmarkierungssystems nummerierte. Das sah zuerst aus wie eine weitere *Methode*. In Wirklichkeit war es eine grundlegende Änderung in der Sicht auf die Bienen – sie jetzt als Individuen mit einer eigenen persönlichen Geschichte zu betrachten.

Da ich diese Methode aber halt kaum kannte, malte ich meinen fünf oder sechs Bienen – ganz vorsichtig, damit die Flügel nicht verklebten – weiße Punkte auf den Rücken. Doch diese Punkte waren natürlich alle ein bisschen verschieden. Da war ein großer Punkt, ein kleiner Punkt; einer war ein bisschen rechts, einer ein bisschen links; einer war ein bisschen ausgefranst … Was dazu führte, dass ich die Bienen schon nach kurzer Zeit – schon am allerersten Tag – voneinander unterscheiden konnte. Und da merkte ich plötzlich: »Oh, die verhalten sich ja verschieden! Die eine kommt: Zack, setzt sich hin, trinkt und ist sofort wieder weg. Die andere fliegt rum und fliegt rum und mag sich nicht hinsetzen.« Ich denk: »Ach, du warst doch vorhin schon da. Du weißt doch, wie's geht. Setz dich doch einfach hin.« Dann fragte ich Martin Lindauer: »Warum fliegt die denn dauernd da rum?« »Tja«, sagt er, »das ist eine, die das Areal mit ihrem Duftorgan markiert. Sie tut was für die anderen. Und die Erste tut das nicht. Die Erste ist sozusagen egoistisch und die Zweite nicht.«

Und dieses individuelle Verhalten von Tieren, die vermeintlich alle gleich aussahen, die noch dazu unter meiner Kontrolle alle dasselbe erlebt hatten, das fand ich derart verblüffend … Ich dachte: »Das ist ja unglaublich!« Dieses Erleben: Das eine Tier verhält sich individuell anders als das andere Tier, das war etwas, was sich von diesem ersten Augenblick an durch meine ganze mehr als fünfzigjährige Arbeit mit den Bienen zog. *Und* es war etwas, das ich nicht durch das erklären konnte, was ich vorher mit dem Tier gemacht hatte. Sondern es geschah aus sich heraus.

Dann wurde natürlich oft die Frage gestellt: »Ist dieses Verhalten spontan?« Das heißt, ist es nur eines von mehreren Reaktionsmustern, die zufällig aufgerufen werden und die sich schließlich durchsetzen? Dazu hat die Verhaltensbiologie große Theorien. Während es mir eher um das unmittelbare Erfahren ging. Und ich glaube, das war auch das, was mich letztlich bei den Bienen gehalten hat. Weil dieses ganze Thema so offensichtlich kontrovers ist. Wir gestehen Insekten keine Individualität zu. Wir denken: »Na ja, was die so machen, das ist alles ziemlich stereotyp.« Und wenn sie's anders machen, muss das entweder an ihrer Geschichte liegen oder an einem anderen Auslöser. Als Erklärungsmuster werden dann gewisse Auslöser für vorgefertigtes Verhalten herangezogen. Aber das greift alles viel zu kurz.

Nehmen wir nur mal das Phänomen des Bienentanzes. Das ist eine raffinierte Kommunikationsform, mit der eine Biene, die draußen in der Landschaft etwa eine gute Futterstelle entdeckt hat, ihren Stockgenossinnen mitteilt, wo sich diese Stelle befindet. Die Tänzerin legt also ein bestimmtes Verhalten an den Tag, und die anderen lenken ihre Aufmerksamkeit auf dieses Verhalten. Sie stehen da, die Tänzerin kommt von der einen Seite vorbei und schwänzelt, dann kommt sie von der anderen Seite, die Bienen rücken ein bisschen zur Seite, bleiben aber immer nah dran ... Das ist wie bei einer Tanzperformance. Nur mit dem Unterschied, dass dabei eine exakte Fluganweisung übertragen wird. Wenn es so ungefähr stimmt, was wir jetzt gerade ganz gut bestätigt haben, dann bedeutet eine Schwänzelbewegung sechzig Meter. Nun muss man sich aber vorstellen: Die sehen ja nix! Die sind ja im dunklen Stock! Es handelt sich also um eine Kommunikation mit vielfältigen Signalen: Da gibt es akustische Signale; indem die Bienen etwa kurz die Flügel vibrieren lassen ... Aber nun haben sie ja auch kein Gehör, so wie wir ein Gehör haben. Sie können nur bewegte Luft registrieren, mithilfe ihrer Antennen, die mit dieser Luft bewegt werden. Die akustischen Signale der Tänzerin sind also eher wie Pulse von Luftströmungen – und wenn die anderen mit ihren Antennen dicht dran sind, können sie das fühlen. Bienen leben in einer Fühlwelt.

Eng damit verbunden sind die elektrostatischen Signale. Sämtliche Bewegungen, die die Tänzerin macht, drücken sich auch in elektrostatischen Feldern aus, weil sie selbst aufgeladen ist und mit ihren Bewegungen elektrische Felder aussendet.

Bei all diesen Signalen stellt sich nun die Frage: Welche sind im dunklen Stock, wo sich viele, viele Tiere aufhalten, besonders wirksam? Wobei Dunkelheit im Grunde nur eine vordergründige, vom Menschen gemachte Analogie ist. Für die Biene bedeutet Dunkelheit etwas anderes. Das Dunkle ist für sie keine Begrenzung. Im Gegenteil. Es ist eine Möglichkeit. Ihre biologische Ausstattung, im Dunklen zu kommunizieren, könnte kompletter nicht sein. Sie kann alles verstehen. Verstehen im Sinne von Übertragung der Information für eigene Zwecke. Und sie hat keine Unsicherheit. Ihr ganzes Verhalten ist an die Dunkelheit angepasst.

Das wollte ich vorausschicken, um folgendes Phänomen begreiflich zu machen. Die Biene überträgt beim Tanz nun also ihre Fluganweisung: »Ihr müsst in dieser und jener Richtung soundso weit ausfliegen.« Und sie hat natürlich eine Probe des Futters dabei. Wenn sich nun eine andere Biene von dessen Qualität überzeugen will, macht sie ein

Stoppsignal. Das ist ein sehr kurzer Puls, den sie durch die schnelle Vibration ihres ganzen Körpers ausübt, und der bedeutet – um das menschlich zu sagen: »Gib mir was von deiner Probe.« Die kriegt sie dann. In dem Moment schmeckt sie die Konzentration der Zuckerlösung, und sie schmeckt und riecht das Aroma. Und da alle Bienen, die ein solches Stoppsignal erzeugen, auch tatsächlich eine Probe bekommen, wissen sie folglich schon vor dem Losfliegen, worauf sie sich einlassen.

Deshalb ist es für mich immer wieder eines der aufregendsten Erlebnisse, wenn ich Folgendes mache: Beim Besuch der ersten Biene am Futtergefäß hatte ich darin noch eine hohe Zuckerkonzentration. Aber dann setze ich die Konzentration runter – es kommt eine Biene an, die die hohe Zuckerkonzentration anhand der Probe erlebt hat. Sie setzt sich hin ... Und nun kann sie die Zuckerkonzentration ja sowohl mit dem Rüssel als auch mit den Antennen schmecken. Es reicht schon aus, dass sie nur mit der Antennenspitze drantastet. Und plötzlich schmeckt sie: Diese Konzentration ist nicht die erwartet hohe Konzentration. Diese Biene ist entsetzt! Sie traut auf einmal ihrem eigenen Erleben im Stock nicht mehr, fliegt sofort wieder hoch, probiert's wieder, fliegt wieder hoch, probiert's wieder ... Meistens fliegt sie am Schluss wieder zurück und sagt, um das wieder menschlich auszudrücken: »Die Situation hat sich verschlechtert. Ich versteh gar nicht, warum die Kollegin in ihrem Tanz so heftig dafür geworben hat.«

Es gibt natürlich auch noch andere Situationen, in denen Stoppsignale eingesetzt werden. Das Futtersammeln kann zum Beispiel gefährlich sein. An der Futterstelle kann eine Spinne lauern. Es gibt Spinnen, die sich in den Blüten verstecken und Bienen fressen. Oder es fliegen Wespen oder Hornissen herum, die die Bienen attackieren. In diesem Fall ist es nicht ungewöhnlich, wenn eine Biene, die ein solches Erlebnis hatte, in den Stock zurückfliegt; und wenn sie dort eine Stockgenossin findet, die tanzend für diesen Ort wirbt, macht sie ihr Stoppsignale. Gibt ihr gewissermaßen zu verstehen: »Hör auf zu tanzen! Das ist nicht mehr attraktiv; das ist gefährlich.« Als Mensch könnte man nun sagen: »Na gut, die meldet zurück, dass die andere Biene nicht dafür werben soll, beurteilt das aber nicht. Es ist nur eine Art von einfacher, elementarer Reaktionsebene.« Aber man könnte auch sagen: »Dieses Tier, das diese unangenehme Erfahrung gemacht hat, hat inzwischen eine andere Einstellung gegenüber der Wertigkeit dieser Futterstelle und erkennt nun einen deutlichen Unterschied zwischen dem Verhalten der werbenden Biene und der eigenen Wahrnehmung – und meldet das zurück.«

All das ist im sozialen Verband bei den Bienen nicht ungewöhnlich. Denn so verhalten sie sich auch, wenn darüber entschieden werden muss, wo der Schwarm hinzieht. Die Späherbienen können ja verschiedene mögliche Niststellen entdeckt haben. Und nun gibt es natürlich bessere und schlechtere Niststellen. Das kann sich darin ausdrücken, dass die eine weiter weg ist, kleiner oder größer ist, dass sie Löcher hat, dass sie feucht ist ... was auch immer. Und mit der Intensität – oder man könnte auch sagen: Freude oder Begeisterung –, mit der die fündig gewordenen Bienen schließlich tanzen, codieren sie nun die *Gesamtqualität* der Niststelle. Währenddessen beobachten sie sich gegenseitig. Und wenn nun eine, die eine besonders gute Niststelle gefunden hat und dafür getanzt hat, eine andere beobachtet, die für eine weniger gute Stelle tanzt, geht sie zu ihr hin und erzeugt ein Stoppsignal.

Wobei die Werbung, die diese Bienen da anbringen, sich nicht an alle im Schwarm richtet – die meisten bleiben unbeteiligt sitzen –, sondern nur an die Gruppe der potenziellen Suchbienen. Das heißt, nur die, die eine entsprechende Erfahrung gemacht haben, treffen letztlich die Entscheidung. Und zwar aufgrund der beiden genannten Vorgänge: dass sie mehr oder weniger intensiv tanzen und daher mehr oder weniger Resonanz von den anderen bekommen, und dass außerdem diejenigen, die die bessere Niststelle haben, ein Stoppsignal erzeugen. Diese beiden Vorgänge wirken zusammen und führen dazu, dass alle in dieser kleinen Gruppe von Tieren, in dieser Clique, die letztlich den Schwarm steuert, irgendwann nur noch für eine einzige Niststelle tanzen. Für keine andere mehr. Und dort zieht der Schwarm dann hin.

Eine Katzenliebesgeschichte

Erzählt von Hania Korolczuk, Szklarska Poreba/Polen

Es war Anfang der Achtzigerjahre; die Schwester meiner Nachbarin Kaśka hatte Geburtstag und bekam von einem gemeinsamen Freund ein Kätzchen geschenkt, das er auf dem Müll gefunden hatte. Sie wollte das Kätzchen aber nicht haben, denn sie hatte nur eine kleine Wohnung und mochte keinem Tier zumuten, da zu leben. Und weil auch Kaśka bereits eine Katze hatte und mein eigener kleiner Kater vor einiger Zeit verschwunden war, nahm ich Sara – wie ich sie nannte – mit zu mir.

Wir lebten damals in Warschau, auf einem großen studentischen Campus, der ursprünglich, Anfang der Fünfziger, für russische Arbeiter gebaut worden war und hauptsächlich aus großen, einstöckigen Holzhäusern bestand. Es war sehr angenehm, dort zu wohnen. Die Holzhäuser waren im Winter schön warm; und obwohl die Innenstadt nicht weit entfernt lag, war es bei uns schön ruhig. Es gab nur wenige schmale Straßen, die zwischen den Häusern hindurchführten. Kaum jemand hatte ein Auto. Was wiederum bedeutete, dass die Kinder immer draußen spielen konnten. Man konnte Tiere halten. Die Kinder spielten mit den Tieren. Und die Tiere mit den Kindern.

Manchmal waren die Spiele etwas rau. Ich erinnere mich an eines, da wurde einfach alles, was zwei oder vier Beine hatte, in einen Schlafsack gesteckt. Zum Beispiel: ein Hund, zwei Katzen und ein kleiner Junge. Und dieses

Paket wurde von den schon etwas größeren Mädchen über den Boden geschleift, während von drinnen gedämpfte Stimmen kamen: »Miauuu! Wuff-Wuff! Karolinaaa, was macht ihr da?«

Sara, die kleine Katze, spielte manchmal mit, aber meistens saß sie irgendwo leicht erhöht – etwa auf dem Fensterbrett – und sah zu. Das war so ihre Art. Sie beobachtete die menschliche Welt ganz genau. Damals zeichnete ich viel. Ich hatte einen großen breiten Tisch, mit allem, was ich brauchte – Papier und so weiter –, und Sara setzte sich oft dazu. Stundenlang. Sie döste nicht nur vor sich hin, sondern passte genau auf: »Aha!«

Einmal verliebte sie sich in Burek, den Kater von Kaśka, der uns immer öfter besuchte – meist durchs Fenster – und in der Regel ein Geschenk für Sara dabeihatte. Eine Maus oder ein Stück Fleisch, das er irgendwo gestohlen hatte. Burek war ein Meisterdieb. Er klaute so ziemlich alles, was nicht niet- und nagelfest war. Nur essbar musste es sein. Er hatte so eine Art Bande, zusammen mit Pyzol, Kaśkas schwarz-weißem Hund. Wir bewahrten damals nicht alle Lebensmittel im Kühlschrank auf, sondern manches auch auf Regalen. Aber Burek konnte sogar auf die höchsten Regale springen – und warf dann von dort die guten Sachen runter: ein großes Stück Käse, einen Schinken. Das gehörte erst mal Pyzol, der aber meist etwas für Burek übrig ließ.

Kaśka war oft stocksauer auf die beiden. Vor allem, wenn es um Schinken oder Wurst oder Fleisch ging. Polen stand Anfang der Achtziger unter Kriegsrecht. Fleisch war nur auf Lebensmittelmarken zu bekommen – und selbst mit denen musste man Schlange stehen oder sich das Fleisch auf dem Schwarzmarkt besorgen. Was bedeutete, dass es nach Bureks Raubzügen oft kein Fleisch für Kaśka und Kuba gab, Kaśkas kleinen Sohn.

Wenn Burek nun Sara besuchte, verhielt er sich nicht viel anders als ein verliebter Mann. Er brachte sein Geschenk, und dann wartete er in respektvoller Entfernung. Anfangs beachtete Sara ihn überhaupt nicht. Als sie schließlich anfing zu reagieren, konnten diese Reaktionen sehr unterschiedlich ausfallen. Manches fand ihre Zustimmung, manches nicht. Zuerst wurde alles misstrauisch beäugt. Wenn sie dann anfing, damit herumzuspielen, bedeutete das schon große Wertschätzung. Manchmal, gerade bei Mäusen, konnte ich es nicht mit ansehen. Ich musste rausgehen; oder ich nahm ihnen die Maus ab, die zum Glück meist schon tot war, und warf sie in den Mülleimer: »Ihr Mörder! Haut ab! Ich will euch nicht mehr sehen!«

Als die beiden sich mehr miteinander angefreundet hatten, fingen sie an, zusammen herumzusitzen und so etwas wie Gespräche zu führen – durch Miauen und Schnurren. Sie gaben Töne von sich. Angenehme Töne: »Mmmhhh!« Es war klar, dass damit Wohlbefinden ausgedrückt wurde – das Wohlbefinden zusammen zu sein. Das zeigte sich in ihrem ganzen Verhalten. Solche Gespräche gingen manchmal über Stunden.

Bald merkte ich, dass ich mich nicht mehr ganz wohl in meiner Haut fühlte, denn es wurde nun so langsam privat. Ich ging dann meist weg. Obwohl es auch schön anzusehen war. Es war eine Liebesbeziehung, nicht nur so: »Oh, die Katzen haben Sex.« Es ging um Liebe. Und um Zuneigung.

Wenig später wurde Sara schwanger. Aber kurz vor der Geburt verschwand sie auf einmal. Wir suchten überall, konnten sie aber nirgends finden. Ich machte mir natürlich

Sorgen; schließlich war sie meine geliebte Katze. Am meisten litt allerdings Burek. Sonst war er ein echter Vielfraß, der sich auch regelmäßig überfutterte. Aber jetzt reagierte er nicht mal auf sein Lieblingsfleisch. Er bekam nervöse Zuckungen, wollte nicht mehr mit Pyzol spielen und wurde überhaupt immer teilnahmsloser. Nach kurzer Zeit sah er einfach nur aus wie ein kranker Kater.

Etwa drei Tage nachdem Sara verschwunden war, saß ich wieder mal am Tisch und zeichnete – als plötzlich Sara aus dem Schrank sprang! Wir hatten in jedem Zimmer große, tiefe Einbauschränke, die nicht mehr richtig schlossen und die von daher leicht zu öffnen waren. Natürlich hatte ich auch dort gesucht. Viele Male. Aber irgendwie war es Sara gelungen, sich so weit hinten zu verstecken, dass ich sie nicht gefunden hatte.

Nach einiger Zeit erlaubte sie Burek, die beiden Babys zu sehen. Schon allein das ist ungewöhnlich. Aber er durfte sie sogar beschnuppern und ablecken. Normalerweise ein Ding der Unmöglichkeit! Oft ist es nämlich so, dass der Kater die Kleinen frisst. Sie sind ja kaum größer als eine Maus.

Du hättest Burek sehen sollen. Wie stolz er war! Er saß da wie eine Sphinx. Immer den Kopf ein wenig in die Höhe gereckt. Das ist bei Katzen die gleiche Positur wie bei Menschen auch.

Aber eines Tages war er auf einmal verschwunden. Wir wissen nicht, was mit ihm passiert ist. Es muss ein Unfall gewesen sein. Wir suchten ihn eine Woche lang. Überall. Auch außerhalb des Campus. Sein Revier war ziemlich groß.

Drei Monate später, als die Kätzchen groß genug waren,

fing Sara plötzlich an, für immer längere Zeiträume zu verschwinden. Sie suchte Burek. Da bin ich mir ganz sicher. Ich sah sie wieder und wieder die Gegend ums Haus absuchen; und schließlich um andere Häuser, viel weiter entfernt. Und Katzen haben ja lange nicht so große Reviere wie Kater.

Irgendwann kam sie gar nicht mehr nach Hause. Ich fand sie erst nach Monaten. Sie saß auf derselben Müllkippe, auf der sie Jahre zuvor gefunden worden war. Aber sie hatte sich verändert. Sie reagierte nicht mehr auf mich und wollte auch nicht mitkommen. Sie war wieder wild geworden. Sie war nicht mehr meine Katze.

Lektion in Demut

Erzählt von Ralph Schmidt, Waakirchen/Voralpenland

2002/2003 war ich mit einem Schulfreund – der heißt Rainer, wir haben bis heute eine wunderbare Freundschaft – in Südamerika unterwegs. Wir waren ziemlich jung – einundzwanzig, zweiundzwanzig – und hatten diesen Traum, irgendwas Besonderes zu erleben. Deshalb war in unser beider Köpfen am Anfang auch immer diese Spannung: »Das muss jetzt hier was Besonderes werden. Es muss irgendwas Cooles kommen.« Also fuhren wir viel herum; durch Ecuador durch, durch Peru durch, viel in den Anden. Nach ungefähr einem Monat kamen wir in Ecuador in eine Situation, dass wir uns beim Wandern massiv verliefen. Wir hatten nichts mehr zu essen und marschierten ein paar Tage durch die Gegend, bis wir merkten: »Okay, das macht keinen Sinn mehr. Wir brechen ab. Denn sonst sind wir bald völlig verloren.« Also liefen wir eineinhalb Tage, ohne wirklich etwas zu uns zu nehmen, wieder zurück. Und das war endlich der Punkt, an dem wir loslassen konnten, an dem wir nicht mehr diesen Drang hatten, was Besonderes erleben zu müssen. Auf einmal kamen die Dinge ganz von alleine. Wir reisten immer weiter und landeten schließlich in La Paz in Bolivien. Ich hatte da eine Beziehung zu einer Paceña, einer wunderbaren Frau aus La Paz, und wir blieben längere Zeit in der Stadt. Wir hausten mit Englischlehrern in ner WG, und auf irgendeiner Feier erzählte uns einer: »Es gibt in der Nähe von Cochabamba eine Station für misshandelte Tiere. Misshandelte Affen oder kranke Affen, Ozelote, Pumas, Jaguare. Das Ganze nennt sich Inti Wara Yassi. Da kommen Freiwillige aus aller Welt hin, bezahlen sogar noch dafür, dass sie da arbeiten können. Und von diesem Geld wird Futter und so weiter gekauft.«

Das fanden wir natürlich spannend. Dann wars aber so, dass ich mit meiner Freundin noch an den Titicacasee fuhr und Rainer erst mal alleine loszog. Als ich eine Woche später nachkam, meinte er: »Es ist unglaublich, aber ich fang jetzt gerade an, mit nem Puma durch den Wald zu laufen. Der heißt Roy.« »Äh, okay.« Und er so: »Perfekt, dass du jetzt kommst. Man muss mit ihm nämlich immer zu zweit laufen. Und die Frauen hier in der Station sollen das wegen des Gewichtsunterschieds nicht mehr tun.« Roy war damals gerade dabei, aus der Pubertät rauszuwachsen, hatte sechzig, fünfundsechzig Kilo. Und es hatte sich herausgestellt, dass Frauen ihn nicht mehr halten konnten.

Dann erzählte Rainer mir, was er da eigentlich machte. »Da ist ein Käfig, mitten im Dschungel. Man geht morgens hin, holt den Puma raus und läuft den ganzen Tag mit ihm durch den Wald. Man muss sich natürlich erst mal an ihn gewöhnen ...« Hintergrund des Ganzen war, dass Roy aus einem Bordell stammte. Die hatten da offenbar verschiedenste exotische Tiere. Und als die Polizei das Ding hochnahm, erinnerten sie sich an den Gründer dieser Station, der heißt Juan Carlos Antezana, und übergaben nun also Roy an »diese Tierschützer«. Er war damals noch sehr jung. Kein kleines Kätzchen mehr, sondern auf dem Weg zu: »Den kannst du nicht mehr einfach durch die Wohnung laufen lassen.« Zuerst hatten sie ihn nämlich in einem ganz normalen Zimmer in einer Wohnung. Da wurde er offenbar fast wahnsinnig. Er sprang nur noch an die Wände. Deshalb wurde entschieden: »Wir müssen sofort einen Käfig draußen im Dschungel bauen, damit er nachts dort schlafen kann.« Und dadurch wurde es offenbar deutlich besser.

Aus diesem Käfig holten wir ihn nun also jeden Tag raus. Damit er sich an einen gewöhnen konnte – schließlich musste ich mich nicht nur an *ihn* gewöhnen, sondern er sich auch an *mich* –, durfte man keine Mückencremes verwenden. Grund dafür war, dass er uns die ganze Zeit abschlecken wollte. Wir mussten ihm immer die Hände hinhalten, Daumen und Finger eingeklappt, dass er nicht daran rumknabbert, und dann schleckte er uns erst mal die Arme ab. Und die Zunge einer so großen Katze ist natürlich unglaublich rau. Am Ende fühlte sich's für mich an, als wäre mir jemand fünf Minuten lang mit nem Schleifpapier über den Arm gefahren. Alles war rot.

Nun war Rainer ja schon ein paar Tage länger mit Roy unterwegs gewesen. Deshalb lief ich zuerst einfach nur mit, während er ihn sich an einem dicken Seil umgebunden hatte. Aber hin und wieder kam ich eben doch in Roys Einzugsbereich. Und dann testete er mich sofort aus. Zum Beispiel, indem er auf mich zusprang und mir ins Knie biss. Zwar nicht so, dass alle Knochen brachen, aber so fest, dass es wehtat. Da ging's dann vor allem darum, das auszuhalten und ihn in einer einzigen flüssigen Bewegung dazu zu bringen loszulassen. Und ich musste das mit innerer Ruhe machen. Das war etwas, was ich schnell rausfand. Denn am Anfang hatte ich natürlich Angst. »Oh Gott, er beißt da jetzt« und »verdammt, was soll ich tun?«. Aber diese Hektik machte ihn ebenfalls hektisch. Und dann fängt er an, mit dir zu spielen, und irgendwann kippt das und er wird wirklich wild, und dann musst du raus aus diesem Bereich, denn das ist nicht mehr lustig. Ich stellte mir auch oft die Frage: »Was passiert, wenn er uns jetzt ernsthaft angreift? Haben wir ne Chance, wenn wir um unser Leben kämpfen müssen?« Und ich weiß es ehrlich gesagt nicht. Wir hatten ja nicht mal ne Waffe. Nur ein altes Messer, um unsere Brote zu schneiden.

Auch da hatte ich – vor allem am Anfang – das Gefühl, dass Rainer einen viel leichteren Zugang zu diesem Tier hatte. Was ich mich abkämpfte! Offenbar war in mir doch noch irgendwas vorhanden, was ein wirkliches Verbundensein mit diesem Tier verhinderte. Ich machte mir da ziemlich viele Gedanken.

Aber nach einiger Zeit konnten wirs natürlich beide und wechselten uns von da an ab. Das heißt, derjenige, der ihn umgebunden hatte, musste aufpassen, wo er hinläuft, und der andere konnte leicht verträumt hinterhersteuern.

Selbstverständlich änderte sich mit der Zeit auch etwas in meiner eigenen Beziehung zu Roy. Auf einem unserer Rundgänge kamen wir um die Mittagszeit immer an einen Fluss. Dort gab es eine Insel, auf der Roy gerne rastete. Wir machten ihn daher an einem Baum fest und legten uns außerhalb seiner Reichweite hin, um ebenfalls zu schlafen. Aber einmal, nach ein, zwei Wochen, ruckelte plötzlich etwas an meinem Bein. Ich wachte auf: »Oh, shit, ein Puma!« Bis ich merkte: Es war Roy, der ganz leicht in meinen Fuß biss und ihn schüttelte, um mich aufzuwecken. Wir hatten einfach nicht mehr aufgepasst. Die anfangs große Distanz hatte sich immer weiter verringert.

Irgendwann waren wir tatsächlich nicht mehr »zwei

Menschen und Roy«, sondern es wurde ne Art Gemeinschaft. Dazu gehörte, dass er an schwierigen Stellen auf uns wartete. Oder zum Beispiel hatte er uns vorher, an Stellen, an denen er höher war als wir, liebend gerne angesprungen. Das schien einfach so zu sein. Aber dann machte er das nicht mehr, sondern wartete auch in solchen Fällen. Oder das Anspringen lief zumindest in einem anderen Modus ab. Nicht mehr dieses provozierende: »Ich teste euch jetzt«, sondern: »Wir spielen miteinander.« Wir kamen mehr und mehr in so ein: Wir bewegen uns hier *gemeinsam* durch diesen Wald.

Dabei entwickelten sich auch Routinen. Unser Tag fing normalerweise damit an, dass wir morgens um acht anmarschierten. Dann machten wir den Käfig auf, holten Roy raus, hängten ihn erst mal in sogenannte Runner ein – das sind im Wald gespannte Seile, in die man ihn einhängen konnte, um ihn vorab ein bisschen herumfetzen zu lassen. Wir hatten auch immer ein frisch geschlachtetes Huhn dabei. Das fraß er erst mal. Und dann liefen wir los: durch Bachbetten, die Abhänge hoch, wieder runter, hier ist wieder ein Weg, dann dort runter. Gerade bergab kam es dabei öfter zu Notsituationen, wenn Roy auf einmal losfetzte. Denn der Boden war vom Regen, der jeden Tag um sechzehn Uhr anfing, oft aufgeweicht, und viele Bäume hatten Stacheln, sodass du dich nicht an ihnen festhalten konntest. Wir hatten teilweise keine andere Wahl als: Roy rennt rechts am Baum vorbei, und ich renn links am Baum vorbei. Und uns hängt's quasi beide voll auf. Aber wir konnten's nicht anders stoppen. Und dann hat's ihn natürlich zurückgefetzt und uns auch. Das war die Bremse.

Wenn wir um siebzehn, achtzehn Uhr zurückkamen,

waren wir von der körperlichen Anstrengung her meistens völlig platt. Ein Tag mit Roy, das war wie auf dem Bau arbeiten. Du läufst die ganze Zeit. Dann springt er dich wieder an, zerrt dich irgendwo durch. Es ist richtig Arbeit. Wobei Roy mich, bis auf einige Kratzer, nie verletzte. Aber sonst sah ich teilweise ziemlich übel aus. In Bolivien kosten die Sachen zum Glück nicht viel. Da kostet ne Hose halt einen Dollar – und ich musste mir *einige* Hosen kaufen, weil manchmal nur noch Fetzen an mir runterhingen. Auch das war für mich eine Art Indikator dafür, dass es immer noch Unterschiede zwischen Rainer und mir gab, was den Umgang mit Roy betraf. Rainer sah oft noch aus wie frisch geschniegelt. Und ich kam mit ner komplett aufgeschlitzten Hose zurück und dachte: »Das kann ja irgendwie nicht sein.«

Es passierten dann auch ein paar heftigere Sachen. Einmal war eigentlich ein ziemlich cooler Tag. Wir liefen sonst meistens sehr ähnliche Wege, aber diesmal wollten wir mal was Neues suchen und fanden einen Weg durch einen Fluss. Teilweise liefen wir mitten im Wasser, rechts und links Geräusche, der Nebel hing in den Bäumen, wir dachten: »Das sieht aus wie in nem Film!«, marschierten weiter, vom Gefühl her: »Super, passt, macht total Spaß!« Auf einmal blieb Roy stehen. Wir hatten es ihm in der Zwischenzeit auch ermöglicht zu jagen. Das war manchmal unglaublich, das mitzuerleben. Wir liefen durch den Wald, und auf einmal sah man, wie er sich anspannte und irgendwas fokussierte. Und man stand daneben und geriet selber in so ne Art Jagdmodus. Doch eigentlich ging es nur darum, ruhig zu sein und ihm Leine zu geben. Meistens war er dann mit einem Satz im Busch verschwunden und kam mit nem Leguan wieder raus. Wobei das Lustige war, dass er die Leguane zwar unglaublich gern fraß, aber jedes Mal wieder erbrach, weil er sie offenbar nicht verdauen konnte. Was er dagegen vertrug, das waren Vögel. Und als er nun wieder stehen blieb, glaubten wir: »Okay, wahrscheinlich ein Vogel.« Aber dann sprang er in ein Gebüsch, und auf einmal hör ichs nur noch summen. Roy rannte los. Und da ich derjenige war, der gerade die Leine umgebunden hatte, musste ich natürlich mit und merkte erst dann so richtig, dass er offenbar in ein Wespennest gesprungen war. Auf einmal waren überall nur noch Wespen, die auch mich angriffen und stachen. Ich dachte: »Was soll ich machen?«, und sprang einfach in diesen Fluss und tauchte unter. Jetzt hatte ich allerdings gehört, dass Wespen über der Wasseroberfläche warten. Ich blieb also unter Wasser, bis ich dachte: »Okay, hilft nix, ich muss auftauchen.« Die Wespen waren zum Glück weg, aber Roy hatte doch einige Stiche abgekriegt. Er stand vor mir und versuchte die ganze Zeit, sich zu kratzen oder zu lecken.

Aber jetzt mussten wir natürlich weiter. Das ging die ersten paar Minuten ganz gut. Nur kam Roy auf einmal wieder in diesen Modus, uns anzuspringen. Und dann wurde es derart wüst, dass wirs nicht mehr in den Griff bekamen. Er hörte einfach nicht mehr auf. Wir hatten keine andere Chance, als ihn an einem Baum festzubinden und aus seinem Kreis zu verschwinden. Dadurch wurde er noch wilder! Wir dachten: »Verdammt, wir können nichts machen. Wir können nicht mehr hin zu ihm.« Und dann saßen wir da, bestimmt eineinhalb Stunden. Unglaubliche Mückenschwärme. Wir hatten unsere Jacken um Kopf und Gesicht gewickelt, atmeten nur noch durch möglichst kleine Luftschlitze und linsten hin und wieder nach dem Puma. Dann fiel uns zum Glück ein, dass es noch jemanden gab, der Roy kannte; der sogar eine super Beziehung zu ihm hatte. Ebenfalls ein Deutscher. Daniel. Nur wollte der an diesem Tag abreisen. Wir sagten also: »Okay, unsere einzige Chance ist, dass einer so schnell wie möglich ins Dorf läuft und Daniel holt. Vielleicht kriegt der das hin.« Dann wurde erst mal geknobelt: »Wer bleibt hier hocken, wer läuft?« Ich war der Läufer. Und so rannte ich durch diesen Dschungel, fand zum Glück Daniel – wieder den ganzen Weg mit ihm zurück ...

Und das war dann so unglaublich: Er ging hin, ganz ruhig, nahm Roy am Halsband, schnallte ihn sich um, alles in Ordnung. Es war einfach nur diese Ruhe. Die hatten wir in dieser Situation nicht mehr hingekriegt. Wir waren im gleichen wilden, genervten Modus wie Roy. Und so was geht natürlich nicht. Das war – wie ich einleitend sagte – auch wieder dieses Ding: »Warum tue ich das jetzt eigentlich? Tue ich es für mich, für diese Inszenierung: ›Das ist ja ne spannende Erfahrung, die ich hier mache‹? Tue ich es also, um mich ein Stückweit zu profilieren, um zu Hause eine tolle Geschichte erzählen zu können? Oder tue ich es aus anderen Motiven?« Und ich bin davon überzeugt – das hört sich zwar schräg an, aber –, dass das Tier das merkt. Erst wenn es nicht mehr so ist: »Hey, es geht hier in erster Linie um mich«, sondern: »Es geht um uns, und es geht um das Hier und Jetzt«, ist die Voraussetzung geschaffen, diese Beziehung hinzukriegen. Aber ich war von meiner Persönlichkeit her noch nicht so weit. Mit dieser Erkenntnis, was da eigentlich in mir abging, hatte ich die nächste Zeit zu tun.

Später gabs noch eine andere Sache, ebenfalls definitiv nicht lustig. Und zwar kreuzten in diesem Gebiet hin und wieder große Schildkröten unseren Weg. Roy sprang sie natürlich meistens an und biss auf ihnen herum, konnte sie aber nie knacken. Das brachte ihn jedes Mal derart in Rage, dass er versuchte, sie irgendwelche Abhänge runterzuschmeißen oder so etwas. Einmal packte er sich eine der Schildkröten und versuchte, sie in einer Pfütze zu ertränken. Und Rainer wollte ihr helfen, ging da hin und wollte sie irgendwie rausziehen. Auf einmal höre ich nur noch ein Knacken, als ob einer auf einen Stock steigt; dachte mir aber noch nichts Wildes dabei. Bis Rainer plötzlich käseweiß vor mir steht. Ich sag: »Was is 'n los mit dir?« Und er: »Hast' es nicht knacken gehört?« »Doch.« Roy hatte ihm tatsächlich durch die Hand gebissen. Einmal sauber durch. Zwischen den Mittelhandknochen. Das Knacken war Roys Zahn gewesen, der am Knochen abgerutscht und durchgegangen war. Rainer hätte niemals mit der Hand da hingehen dürfen. Hätte er es mit dem Fuß versucht, wäre alles kein Problem gewesen.

Aber jetzt standen wir natürlich da. Zum Glück war nichts gebrochen. Allerdings, von einer Katze gebissen zu werden – das ist ja nicht so gut. Auch wenn du von ner Hauskatze gebissen wirst, ist das nicht so lustig, wegen Blutvergiftung und solchen Geschichten. Gott sei Dank wusste ich das alles nicht. Wir machten Roy erst mal wieder fest, und ich lief mit Rainer runter ins Dorf. Eine der Freiwilligen da war Ärztin. Sie nähte die Wunde und machte alles fein, aber Rainer konnte natürlich nicht mehr mit. Noch dazu näherte sich seine Zeit in Inti Wara Yassi eh dem Ende. Man blieb da immer ne gewisse Zeit, und dann wurde gewechselt. Aber ich konnte ja nicht alleine mit Roy durch den Wald rennen. Also überlegte ich: »Wer kann da mit?« Daniel war weg. Zum Glück gabs noch ne Engländerin. Die kannte Roy ebenfalls schon. Sie war sogar schon mit ihm gelaufen. Also sagte ich: »Na ja, dann bin *ich* halt derjenige, der Roy nimmt. Zumindest sind wir zu zweit unterwegs.« Dann joggte ich also mit ihr zurück in den Wald, machte Roy los, und wir liefen weiter.

Nach einer Weile waren wir wieder in einem Bachbett, und ich steh so rum und hab Roy an der Leine. Die Engländerin steht ein, zwei Schritte weiter weg, bei ein paar Felsen. Und ich denk mir erst nichts dabei: Roy ging ganz entspannt einen dieser Felsen hoch und stellte sich oben fast ein wenig unbeteiligt hin. Als Mensch hätte es ausgesehen, als könnte er kein Wässerchen trüben. Und in dieser Sekunde merkte ich, was er vorhat! Aber es war zu spät. Er sprang schon los. Auf sie drauf. Sie fliegt zurück in dieses Bachbett; zuerst dachte ich: »Puh, noch mal gut gegangen«, aber sie hatte sich die Schulter ausgekugelt. Also wieder zurück ins Dorf. Wieder zur Ärztin ...

Als Nächstes kam ein Holländer. Den lernte ich in der Folgezeit sozusagen ein. Aber ohne Rainer war es eine andere Situation. Dieses Gemeinschaftsding, in das wir zu dritt gefunden hatten, löste sich auf. Und das war sicher auch für Roy schwierig, ständig andere Leute um sich herum zu haben.

Schließlich war auch für mich Schluss. Es ging ans Abschiednehmen. Ich muss zugeben: Ich war auf der einen Seite froh, es hinter mir zu haben. Auf der anderen Seite wars für mich das erste Mal ein endgültiges Abschiednehmen von jemandem, zu dem ich ne enge Beziehung aufgebaut hatte, und ich merkte: »Es ist tatsächlich schwierig, da jetzt rauszugehen.«

Am nächsten Tag sitze ich in diesem Bus und rede gerade mit jemandem; auf einmal spüre ich, dass ich's schon vermisse, von Roy angesprungen zu werden. So vieles hatte sich geändert. Zuerst war es für mich dieses: »Oh, hört sich spannend an, coole Erfahrung« gewesen. Jetzt merkte ich: Was an alldem wichtig war, ist etwas ganz anderes. Es ging einfach nur um *diese* Beziehung zu *diesem* Tier. Sie aufzubauen, sie zu erleben, mit Roy zusammen, und zu spüren: Er lässt uns ein Stück weit an sich ran. Das war unglaublich. Und gleichzeitig war es auch wieder nichts Besonderes. Das kennt ja jeder Hunde- oder Katzenbesitzer, dass es schlicht und ergreifend darum geht, die Persönlichkeit des Tiers zu verstehen. Wenn ich Roy als Menschen beschreiben würde, wäre er ein ziemlicher Sportler gewesen, aber auch ein Clown, der Witze mit anderen macht. Nur sahen seine Witze so aus, dass er einen hinterhältig ansprang. Wenn es ihm möglich gewesen wäre zu lachen, hätte er in diesen Situationen wahrscheinlich gelacht. Auf der anderen Seite war er aber auch ein ernsthaftes Tier. Wenn er jagen war. Wenn wir merkten: »Okay, cool, jetzt wartet er auf uns.« Und für mich persönlich ging es eben stark darum, etwas über mich zu lernen. Das war schmerzlich. Ich glaube, keiner gibt gerne zu, dass er etwas tut, um sich in den Augen anderer in bestimmter Art und Weise zu inszenieren. Aber durch Roy erfuhr ich, dass es um diese ganze Heldengeschichte nicht geht, sondern nur darum, jetzt hier in dieser Situation etwas Sinnvolles zu tun. Wobei auch der Sinn zum überwiegenden Teil gar nicht von vornherein besteht. Er ergibt sich erst in der Situation und liegt einfach nur darin, diese Beziehung zu entwickeln. Das lernte ich von Roy. Und das war cool. Dadurch konnte sich in mir ein Stückchen Bescheidenheit festigen. Vielleicht sogar Demut.

Unfassbare Kommunikationsebenen

Erzählt von Julia Knechtel, Nürnberg

2001, nach dem Abi, fuhr ich mit meinem Freund, meiner Kusine und zwei Freunden mit dem VW-Bus nach Griechenland. Ende der zweiten Woche kamen wir in die Nähe von Volos; das ist eine Hafenstadt an der Ägäis. Dort stießen wir auf eine kleine Bucht, außerhalb eines Dorfes. Wir stellten uns einfach irgendwohin, verbrachten den Tag, und am Abend grillten wir und schlugen unser Lager auf.

In der Nähe gab es einen kleinen, aber relativ steilen Hügel. Plötzlich tauchte dort oben ein kleiner Welpe auf, der den ganzen Hang runterkugelte. Gleich danach ein zweiter. Der sah aus wie ein Wollknäuel. Die beiden konnten schon einigermaßen laufen und tapsten nun vom Fuß des Hügels zu uns rüber. Ich sagte zu den anderen: »Nicht anfassen, sonst nimmt die Mutter sie vielleicht nicht wieder an.«

Wir stiegen erst einmal auf den Hügel, um nachzusehen, woher die beiden kamen, und fanden tatsächlich etwas, das wie ein Nest aussah. Aber es schien unberührt zu sein. Und wir fanden auch keine Anzeichen der Mutter. Also gingen wir wieder zum Lager, suchten Handtücher – so frisch wie möglich, ohne Menschengeruch – und trugen die beiden damit wieder auf den Hügel. Schwups, waren sie wieder unten. Also sagten wir: »Was machen wir jetzt? Das klappt so nicht.« Um die Mutterhündin, falls sie noch kommen sollte, nicht zu verschrecken, setzten wir die beiden auf eine Decke in unserer Nähe. Nur wollten sie da natürlich nicht bleiben, weshalb wir sie jedes Mal mit Futter zurücklocken mussten.

Spät am Abend legten wir uns in den Bus, um zu schlafen, schauten aber regelmäßig nach den Kleinen. Wir hofften nach wie vor, dass die Mutter kommen und sie holen würde. Aber am nächsten Morgen waren die beiden immer noch da. Also fragten wir in der näheren Umgebung verschiedene Leute, was wir machen sollten. Fast alle meinten: »Schmeißt sie ins Meer«, oder: »Gebt sie mir, ich ertränke sie gleich so«. Eine Frau sagte schließlich: »Nehmt sie bitte mit. Die haben hier keine Chance. Die sterben, wenn sie hierbleiben.«

Dann überlegten wir hin und her. Die Jungs wollten die beiden anfangs eher nicht mitnehmen, wir Mädchen schon. Gut, wir nahmen sie letztlich mit, mussten sie allerdings noch vor Ort zum Tierarzt bringen, um sie impfen zu lassen. Die Fotos für die Impfpässe waren natürlich die reine Geldmache, und der Tierarzt ging total grob mit den beiden um, aber nach der ganzen Prozedur durften wir sie nun wenigstens mitnehmen.

Zurück in Deutschland versuchten wir schweren Herzens, einen der beiden zu vermitteln. Sie waren wirklich supersüß. Vor allem der eine, weil der so knuddelig war. Wir nannten ihn Volos oder kurz: Volli. Er war auch derjenige der beiden, der von Anfang an eher unsicher und ängstlich gewesen war – aber dann auch wieder sehr neugierig und mutig. Er traute sich immer als Erster, neue Dinge zu erkunden. Eine seiner Lieblingsbeschäftigungen war, sobald wir spazieren gingen, irgendwelche Rohre und Löcher genau zu inspizieren. Egal wo ein Loch war: Volli schaute, was da drin ist.

Ausgerechnet für ihn fanden wir sofort jemanden! Wir fuhren dorthin – und schon als wir ihn ins Auto setzten, ahnte ich: »Das ist falsch.« Er war drei Tage lang dort, fraß nichts mehr, trank nichts mehr, versteckte sich nur noch hinterm Sofa und schnappte nach allen, die ihn anfassen wollten. Es war klar: »Das geht gar nicht. Wir müssen ihn wieder holen.« Nun waren also *beide* Hunde bei uns. Volli und sein Bruder Kimon.

Nach ein, zwei Jahren stellte sich heraus, dass mit Volli gesundheitlich etwas nicht stimmt. Er war oft sehr schlapp und war seinem Bruder gegenüber auch öfter abweisend und angespannt. Als wir anfingen nachzuforschen, kam heraus, dass Volli Leishmaniose hatte; eine Erkrankung, die in Europa vor allem im Mittelmeerraum auftritt und die unbehandelt meist tödlich verläuft. *Sofern* sie ausbricht. Und bei ihm *war* sie ausgebrochen. Man sah's ihm allerdings nicht an, weil er die viszerale Form hatte, die innere Form, die eher die inneren Organe angreift; im Gegensatz zur sogenannten kutanen Form, die sich vor allem durch Hautveränderungen bemerkbar macht.

Der Tierarzt begann mit einer Behandlung, die man fast mit einer Chemotherapie vergleichen kann. Man muss versuchen, die Erreger in Knochenmark und Organen zu beseitigen. Volli erhielt jeden Tag eine Spritze – und da war er von Anfang an *extrem* geduldig und vertrauensvoll. Jeden Tag setzte er sich beim Tierarzt auf den Stuhl und ließ diese Spritze über sich ergehen. Jeden Wochentag, immer das Gleiche. Er beschwerte sich nie, sondern nahm alle Einschränkungen einfach so an und machte weiterhin sein Ding, machte immer weiter. Er war von Anfang an ein unglaublich tapferes Stehaufmännchen.

Wobei wir schon vorher eine spezielle Verbindung miteinander hatten. Kimon war von Beginn an eher der Hund meines Freundes, und Volli war meiner. Schon in Griechenland. Und diese Verbindung wurde nun vertieft. Erst recht, als er durch die Medikamente eine Sekundärerkrankung bekam. Außer der Spritze musste er auch noch eine hohe Dosis eines Medikaments namens Allopurinol schlucken. Und diese Dosis verursacht Xanthinsteine in Nierenkelchen, Harnleiter und Blase. Für mich brach eine Welt zusammen. Schließlich hatte mir vorher niemand gesagt, dass es solche Auswirkungen haben könnte.

Eines Nachts bekam er eine Nierenkolik. Da ging's ihm absolut dreckig. Aber sogar in dieser Situation ließ er sich nicht hängen, sondern lief selbstständig zu uns und zeigte, dass es ihm nicht gut ging. Er schien sowohl zu wissen, dass wieder einmal eine Behandlung nötig war, als auch, dass ihm dadurch geholfen wurde. Es gibt ja viele Hunde, die beim Tierarzt in eine Art Starre verfallen und alles über sich ergehen lassen. Dagegen gab er uns zu verstehen: »Ja, komm, ist schon gut.« Er kuckte des Öfteren, was mit ihm passierte, und entspannte sich dann wieder. Er sträubte sich nicht, sondern vermittelte uns immer: »Ich akzeptier das jetzt. Ihr dürft das mit mir machen.«

Schließlich musste er operiert werden. Das war sehr heikel. Noch dazu stand hinterher fest, dass seine Nieren bereits sehr geschädigt waren. Es war klar, dass er irgendwann an Niereninsuffizienz sterben würde.

Zunächst ging es aber erst mal einige Jahre gut, und es zeigte sich so richtig seine Lebensfreude. Wir wohnten damals auf einem Hof im Alpenvorland, und da war natürlich viel Natur um uns herum. Wir waren häufig im Wald und in den Bergen unterwegs, übernachteten auch oft draußen. Im Winter stapften wir im Tiefschnee die Berge hoch. Oder zum Beispiel hatten wir in unserem Garten einen großen Hang. Dort rodelten wir mit dem Kajak den Berg runter. Und die Hunde fanden das superlustig und jagten uns. Tja, und das machte er alles mit – trotz dieser Erkrankung.

Wobei er es vor allem liebte, nachts unterwegs zu sein. Als die Schmerzen wieder zunahmen, wurde der Umgang mit anderen Tieren und auch mit Menschen für ihn erneut schwieriger. Er entwickelte einige Verhaltensweisen, die ihn schützen sollten, die aber nach außen vielleicht so rüberkamen, als wäre er so ein bissel ein Grantler. Dabei war das Granteln nur vorbeugende Strategie. Und nachts war es eben schön ruhig, er konnte überall schnüffeln, hatte keine Einschränkungen durch Menschen oder laute Alltagsgeräusche zu befürchten; vor allem nachts und in der Natur kam heraus, was für ein hochsensibler Hund er war, und dass er sogar *sehr viel* Nähe zulassen konnte, sowohl Tieren als auch Menschen gegenüber.

In der Nähe des Hofs gab es zum Beispiel einen Dachsbau. Nach einiger Zeit hatten die Dachse jede Scheu gegenüber all den Hoftieren verloren. Und wenn ich nachts noch mit den Hunden spazieren ging, kamen die Dachse mit – bis zu einem gewissen Punkt –, und dann drehten sie um und liefen wieder zurück zum Bau. Das machte ihnen irgendwie Spaß. Und den Hunden auch. Und Volli war derjenige, der so etwas wie eine gegenseitige Duldung mit ihnen ausgemacht hatte. Er hatte eine ganz feine Art, mit Lebewesen umzugehen. In all den verschiedenen WGs, in denen ich danach wohnte, war's immer so: Sobald die Leute sich genug Zeit ließen, um ihn näher kennenzulernen, schlossen sie ihn in ihr Herz; weil er *sein* Ding machte, weil er sich nicht aufdrängte oder vom Menschen abhängig war. Und weil er, trotz seiner Einschränkungen, so ein lebensfroher und auch dankbarer Hund war. Wenn ich mit ihm bei der Physiotherapie war – die ihm zwar manchmal wehtat, aber durch die er meist wieder besser laufen konnte –, sprang er in den Pausen herum, lief durchs Gras, kam wieder, stupste mich an und war einfach nur völlig ausgelassen; und lief dann wieder rein und wir machten weiter.

Wobei sein Verhalten in dieser Hinsicht sicher mit seiner Herkunft zu tun hatte. Ein Hund von der Straße ist ja ständig damit beschäftigt zu überleben. Und diese Anlagen wurden bei ihm noch dadurch gefördert, dass er sich – durch seine Krankheit und die vielen Ortswechsel, die er mit mir mitmachte – ständig neu anpassen musste. Er konnte mit Veränderung besser umgehen als andere Hunde. Und vielleicht sogar mit Schmerzen und Leid. Manche Hunde fallen ja durch Krankheit oder schwierige psychische Situationen in eine Lethargie. Das war bei ihm nie der Fall, sondern er suchte und fand immer wieder Lösungen für seine eigenen Probleme; oft mithilfe ganz *kleiner* Gesten oder ganz *spezieller* Mimik – kleiner Hinweise, durch die wir uns aber sehr gut mit ihm verständigen konnten. Und diese Fähigkeit entwickelte er sicherlich auch deswegen, weil er wegen seiner Erkrankung von bestimmten Hilfen abhängig war. Bei keinem der anderen Hunde, mit denen ich in meinem Leben zu tun hatte, war das so stark ausgeprägt; einfach weil sie nie darauf angewiesen waren, so detailliert mit dem Menschen zu kommunizieren.

Durch die fortschreitende Erkrankung geschah überhaupt etwas Entscheidendes mit ihm. Wir machten damals viele therapeutische Übungen miteinander. Und durch dieses Körperliche, weil ich oft so nah an ihn ranmusste, lernte er, so richtig loszulassen und voll und ganz zu vertrauen. Sogar wenn's für ihn doch einmal *über* eine Grenze ging, wartete er zunächst einmal ab. Und wenn er etwas *nicht* mochte, zeigte er das an. Zum Beispiel hatte er durch die Leishmaniose oft eine Entzündung zwischen den Zehenballen. Und da gab es ein paar Situationen beim Tierarzt, die ich nicht so toll fand, bei denen ich aber dachte: »Das ist wahrscheinlich notwendig.« Da zeigte er mir klar: »Das mach ich nicht mehr mit.« Und dann ließen wir es bleiben. Das erlebte auch mein neuer Freund. Ich sagte zu ihm: »Siehst du? Das geht jetzt nicht. Das können wir so nicht mehr machen.« Und er meinte: »Stimmt. Das empfinde ich genauso.«

Es gibt also offenbar diese Ebene, auf der Mensch und Tier sehr differenziert miteinander kommunizieren können. Aber die ist mir nicht fassbar. Meist hatte ich plötzlich so eine Art Bild vor mir, gepaart mit einem Gefühl, und wusste dadurch, was wir tun konnten und was wir lieber lassen sollten. Anfangs hatte ich zum Beispiel versucht, seine Pfoten möglichst offen zu lassen, damit sie abheilen konnten. Aber das funktionierte nicht richtig. Also probierten wir verschiedene Schuhe aus. Und am Schluss zeigte er den Schuh an, der ihm von allen am besten gepasst hatte. Den nahmen wir, und es war gut. Solche Geschichten gäbe es noch sehr viele zu erzählen.

Dann war's allerdings so – Volli war inzwischen immerhin dreizehn Jahre alt –, dass es ihm von heute auf morgen sehr schlecht ging. Er hatte Nierenversagen. Wir brachten ihn in die Tierklinik und mussten ihn erst einmal dort lassen; was für ihn und auch für mich sehr schlimm war. Immerhin ging es ihm durch die Infusionen, die er da bekam, deutlich besser. Hinterher hatten wir drei Wochen lang die Hoffnung, dass alles wieder gut wird. Aber nachdem es ihm erneut schlechter ging, war klar: Wir müssen eine Entscheidung treffen. Er schaffte es einfach körperlich nicht mehr. Und es gab auch keine medizinischen Hilfsmittel mehr, um ihm schlimme Schmerzen zu ersparen.

Aber wie soll man sich auf so einen Moment vorbereiten? Wie soll man entscheiden – wenn man vor die Wahl gestellt wird –, den Hund einschläfern zu lassen, der sein ganzes Leben lang dein liebster und bester Freund und Teil deiner Familie war? Es war sehr schlimm und furchtbar traurig, aber wir mussten uns von ihm verabschieden, um ihm Schlimmeres zu ersparen. Eines aber ist sicher: Vollis Lebensenergie, seine Lebensfreude, seine Empfindsamkeit – immer wieder aufstehen, immer wieder neu, immer wieder trotz allem weitermachen, fröhlich sein, lieb sein, Liebe auch noch *schenken* –, all das hat mir in meinem Leben unglaublich viel gegeben und geholfen.

Eine tolle Orangfrau

Erzählt von Christine Peter, Berlin

Es gab mal eine Orangfrau, die mir besonders am Herzen lag. Und zwar Sita. Als ich hierher an den Zoo in Krefeld kam: Wir schauten uns an – und es war gleich eine Verbindung da. Das ist mit Orang-Utans ähnlich wie mit Menschen. Entweder stimmt die Chemie, oder sie stimmt nicht.

Sita war vom Typ her sehr zurückhaltend, sehr zart, sehr zierlich gebaut. Ihre Bewegungen waren ausgesprochen filigran; stimmig. Ich hatte schon vorher in Duisburg mit Menschenaffen gearbeitet. Aber das sind ja alles Individuen. Man muss erst mal alle kennenlernen, wenn man neu irgendwo hinkommt.

Deshalb machte ich zuerst die normale Routinearbeit mit, die man als Tierpfleger regelmäßig morgens macht, und beobachtete zusätzlich, wenn ich fertig war, jedes Tier einzeln. Über viele Stunden. Teilweise über Tage. Erst dann konnte ich mich so langsam meiner Aufgabe widmen, für die ich eigentlich eingestellt war. Nämlich, die Tiere zu beschäftigen. Beschäftigen bedeutet in diesem Fall, dass wir ihnen zwei- bis dreimal am Tag mit Gemüse und Sämereien gefüllte Bälle geben oder zum Beispiel Jutesäcke oder Papier, in das sie sich einrollen können. Gorillas und Orang-Utans sind in freier Wildbahn zu siebzig Prozent mit Nahrungssuche beschäftigt. Von daher brauchen sie natürlich was zu tun.

Nachdem ich etwa zwei Jahre hier war, kam einmal die

Zeichnerin auf mich zu, die all unsere Tiere malt. Und zwar hatte sie beobachtet, dass, immer wenn sie Sandra malte – das war eine andere Orangfrau –, sie sich ein Stöckchen holte und anfing, damit im Rindenmulch zu malen.

»Versuch doch mal mit ihr zu malen«, meinte sie zu mir.

Ich sagte: »Gute Idee, wollte ich sowieso machen.« Ich hatte auch in Duisburg schon mit einer Orangfrau gemalt. Das ist weiter gar nichts Besonderes. Es ist relativ bekannt, dass es immer wieder Orangs gibt, die gerne malen. Wobei das eher bei den Frauen der Fall ist. Die Männer haben von Natur aus andere Fähigkeiten. Wenn es um Tüfteleien geht, sind die Frauen meist pfiffiger. Wenn wir Tests machen oder Aufgaben geben, sind sie fast immer schneller fertig damit. Die Männer kucken eher aus dem Augenwinkel ab – so wie wir in der Schule: »Wie macht die das?«

Ich fing also an, mit vier der Orangfrauen zu malen. Nur war es bei fast allen so, dass sie dafür eine Belohnung haben wollten. Sandra zum Beispiel merkte schnell, dass ihre Blätter einen gewissen Tauschwert hatten. Und dieser Tauschwert stieg immer mehr. Zuerst war sie mit einer Erdnuss zufrieden. Dann mussten es mehrere Erdnüsse sein. Oder mal ein Joghurt. Sonst ließ sie das Blatt nicht los.

Und bei Sita war das eben nicht so. Sie malte, ohne dass sie etwas dafür wollte. Oft zog sie sich mit den Blättern und der Farbe richtiggehend zurück – etwa in den Graben – und malte dort stundenlang. Wobei mich vor allem der Akt des Malens an sich interessierte. Sita arbeitete sehr, sehr konzentriert. Wenn auf dem Blatt ein Fleck war, dann wurde es umgedreht. Alles musste schön ordentlich sein. Oder auch, dass sie ihre Stifte meist im Mund behielt; weil sie wusste: Der Chef der Gruppe isst die gerne. Das sind ja

Bienenwachsstifte – muss ja alles ungiftig sein –, und der sicherste Ort dafür war nun mal in ihrem Mund. Darin wurde alles versteckt und bei Bedarf rausgeholt.

Immer interessanter wurde auch die Art der Farbzusammenstellung. Nicht nur bei Sita. Am Anfang fragten wir uns: Ist es nun Zufall oder in der Tat so, dass die Tiere die verwendeten Farbeinheiten mit ihrer Nahrung verbinden? Inzwischen bin ich mir da absolut sicher. Zum Beispiel verbinden sie Gelb mit Banane. Rot mit Erdbeere oder einem roten Apfel. Grün mit grüner Paprikaschote, Kohl und so weiter. Normalerweise kriegen die Tiere zu neunzig Prozent Gemüse. Da ist Obst auf jeden Fall was Besonderes. Von daher sind auch die entsprechenden Farben sehr beliebt. Rot und Gelb vor allem.

Bei Sita kam hinzu, dass sie die Farben besonders geschmackvoll zusammenstellte. Ein Tier malt ja keine Kreise oder andere Formen – also wirklich nicht figürlich. Aber bei ihr waren gewisse Schwingungen vorhanden. Ich empfand ihre Bilder als zutiefst harmonisch. Was wiederum zu ihren Bewegungen und zu ihrer ganzen Art passte.

Auf alle Fälle wurde unsere Verbindung durch das Malen noch stärker. Eines Tages hatte ich Stoffe ausgeteilt. Leinenstoffe. Sita riss zuerst ein Stück zurecht – etwa zwanzig auf dreißig Zentimeter –, um darauf zu malen. Aber das Ganze war zu trocken; das ging mit der Farbe nicht. Nun gibt es allerdings im Gehege eine Dusche. Also drehte sie erst mal die Dusche an, befeuchtete das Leintuch und malte dann auf dem nassen Tuch. Was hervorragend funktionierte. Als sie fertig war, kuckte sie mich an. Sehr intensiv. Es war deutlich, dass sie mir das Bild schenken wollte. Nun war aber der Graben zwischen uns. Also wickelte sie das

Tuch zu einem Ball und wollte es rüberwerfen. Aber es war zu leicht. Ging nicht. Also holte sie es wieder hoch, machte ganz viel Rindenmulch rein, verknotete alles zu einem Bündel und warf es mir rüber: als persönliches Geschenk. Das hängt jetzt bei mir zu Hause an der Wand – und wird da auch immer hängen bleiben.

Einmal hatte sie gerade einen Apfel. Natürlich wurde sie von mir oft sehr verwöhnt. Aber diesmal meinte ich: »Und? Kriege ich auch mal was von *dir* ab?« Und Orang-Utans geben eigentlich keine Nahrung ab. So was macht man nicht. Man hat das – und man isst das selber. Noch dazu einen Apfel! Da ist es natürlich besonders schwierig, etwas abzugeben. Aber dann dachte sie wahrscheinlich: »Na ja, ist ja egal, welchen Teil vom Apfel ich ihr gebe.« Also aß sie erst mal den Apfel – und die ganzen Kerne und den Apfelkriebsch, was sie alles in der linken Hand gesammelt hatte: Das bekam ich. Also im Grunde all das, was sie nicht wollte. Aber für einen Orang war das schon eine sehr ungewöhnliche Geste. So was bedeutet schon sehr viel Sympathie.

Es gab auch mal eine Situation, dass jemand in meiner Familie krank war und ich nicht gleich nach Hause fahren konnte. Was mich arg mitnahm. Aber Orangs, oder überhaupt Tiere, haben ja ein besonderes Gespür dafür, wenn es einem nicht gut geht. Ich war gerade bei meinem üblichen morgendlichen Ablauf, bei dem ich mir erst mal alle ankucke und begrüße. Bis ich vor Sita stand. Sie sah mich an – und normalerweise gibt es bei uns ja keine großen Berührungen mit den Tieren; es sind und bleiben Wildtiere. Aber auf einmal fasste Sita mit ihren schönen Händen – sie hatte ganz tolle, schlanke Hände – durchs Gitter und berührte sanft meine Wange. Als ob sie mir Trost geben wollte. Ich dachte: »*Yes!*« Wenn man als Mensch derart nah mit Tieren arbeitet, weiß man selbstverständlich, dass alle einen eigenen Charakter haben; ihre eigene Ausstrahlung. Und dass sie auch über großes Mitgefühl verfügen. Trotzdem – eben weil ihr Mitgefühl so groß ist – ist man oft verunsichert und denkt, man projiziert da was rein. Deshalb war es für mich wie eine innere Bestätigung, in einer Situation, wo's mir so schlecht ging, von einem Tier gestreichelt zu werden. So etwa: Ich projiziere da gar nichts!

Diese Freundschaft zwischen uns ging über mehr als sechs Jahre. Aber dann wurde Sita krank. Lungenentzündung. Und Kehlsackentzündung; was bei Orangs hin und wieder vorkommt. Alle Pfleger plus der Tierarzt versuchten noch, sie ganz viel zu umsorgen – aber es ging ihr immer schlechter.

In den letzten Minuten ... Sita und ich kuckten uns noch mal an ... Und natürlich kann ich nicht mit Bestimmtheit wissen, was so ein Tier in so einer Lage fühlt und denkt; aber ich konnte ihr noch das letzte Mal was zu trinken geben und für sie da sein. Sie ließ das zu. Was alleine schon ein Vertrauensbeweis war. Sita hatte Vertrauen. Totales Vertrauen.

Zum Schluss wurde sie noch mal in Narkose versetzt, weil eine weitere Untersuchung dringend nötig war. Na ja, und dann versagte halt der Kreislauf, und sie kam nicht wieder. Und deshalb liegt es mir auch so am Herzen, dass sie nicht vergessen wird. Deshalb erzähle ich bewusst *diese* Geschichte und keine andere. Weil Sita so eine tolle Orangfrau war.

Die freundliche Leitkuh

Erzählt von Volker Zahn, Peiting/Oberbayern

2003 erfüllte ich mir meinen Lebenstraum und kaufte mir nach dem Berufsleben einen großen, alten Hof. Romy war meine erste Kuh, und sie war auch von Anfang an die Leitkuh, eine reinrassige Zuchtbuch-Kuh, deren Abstammung detailliert bekannt ist. Und zwar ist sie eine ehemalige Milchkuh aus dem Werdenfelser Land, nach dem ihre Rasse – die Murnau-Werdenfelser – auch benannt ist.

Diese Kuh war vom ersten Tag an *so* freundlich, *so* liebevoll, dass zwischen uns ein ganz besonderes Verhältnis entstand. Dazu trug vielleicht eine Sache bei, die noch in der Anfangsphase passierte, nach zwei, drei Jahren. Mir fiel zuerst nur auf, dass sie humpelte. Das wurde dann ein bisschen schlimmer, aber nachdem zwischen uns Menschen und unseren tierischen Mitschwestern und -brüdern ja kein wirklich grundlegender biologischer Unterschied besteht, glaubte ich als ehemaliger Humanmediziner, dass ich die ganze Sache schon richtig einschätzte. Nach einer Woche merkte ich jedoch: »Oh, das ist eventuell etwas, was ich gar nicht kenne.«

Ich rief den Tierarzt an, und der sagte: »Tja, Sie sind zwar Mediziner, aber das haben Sie nicht erkannt. Sie hat eine Gelenksentzündung mit Eiter. Das ist hochgefährlich. Die meisten dieser Tiere landen im Schlachthof.«

Da wurde mir *so* bange. Ich sagte: »Um Gottes willen, was hab ich da gemacht?«

Der Tierarzt behandelte sie, schnitt die Hufe aus, gab ihr Antibiotikum. Nach acht, neun, zehn Tagen konnte sie wieder laufen. Und darüber war ich sehr, sehr glücklich.

Man muss wissen, dass es damals – etwa 2004, 2005 – gerade noch fünfhundert Murnau-Werdenfelser gab. Fünfzig, hundert Jahre zuvor waren sie noch die meistverbreiteten Rinder im Voralpenraum! Speziell für diese Verhältnisse gezüchtet. Murnauer Moos: karg, sumpfig; sie sollten also genügsam sein und nicht zu groß werden. Werdenfelser Land: teilweise sehr steile Berghänge, mit denen sie ebenfalls zurechtkommen sollten. Aber als es vor vierzig, fünfzig Jahren losging mit der Milchproduktion, verteufelten der Staat und die Verbände sie so dermaßen! Es hieß: »Was wollt ihr mit diesen wilden Viechern, die so wenig Milch geben? Da verarmt ihr! Tut die raus.« Und deshalb wechselten die meisten Bauern ihre Kühe aus und stiegen auf Leistungskühe um. Heute gibt es nur noch vier, fünf Betriebe, die bei dieser Rasse geblieben sind und mit ihr Milch produzieren. Das sind meist Nebenerwerbslandwirte, große Traditionalisten, eigensinnige Leute. Der Vater hat's so gemacht, Großvater hat's so gemacht: Wir bleiben dabei! Diesen paar wenigen Milchbauern haben wir überhaupt zu verdanken, dass die Murnau-Werdenfelser noch da sind.

Nun rangieren aber sogar diese Bauern ihre Kühe etwa mit sieben, acht Jahren aus, weil die Milch in diesem Alter rapide nachlässt. Und dann geben sie sie uns in die Mutterkuhhaltung. Man unterscheidet ja heute die reinen Milchkühe und auf der anderen Seite die Mutterkuhhaltung, das ist normalerweise Fleischproduktion, da bleiben die Kälber bei den Müttern. Auf meiner Weide sieht man die Art der früheren Haltung auch an den Eutern. Die mit den Rieseneutern waren mal Milchkühe. Die mit den kleinen Eutern sind schon immer Mutterkühe, wurden also nie gemolken. Bei ihnen bestimmte allein das Kalb die Milchmenge. Und so ein Kalb braucht natürlich nicht so viel Milch.

Diese ausrangierten Kühe können hier noch gut zwanzig Jahre ein schönes Leben führen. Bei uns geht es nur um Nachwuchs, um den Erhalt der Rasse. Wir haben hier eine sogenannte »wilde Weide«. Das heißt, Sommer wie Winter sind all unsere Tiere draußen. Es stehen ihnen drei große Quellen zur Verfügung, es stehen ihnen Wald und fünfzehn Hektar Wiese zur Verfügung. Ist der Winter mal sehr streng, haben sie auch einen Unterstand, aber ansonsten fressen sie und leben sie ganz alleine für sich. Lediglich bei geschlossener Schneedecke werden sie mit Heuballen gefüttert. Die Folge ist, dass sie winterfest werden. Sie kriegen ein riesendickes Fell, sodass sie selbst für den Winter in den Voralpen – wir sind hier auf achthundertfünfzig Metern – voll gerüstet sind. Es geht ihnen gut. Ihr Alter sieht man ihnen gar nicht an. Sie fressen noch gut und kriegen jedes Jahr auf natürliche Weise ihr Kalb. Per »Natursprung«, wie man sagt. Dafür sorgt unser Stier.

Wenn ich vorhin sagte: »Es gibt keinen wirklichen Unterschied zwischen ihnen und uns«, meinte ich damit auch, dass das Dasein der Kühe – die Geburten und die Nahrung und die Gesundheit und das Wohlbefinden und das Verhalten – etwas mit unserem eigenen Dasein zu tun hat. Das ist ja das, was unsere Gesellschaft verloren hat: Sie erkennt die Tiere nicht mehr als Mitschwestern und Mitbrüder an. Romy ist jetzt fünfzehn Jahre alt. Und sie war die ganzen Jahre über so freundlich wie am ersten Tag. Sie hat mich noch nie gestoßen. Sie hat mich noch nie mit den Hörnern zur Seite geschubst, sie hat mir noch nie etwas getan, obwohl sie zu ihren Kuh-Mitschwestern relativ streng ist. Eine Kuh, die so liebevoll mit ihrem Herrn umgeht – gleichbleibend über all die Jahre –, da sagt mir jeder Verhaltensforscher: Das ist ne Rarität. Aber sie ist nicht nur herrchenbezogen, sondern sie ist insgesamt menschenfreundlich. Sie muss es also auch vorher gut gehabt haben.

Trotz allem habe ich immer einen Weidestab bei mir. Das ist das wichtigste Instrument. Nicht, um die Tiere zu schlagen, sondern um sie zu lenken und leiten. Leider ist die Kenntnis des Verhaltens der Tiere in der heutigen Landwirtschaft fast verloren gegangen. Und deshalb passiert auch so viel. Die Menschen können die Tiere nicht mehr richtig einschätzen. Unser Stier hat zum Beispiel keinen Nasenring. Die Bauern hier sagten alle: »Der braucht einen Nasenring, sonst bringt er dich spätestens mit vier Jahren um.« Er tut mir nichts! Ich habe zu ihm zwar nicht so ein enges Verhältnis wie zu Romy – das will er auch nicht –, aber er nimmt durchaus mal ein Stückchen Brot von mir oder ein Stückchen Rübe. Dass manche Kühe und manche Stiere ihre Herren angreifen und verletzen, eventuell sogar töten, hängt immer damit zusammen, dass sie sich für ein Negativerlebnis aus der Vergangenheit rächen wollen. Sie merken sich jeden Schlag.

Genauso, wenn oft geklagt wird, dass die Tiere ausbrechen. *Wir* haben damit keine Probleme. Und zwar deshalb nicht, weil es ihnen gut geht, weil sie ne gute Weide, mit allen möglichen Arten von Blumen, natürlich gewachsenen Sträuchern et cetera haben. Der beste Weidezaun ist die gute Weide. Wenn gut Futter da ist und sie satt werden, ist die Gefahr, dass sie ausbrechen, minimal.

Wenn ich nun diese Herde zu einer anderen Weide führe, mache ich Folgendes: Ich nehme einen Eimer, tu ein bisschen Leckerli rein – das können Äpfel sein, das kann ein bissel Brot sein –, und dann gehe ich gemeinsam mit Romy voran, und alle anderen kommen hinterher. Das ist die Haupteigenschaft einer Leitkuh. Mir alleine würden sie nicht hinterhergehen. Aber da die Leitkuh in aller Ruhe neben mir geht, laufen die anderen hinterher. Weil sie wissen: Man muss ihr folgen. Warum? Weil sie die Intelligenteste ist, die Klügste, die Weiseste, diejenige, die auch am mutigsten ist, die das Wetter im Voraus am besten einschätzen kann, die Futtersituation, die weiß, wo eine Kuh zurechtgewiesen werden muss, wo ein Kalb in Not geraten ist; und von daher kann sie eine Herde gut leiten. Das sind die Eigenschaften einer starken Persönlichkeit, einer starken Kuh. Wobei die Kommunikation bei Kühen vornehmlich über den Blick und die Haltung der Hörner geht. Und deswegen darf man die auch nicht abschneiden. Wenn Romy einer anderen Kuh etwas anzeigen will, macht sie nur eine kurze Bewegung mit dem Kopf. Das reicht.

Eigentlich gibt es ja noch eine zweite Leitkuh. Die Liese. Mit der habe ich ebenfalls ein schönes Vertrauensverhältnis. Aber mit Romy – das kann sich kaum jemand vorstellen, was wir für eine tiefste innere Verbindung haben. Emotional. Seelisch; wegen dieses Urvertrauens, das dieses Tier zu mir und uns Menschen hat. Das ist das Wichtigste. Und das erreicht keine andere Kuh. Auch die Liese nicht. Und deshalb steht in meinem Testament: Die Leitkuh Romy darf weder verkauft noch geschlachtet werden. Sie darf bis zum Lebensende hier auf dem Hof bleiben.

Das alte Rennpferd

Erzählt von Nadia Knöpfel, Zürcher Unterland

Vor etwa zehn Jahren bekam ich einen Anruf: Es hieß, dass in einem Reitstall ein ehemaliges Rennpferd steht, das dort völlig verwahrlost in seinem eigenen Dreck dahinvegetiert. Bis dahin war es immer so gewesen: Nach einem solchen Anruf fuhr ich mit dem Anhänger hin, lud das Pferd ein und fuhr wieder weg. Es hatte nie ein Problem gegeben. Ich hatte sogar den Eindruck, dass alle froh waren, wenn jemand so doof war und ihre alten Rennpferde mitnahm. Bis ich schließlich doch mal einen Prozess am Hals hatte. Weshalb ich jetzt dieser Anruferin sagen musste, sie müsse den Fall beim Kantonalen Veterinäramt melden; was sie dann auch tat.

Die ganze Sache hatte so angefangen, dass ich selber lange Zeit Rennpferde trainierte. Immer am Samstag oder Sonntag kam bei dem Rennstall, bei dem ich damals arbeitete, ein Lastwagen vorbei und nahm ein paar Pferde mit. Und ich war früher ziemlich naiv; natürlich fragte ich, was mit den Tieren passiert, aber der Cheftrainer meinte: »Ach, die kommen alle in die Tschechei – auf die Weide.« Ich dachte nur: »Wow, die haben's dann schön.«

Irgendwann suchte ich für eine Kundin ein Pferd, und eine Kollegin rief mich an und sagte: »Du, ich hätte da was für dich. Komm doch mal vorbei.« Ich laufe in diesen Stallgang rein – da standen etwa dreißig Pferde in ihren Boxen. Sagt meine Kollegin: »Nimm einen mit. Weil, am Montag sind die alle nicht mehr da.« Sag ich: »Wieso? Wo kommen die hin?« »Tja, nach Italien.« »Und was machen die in Italien?« »Die werden geschlachtet.« »Was? Alle?« »Ja, nimm einen mit.«

Ich fuhr nach Hause und dachte: »Ich kann doch nicht einen von dreißig mitnehmen. Das geht doch nicht.« Am nächsten Morgen ließ mir aber das eine Pferd vorne links in der ersten Box keine Ruhe mehr. Ein Fuchs, der völlig apathisch in seiner Box gestanden hatte; wie erloschen. Ich rief meine Kollegin an und sagte: »Ich nehme diesen Fuchs.« Sagt sie: »Nein, du nimmst doch nicht diesen Fuchs, wenn du alle möglichen gesunden Pferde haben kannst.« Sag ich: »Doch. Ich nehme diesen Fuchs.« Der war dann allerdings nicht für die Kundin, sondern ich nahm ihn mit nach Hause.

Das war der Anfang meiner Auffangstation für Rennpferde. Als ich später nicht mehr so einfach mit dem Anhänger bei den Ställen vorbeifahren konnte, ging natürlich oft nichts weiter. Mit diesem verwahrlosten Pferd, wegen dem mich diese Person angerufen hatte, passierte ein halbes Jahr gar nichts. Dann kontaktierte mich wegen desselben Falls wieder jemand: »Können Sie den holen? Der ist in unerträglichem Zustand.« Daraufhin meldete diese zweite Person das ebenfalls dem Veterinäramt. Wieder nichts. Ein ganzes Jahr lang. Nach insgesamt eineinhalb Jahren meldete sich endlich jemand von diesem Amt; ich solle das Pferd holen.

Ich sagte: »Ja, kann ich machen. Aber wie sieht's aus mit Unkostenbeteiligung?« »Nein, wir zahlen nichts.« »Wie, wir zahlen nichts?« »Na ja, der lebt vielleicht noch ein halbes Jahr. Wenn überhaupt. Der ist schon bald zwanzig und gesundheitlich so schlecht beieinander ...«

Dachte ich: »Ja gut, für ein halbes Jahr kann ich das finanziell auch noch stemmen. Wird schon nicht alle Welt kosten.«

Dann fuhr ich dorthin – ich dachte, ich seh nicht recht: Das Pferd war schon fast verwest. Der stank dermaßen! Das Fell war ganz und gar verklebt. Wie mit Öl überzogen. Das werde ich mein Lebtag nicht vergessen. Zu Hause wollte ich ihn erst mal waschen. Mit Wasser. Keine Chance! Der hatte schon seit Jahren kein Wasser mehr gesehen. Weißt du, so ein Rennpferd kostet ja von fünftausend Euro aufwärts bis eine halbe Million. Der Besitzer zahlt monatlich drei-, viertausend Euro Boxenmiete, Training und so weiter. Deshalb wird das Pferd, wenn es nicht mehr schnell genug ist, möglichst bald entsorgt. Dann hat es auf einmal überhaupt keinen Wert mehr. Achtzig Prozent werden geschlachtet. Nur wenn er ein besonders Lieber ist, bekommt er noch einen halbwegs guten Platz. Wobei viele Käufer einzig und allein sehen, dass so ein Pferd fast nichts kostet. Vielleicht noch fünfhundert bis tausend Euro; mehr nicht. Da denken die natürlich: »Ja, super, dann habe ich ein cooles Pferd.« Irgendwann merken sie, dass sie eigentlich gar keine Zeit haben und das Pferd doch ein bisschen schwierig ist. Rennpferde sind unheimlich sensibel. Die brauchen eine stabile Persönlichkeit als Gegenüber. Wenn du den führst und der plötzlich einen Satz macht, darfst du nicht erschrecken: »O mein Gott, was macht der da?« Dann hast du schon verloren. Die machen das ja nicht absichtlich. Sie kennen nichts anderes. Wenn sie nicht funktionieren, wie Reiter oder Trainer wollen, bekommen sie Schläge. Sie sind derart eingeschüchtert; da brauchst du viel Verständnis. Aber die meisten Leute haben das nicht – und schließlich lassen sie das Pferd vergammeln.

Dann wollte ich diesen Alten also in den Stall stellen. Ich habe einen Freilaufstall, in dem alle Pferde zusammen sind. Aber ich dachte: »Den kann ich dort nicht hineinstellen. Der ist derart zerbrechlich; die anderen machen mir den kaputt.« Pferde haben ja allgemein so einen Instinkt: Sobald sie merken, dass einer krank ist, quälen sie ihn extrem. Sie mobben ihn richtig aus der Herde. Du kannst eigentlich gar nichts mehr machen. Das ist wie in der Natur: Die Schwächsten überleben nicht. Deswegen bekam der Alte also erst mal einen Auslaufstall für sich. Wobei die anderen Pferde natürlich die ganze Zeit schauten: Wer ist das?

Nach einer Woche hatte er eine schwere Kolik. Der Tierarzt kam und meinte: »Tja, da kann ich wahrscheinlich nicht mehr viel machen.«

Ich dachte: »Na toll! Das hat sich ja echt gelohnt.« Stauchte ich also erst mal dieses Pferd zusammen und sagte: »Das kann jetzt nicht dein Ernst sein! Eine Woche nach so einer Aktion willst du dich einfach davonmachen? Das geht nicht!« Dann rappelte er sich ernsthaft wieder auf. Drei, vier Tage später – wir waren am Heuabladen für die Pferde, oben im Heustock – schaue ich nach draußen und denke: »Was ist denn da los?« Alle rannten wild durcheinander. Plötzlich merke ich: »Oh nein, das alte Pferd ist bei den anderen drin!« Da hatte eines meiner Pferde den Zaun durchbrochen, damit der Alte nach drüben konnte. Und dann rannten sie zusammen da rum. Zwei, drei Stunden lang. Danach dachte ich: »Na gut, der hat keinen Kratzer und nichts; lass ich ihn gleich bei den anderen.«

Anschließend ging alles ganz wunderbar, jahrelang, bis er vor zwei Jahren wieder beinahe starb. Zu der Zeit hatte ich eine Helferin, die bei mir frühmorgens den Stall ausmistete; zwei-, dreimal die Woche. Es war Montag, und ich wollte endlich mal ausschlafen, weil ich total übermüdet war und später alles Mögliche vorhatte. Schaue ich um halb sieben auf mein Handy: Da hatte sie schon zigmal versucht, bei mir anzurufen. Ich dachte: »Oh nein, was hat sie jetzt schon wieder?« Ich bin ein ziemlicher Morgenmuffel. Vor allem, wenn ich noch keinen Kaffee hatte. Außerdem veranstaltete sie oft ein Riesendrama, wenn ein Pferd auch nur einen kleinen Kratzer hatte. Dachte ich: »Da wird wieder nix sein«, schaltete das Telefon aus und schlief weiter. Dann läutete sie bei mir Sturm. »Du musst kommen! Sofort! Das Pferd stirbt!« Ich sag: »Spinnst du eigentlich? Welches Pferd stirbt?« »Das alte. Komm schnell.« Ich also raus aus dem Bett, schaue nach draußen auf die Koppel und denke: »Oh, sie hat ausnahmsweise mal recht. Da stimmt wirklich was nicht.« Die waren alle völlig hysterisch. Vor allem einer. Ich laufe also nach unten und sehe gerade noch, wie Piri – ich hatte den Alten inzwischen Piri genannt – zwei, drei Mal kurz hintereinander zusammenbricht: »O mein Gott«, dachte ich, »jetzt ist es so weit.«

Ich brachte ihn erst mal in die Box, damit er *dort* liegen konnte. Gleichzeitig rief ich den Tierarzt an, er soll sofort alles stehen und liegen lassen und das alte Pferd erlösen. Piri lag in der Box. Ich stauchte ihn erst mal wieder zusammen, weil ich ja so viel zu tun hatte und mir auch noch gar keinen Platz fürs Sterben überlegt hatte; weil, man muss ja hinterher mit dem Kran dort hinkommen, damit man das Pferd aufladen kann.

Mittlerweile atmete Piri nicht mehr. Er hatte die Augen zu, die Zunge hing ihm raus, er war völlig weg. Dachte ich: »O nein, jetzt ist er gestorben.« Ich sage zu dem Bauern, der mir die Weide zur Verfügung gestellt hat: »Ich brauch jetzt erst mal dringend einen Kaffee und muss überlegen ...!« Zwanzig Minuten später war der Tierarzt da. Ich sag zu dem Bauern: »Tja, das ist jetzt eigentlich überflüssig.« Aber der Tierarzt wollte ihn trotzdem sehen: »Wo ist er?« »Tja, der liegt dahinten. Aber das ist schon zu spät.« »Schauen wir noch schnell nach.« Und du glaubst es nicht: Auf einmal steht der Alte auf, als wäre nichts gewesen! Sagt der Tierarzt zu mir: »Das ist jetzt aber nicht dein Ernst. Ich habe diverse Notfälle liegen gelassen. Und jetzt steht dein Pferd auf den Beinen.« Sag ich: »Das kann eigentlich nicht sein.« Ich war ja froh, dass ich zwei Zeugen hatte, die alles bestätigen konnten. Keine Ahnung, was das war. Schwächeanfall oder – nicht den leisesten Schimmer.

Nachher hatte ich ein derart schlechtes Gewissen. Ich dachte: »Jetzt konnte er schon zum zweiten Mal nicht sterben, weil ich ihn so zusammengestaucht habe.« Dann fiel mir aber ein: Seit ich ihn habe, kommt regelmäßig ein Mädchen zu mir und kümmert sich um ihn und putzt ihn und verwöhnt ihn und macht und tut. Sie hat ihn extrem gern und er sie ebenfalls. Und ich hatte vergessen, sie zu informieren, dass das Pferd im Sterben lag. Vielleicht war er deswegen noch mal gekommen. Einen Tag später rief ich sie an und sagte: »Du musst dich unbedingt unauffällig von ihm verabschieden. Ich denk, es geht nicht mehr lange.«

Das war, wie gesagt, vor zwei Jahren. Mittlerweile will er absolut nichts mehr vom Sterben wissen. Und er hat auch eine besondere Position in der Herde. Anführerin ist eine Stute. Sie sagt, wie's läuft, und weist die anderen in die Schranken. Zweiter in der Hierarchie ist ein Wallach. Der sorgt ebenfalls für Ordnung. In der Nähe dieser beiden darf kein anderes Pferd fressen. Sobald einer in die Nähe kommt, hat er ein Problem. Aber wenn Piri – der inzwischen keine Zähne mehr hat, sondern draußen sein Spezialfutter bekommt, das er nur noch schlucken muss – hinterher in den Stall geht, dann schaut er kurz: »Ah ja, zwischen den beiden geh ich mal durch.« Und die rühren ihn nicht an!

Oder zum Beispiel müssen meine Pferde, um vom Stall aus nach oben auf die Weide zu kommen, zuerst ums Haus herumlaufen. Das ist alles recht weitläufig; etwa drei, vier Hektar. Und wenn ich unten aufmache, rennen natürlich alle sofort los. Außer Piri, der meistens etwas länger braucht. Dann drehen die oben erst mal ihre Runden. Zehn, fünfzehn Mal. Und wenn Piri immer noch nicht zu sehen ist, ruft der Jüngste in der Herde ihn zuerst ein-, zweimal; und wenn er nicht zurückruft, läuft er den ganzen Weg wieder zurück und holt ihn ab, weicht nicht von seiner Seite, bis sie oben auf der Weide sind. Was für mich auch bedeutet, dass es diesem Pferd – bis auf normale Alterserscheinungen – durchaus noch gut geht.

Ich hatte nämlich letztes Jahr einen anderen Fall. Und zwar habe ich ein schwarzes Pferd; den bekam ich als Dreijährigen. Anfangs ging alles noch recht gut. Ich verstand mich super mit ihm. Aber von einem Tag auf den anderen war er nur noch aggressiv. Ich behalte ihn nur noch, weil er halt dazugehört. Ich kann ihn ja nicht einfach entsorgen, nur weil er mir nicht passt. Ich passe ihm ja auch nicht. Das beruht inzwischen auf Gegenseitigkeit. Und der Jüngste, von dem ich gerade erzählte und der ja eigentlich so sozial ist – von einem Tag auf den anderen ging er auf diesen Schwarzen los. Wir wussten nicht, was da los war. Der Schwarze durfte nicht mehr in den Stall. Sobald er nur in die Nähe der Herde kam, ging der Junge auf ihn los und verprügelte ihn regelrecht.

Dann sagte ich: »Wenn das nicht aufhört, musst du weg hier. Das geht nicht, dass du jemanden aus der Herde mobbst.« Danach schaute ich mir das noch zwei, drei Tage an – ich kannte dieses Pferd nicht mehr! Der machte mir den fast kaputt. Der Schwarze stand nur noch oben vor meiner Haustür – die Weide geht bei mir bis direkt zur Tür – und schlotterte. Und zufällig hatte ich gerade für alle Pferde einen Zahnarzttermin. Der Zahnarzt schaut sich den Schwarzen an und sagt: »Der hat ja einen Eiterzahn.« Der wurde entfernt, und von da an ließ der Junge den Schwarzen wieder in Ruhe.

Ich studierte vor x Jahren mal Tierpsychologie. Da kriegst du unglaubliche Sachen mit, was in den Pferden abgeht. Wie sensibel sie sind und was sie alles mitkriegen. Ich habe ja eigentlich kein Lieblingspferd, weil, ich muss ja alle gleich behandeln; aber indirekt habe ich doch eines. Auf alle Fälle kam ich vor sechs Jahren mal aus der Tür raus – da steht dieses Pferd. Ich sag: »Was machst du denn hier?« Gehe ich rein zu ihm in die Koppel: Auf einmal hält er mir seinen Kopf an den Bauch. Ich wusste nicht, was das bedeuten sollte. Ich dachte: »Der will vielleicht sterben.«

Am nächsten Morgen sage ich meinem Mann: »Schaust du bitte mal raus, ob der noch da ist? Weil, ich kann nicht nach unten gehen und er ist *nicht* mehr da.«

»Jaja, der steht schon wieder vor der Haustür.«

Sag ich: »Was ist denn mit dem los?«

Am nächsten Tag: das gleiche Spiel wieder. Dachte ich: »Das gibt's doch gar nicht.« Sonst nerven die mich oft am Morgen. Wenn ich nach unten komme, merken sie genau, wie die Laune ist. Und je schlimmer meine Laune ist, umso mehr ärgern sie mich. Sie warten regelrecht, bis ich komplett explodiere. Und ich habe das Gefühl, sie lachen dann alle: »Haha, jetzt haben wir sie wieder so weit.«

Am vierten Tag kam sogar noch ein zweites Pferd dazu. Macht genau das gleiche Spiel. Steht da und legt mir den Kopf an den Bauch. Sag ich zu meinem Mann: »Da stimmt definitiv was nicht. Jetzt macht das ein Zweiter auch noch. Bin ich krank oder was?« Dann stellte sich heraus: Ich war schwanger – und wusste es nicht! Aber die Pferde wussten es. Vielleicht konnten sie es riechen oder sonst was. Bei meinem nächsten Kind ein Jahr später musste ich gar keinen Test mehr machen. Das hatte sich erübrigt.

Und an dem Punkt kommt wieder der Schwarze ins Spiel. Seitdem er seinen Eiterzahn weg hatte, wurde er zwar nicht mehr gemobbt, aber selber ist er immer noch hochaggressiv; teilweise wirklich gefährlich. Du darfst mit ihm nicht sprechen. Du darfst ihn nicht anschauen. Wenn du ihn zu lange anschaust, nimmt er Anlauf und macht dich platt. Als ich meine beiden Kinder hatte, sagte ich zu ihm: »Pass auf, wenn du einem von ihnen auch nur ein Haar krümmst: Ich bringe dich eigenhändig um.« Und du glaubst es nicht: Meine Tochter ist jetzt viereinhalb – und die beiden haben eine ganz spezielle Beziehung. Ich lege die Hand ins Feuer, dass er ihr nichts tut. Sie kann mit ihm alles machen – alles, was ich nicht kann. Wenn er sie nur von weitem hört, rennt er die Koppel hoch. Und das jeden Tag. Die haben sich echt gefunden.

Und jetzt könnte eigentlich alles gut sein; aber inzwischen habe ich Ärger mit dem Veterinäramt, wegen Piri. Kurz nachdem er das letzte Mal fast gestorben wäre, hatte er angefangen, ziemlich stark abzunehmen, sodass immer wieder Leute fragten: »Oh, was hat der?« Der hat gar nichts. Er ist einfach nur alt. Sogar noch viel älter, als wir dachten. Damals, vor zwei Jahren, gingen wir davon aus, dass er ungefähr Ende zwanzig sein müsste. Dann schaute der Zahnarzt ihn sich aber ganz genau an und sagte: »Du, der muss mindestens Mitte dreißig sein«, also wirklich steinalt für ein Pferd.

Jedenfalls bekam ich vor einem Jahr – ich war gerade unterwegs – einen Anruf von meinem Bauern: »Du, wir haben ein Problem. Du hast Besuch.« »Was denn für Besuch?« »Tja, das Veterinäramt.« Sag ich: »Was wollen die?« »Es geht um das alte Pferd.«

Als ich zu Hause ankam, meinten sie gleich: »Das mit dem alten Pferd geht so nicht! Der ist viel zu dünn!«

Sag ich: »Tja, und jetzt? Was machen wir?«

»Der müsste zwei-, dreihundert Kilo schwerer sein.«

Sag ich: »Wenn der zwei-, dreihundert Kilo mehr hätte, könnte er gar nicht mehr laufen.« Ich war auf hundertachtzig. Aber im Nachhinein interpretierte ich das so: Für die Gesellschaft ist es eine Zumutung, dieses Pferd anschauen zu müssen. Das ist wie bei alten Leuten. Die stecken wir ins Altersheim; da müssen wir sie nicht mehr anschauen. Aber zeig mir dort mal jemanden, der noch neunzig Kilo hat. Bestimmt keiner.

Seitdem habe ich alle vier bis sechs Wochen Ärger mit dem Veterinäramt, weil sie letztlich wollen, dass ich mein Pferd umbringe; was ich auf keinen Fall tun werde. Wobei er übrigens genau verstanden hat, worum es geht. Als die das erste Mal da waren, stand er zwei Stunden neben mir und leckte mich die ganze Zeit ab. So quasi: »Ärgere dich nicht. Ärgere dich nicht.« Beim zweiten Mal schaute er nur: »Jetzt kommen die schon wieder«, stellte sich wieder neben mich hin ... Und das macht er sonst nie. Er ist ein ziemlicher Einzelgänger. Aber gleichzeitig auch so ein Lieber, so ein Dankbarer. Ich kann ihn gar nicht beschreiben. Er ist so weise. Ganz speziell. Ich habe mit ihm keine enge Beziehung. Überhaupt nicht. Er ist einfach bei mir, und wir genießen die Zeit, die wir haben. Aber immer wenn ich ihn anschaue, denke ich: »Der muss ein unheimliches Wissen haben und unheimlich viel durchgemacht haben.«

Im Schweinestall,
mit dem Rücken zur Wand

Erzählt von Johannes Baumgartner, Wien

Mein Geburtsort ist in einer typischen Rindergegend. Ich komme aus dem alpinen Bereich. Unser Dorf hatte etwa dreizehnhundert Einwohner, und die Bauern im ganzen Tal hielten halt Milchvieh. Mit Schweinen hatte ich bis zur Mitte meines Studiums so gut wie nichts zu tun; bis auf die Tatsache, dass wir, als ich klein war – Mitte der Sechzigerjahre – die Küchenabfälle in der damals üblichen Form an Schweine verfütterten. Diese Schweine waren beim Nachbarn in einem Koben. Das heißt, meistens war's nur ein einziges. Du sahst es aber nie. Der Koben war rundherum dicht – da gab's eine Klappe, die wurde aufgemacht, und da gab's den Trog, in den das Futter reinkam. Du sahst gelegentlich diesen Rüssel. Mehr nicht.

Dann wurde dieser Koben aber eines Winters ausgemistet – und die Sau lief davon; das Schwein. Ich war gerade Skifahren – vielleicht sechs Jahre alt –, unsere Piste war gleich nebendran. Und diese Sau erfreute sich da nun ihrer Freiheit. Das fand ich derart interessant, dass ich zu ihr hinfuhr, mit den Skiern, aus den Skischuhen raussprang und mich auf sie draufwarf. Sie war kurz vor der Schlachtreife, etwa hundertzwanzig Kilo schwer; von meinem damaligen Empfinden her doppelt so groß wie ich und zehnmal so schwer. Und ich versuchte dann, diese Sau zu reiten. Das war mein Initiationsereignis in Bezug auf Schweine.

Ich bekam auch noch diese Hofschlachtungen mit. Diese düstere, nebelige Stimmung im Hof, wenn Schweine geschlachtet wurden. Das war jeweils im frühen Dezember; mit diesem dampfenden Wasser, wo man die Tiere hineingab, nachdem man sie hoffentlich hinreichend betäubt und dann getötet hatte. Dieser Dampf und dieser süßlich-penetrante Geruch, der ist mir nach wie vor präsent. Und ich denke, dass ich damals schon erkannte, dass das alles nicht so gehen konnte. Dass die Art des Umgangs und der ganzen Haltung in der Regel eine Katastrophe für die Schweine war.

Dann war das aber irgendwie nicht mehr präsent – viele Jahre lang –, bis es schließlich darum ging, ein Thema für meine Dissertation zu finden. Da hatte ich eine Zugfahrt mit einer Kollegin, die mir schilderte, was sie gerade machte. Und das betraf eine wissenschaftliche Arbeit im sogenannten Familienstallkonzept, also einem seminatürlichen Konzept, wo Schweine in einer Familienstruktur lebten, um möglicherweise schon damals – Mitte der Neunzigerjahre – ein alternatives Konzept zu entwickeln, wie diese Tiere adäquat gehalten werden können.

Dieses Familienkonzept ist angelehnt an die Rottenstruktur des Wildschweins, das ja beim Hausschwein genetisch nach wie vor präsent ist. Wildschweine leben immer in einem Mutterverband, einem maternalen Verband, mit meist drei bis sechs Sauen, geschlechtsreifen Tieren, mit einer meist älteren, erfahrenen Leitsau, die das Gruppengeschehen wesentlich steuert – auch das Fruchtbarkeitsgeschehen –; bis hin zu dem Punkt, dass alle etwa zur gleichen Zeit ihre Ferkel zur Welt bringen. Dazu bauen sie ein hochkomplexes Geburtsnest, im Unterholz, im Dickicht, bleiben dann mit ihren neugeborenen Ferkeln eine Woche bis vierzehn Tage unter sich und bringen den Wurf schließlich wieder in die Familiengruppe zurück ein; wiederum bestimmt von einer großen Synchronizität im Verhalten, sodass, wenn die Leitsau zu verstehen gibt: »So, jetzt ist's Zeit zum Ferkelsäugen«, alle anderen mit einstimmen und ihre Ferkel über ein sehr spezifisches Lautrepertoire locken, sodass alle gleichzeitig saugen.

Also: eine sehr ausgeprägte soziale Struktur; bis hin zu der Tatsache, dass die neugeborenen Ferkel sich innerhalb der ersten Lebenswoche ihre Stammzitze erkämpfen und dieser dann treu bleiben. »Das ist meine Zitze!«, damit es nachher keine Streitigkeiten gibt.

Um ein solches Familiensystem im universitären Betrieb zu etablieren, brauchten wir in der Gruppe zuerst eine Altersstruktur. Üblicherweise, wenn man Schweinefleisch produziert, Schlachtkörper produziert, will man einen Stall mit einer einzigen Gewichtsklasse einstallen; das heißt auch: mit demselben Alter. Was selbstverständlich überhaupt nicht der natürlichen Situation entspricht.

Zum Glück gab es in den vorhandenen Sauenbeständen eine ältere Sau – Leopoldine, kurz Poldi – die, als wir 1998 begannen, schon zehn Würfe mit jeweils mindestens zehn Ferkeln hatte, die also – wenn man zwei Würfe pro Jahr annimmt und weiß, dass der erste Wurf mit einem dreiviertel Jahr bis einem Jahr kommt – etwa sechs Jahre alt gewesen sein wird, also deutlich älter, als Sauen unter den heute üblichen Produktionsbedingungen werden. Das war eine richtig massive, mächtige Sau, aber im Wesen sehr angenehm, auch von vornherein sehr kooperativ uns gegenüber, die wir in dieser Situation ja als Fremde von außen reinkamen. Wenn ich ihren Charakter beschreiben sollte, wäre das: erfahren und gelassen. Während Jungsauen oft noch sehr gestresst reagieren – insbesondere wenn noch Ferkel zu säugen sind –, machte sie den Eindruck: cool, kein Problem.

Durch dieses Wesen samt ihrer Erfahrung war sie ideal, um die Jungsauen, die wir nun hinzugruppierten, quasi zu begleiten, damit sie sich im Familiensystem, das für sie ja neu war – sie waren bis dahin alle in Kastenstandsystemen gehalten worden, also im Käfig –, gut zurechtfanden. Wenn eine Sau schon über hundert Ferkel aufgezogen hat, weiß sie einfach, wie Aufzucht geht. Wie man sich zum Beispiel in einer relativ begrenzten Umgebung ablegt, ohne neugeborene Ferkel zu erdrücken. Die hohe Ferkelsterblichkeit, insbesondere in der ersten Lebenswoche, ist ja das Hauptproblem in der Ferkelerzeugung.

Eine solche Sau weiß außerdem, wie man ein Geburtsnest baut, also wie das Nestbauverhalten ablaufen kann und zu welchem Ergebnis es führen soll. Während Jungsauen zwar ein endogenes Programm haben, das stark hormonell und genetisch gesteuert ist, das ihnen sagt: »du musst da etwas tun«; aber das Ergebnis kennen sie nicht. Das heißt, ohne die Vorerfahrung einer Altsau wäre bei ihnen kurz vor der Geburt nur ein bestimmtes Aktivitätslevel vorhanden, das sie veranlassen würde, permanent zu versuchen, etwas zu arrangieren, was wie ein Nest ausschaut – unabhängig davon, wo das ist. Denn in der Regel werden sie nur die einschränkende Metallstange vorfinden. Und darauf beißen sie halt dauernd herum oder versuchen, am Trog irgendwas zu verändern. Während bei den Wildschweinen richtig große Äste eingebracht werden. Da entsteht mit der Zeit ein elastisches Netzwerk, das dann mit Gras, Heu und Moos ausgepolstert wird und das schließlich einen schmiegsamen Liegekessel liefert, der Windschutz und Witterungsschutz bietet und der nach außen isoliert.

Unsere Schweine hatten maximal Stroh – denn es ging ja auch darum, eine kommerzielle Situation abzubilden. Und da ist es natürlich von Vorteil, man hat eine erfahrene Sau, die den anderen demonstrieren kann, was man damit macht. Da diese Sau außerdem die Erste sein wird, die quasi den Fruchtbarkeitszyklus anwirft, wird sie auch die Erste sein, die in Geburt kommt. Sie wird also eine Vorbildwirkung in Bezug auf die abschließenden Geburtsvorbereitungen haben. Sie wird vor allem ruhiger reagieren – und das den anderen vermitteln können, sodass auch bei ihnen alles ruhiger abläuft. Zudem wird sie vorsichtiger mit den Ferkeln agieren. Sie wird sie vorab darauf hinweisen, wenn sie sich niederlegen will, und schnell auf Lautäußerungen der Ferkel reagieren.

In diesem Zusammenhang gibt es inzwischen Sauen – und das ist wahrscheinlich einer mangelnden Selektion oder *fehlerhaften* Selektion im Prozess der Leistungssteigerung geschuldet –, die gar nicht merken, dass ein schreiendes Ferkel unter ihrem Körper liegt, oder die's zwar merken, aber einfach nicht darauf reagieren. Oder es gibt Sauen, insbesondere Jungsauen, die sich nicht mehr am Familienverband beteiligen. Man kann sich vorstellen: Das ist wie in einer Gesellschaft, in der ein bestimmter Part seinen Solidarbeitrag nicht mehr einbringt. Wenn ich vier Sauen habe, und die haben zusammen vierzig Ferkel, und davon werden zehn nicht gesäugt, dann müssen die anderen nicht nur die Last tragen, diese zehn Ferkel mitzusäugen, sondern das ganze System, dass nämlich jedes Ferkel seine Zitze hat, funktioniert auf einmal nicht mehr. Es gibt dauernd Steitereien um die Ressource Milch. Und da gibt's Sauen, die ignorieren das. Die nehmen ihre Pflichten als Mütter nicht wahr.

Auch da ist eine erfahrene Sau, die andere fallweise zurechtweisen kann, was man tut und was man nicht tut, von Vorteil. In unserem Fall gab es für jede Sau quasi ein Unterabteil, wo sie die Ferkel zur Welt bringen konnte. Poldi teilte die dann mehr oder weniger ein: »Du bist da und du bist da. Das ist dein und das ist mein.« Über so ein Verhalten lassen sich kaum quantitative Aussagen treffen – das bleibt anekdotisches Wissen; aber ich meine, zu diesem Zeitpunkt so intensiv in der Beobachtung dieser Tiere drin gewesen zu sein, dass es mir möglich war, die dahinterliegende Motivation zu erkennen. All das wiederum vor dem Hintergrund, dass das Sozialverhalten des Schweins sowieso ein rücksichtsvolles ist – sofern es im Rahmen der Rangordnung passiert und solange die Spielregeln innerhalb der Gruppe eingehalten werden.

Wenn das nicht der Fall ist, kann es dramatisch werden. Eine ausgewachsene Sau hat zweihundertfünfzig bis dreihundert Kilo. Wenn sich da zwei in einem Konflikt gegenüberstehen: Da geht richtig die Post ab. Und die Tiere scheuen sich auch nicht, sich gegenseitig zu verletzen. Sie bringen einander nur selten um – aber in einer räumlich begrenzten Umgebung passiert es dann doch. Das Manko in kommerziellen Zusammenhängen ist meist, dass ein in einer eskalierenden Situation unterlegenes Tier nicht fliehen und damit auch nicht signalisieren kann: »Ende! Schluss!« Das heißt, ein aufgetretener Konflikt kann kaum jemals aufhören. Es ist für den Überlegenen ein permanenter Affront, dass der andere nicht weggeht, dass er die Grenzen nicht akzeptiert. Dieses mangelnde Verständnis, dass der andere ja gar nicht weggehen *kann*, klingt erst mal nach ausgemachter Dummheit. Aber ich denke, da geht's uns höheren Lebewesen allen gleich: Eine Bedrohung – und sei's auch nur eine eingebildete –, die dauernd präsent bleibt, wird auch dauernd ein Echo hervorrufen. Und das ist sicher mit ein Grund, warum das Aggressionsniveau in kommerziellen Zusammenhängen oft so hoch ist. Bis hin zu einem Phänomen, das man als Amoklauf in der Schweinegruppe bezeichnen könnte: wenn einzelne Tiere in ein Verhalten kippen, wo sie einer ganzen Gruppe die Schwänze abbeißen. Allen! Die gehen von Schwein zu Schwein und: Zack! Das ist ein großes Problem, das heute unter solchen Haltungsbedingungen besteht, weswegen in Deutschland – Biobetriebe einmal außen vorgelassen – wahrscheinlich neunzig Prozent der Schwänze kupiert werden. Nichtsdestotrotz ist dieses Geschehen multifaktoriell bestimmt und kann beispielsweise auch durch schlechte Fütterung ausgelöst werden; da gibt es noch keine eindeutigen Erklärungsmuster. Klar ist nur, dass das Tier, sowohl von seiner körperlichen als auch seiner sozialen Belastbarkeit her, absolut an einer Grenze arbeitet. Wenn da nur ein Hauch von einem Windstoß kommt – von welcher Seite auch immer –, kippt dieses labile Gleichgewicht mit hoher Wahrscheinlichkeit.

Was ich allerdings immer wieder gesehen zu haben glaube, ist Schlichtungsverhalten. Oft kann schon eine kleine Bewegung mit dem Ohr seitens einer Leitsau ausreichen, um die Kontrahenten zu informieren: »Auseinander mit euch. Lasst das sein. Nervt mich nicht.« Oder sie stellt sich gleich dazwischen. In der Literatur ist so etwas kaum beschrieben. Aber ich weiß, dass es im Laufe meiner Beobachtungszeit wiederholt Situationen gab, in denen ich eindeutig den Eindruck hatte. Ob das im Einzelfall sozial oder rein persönlich motiviert war – ich würde meinen: Beides kann der Fall sein. Inzwischen würde ich bei allen höheren Tieren ein ähnliches emotionales Repertoire wie bei uns Menschen erwarten, und ein ähnliches Rüstzeug, um Situationen zu bewerten und angemessen zu reagieren. Bis hin zu: »Ich bin genervt!« Nichtsdestotrotz ist es die wesentliche Aufgabe der Leitsau – evolutiv erworben –, ein Sozialwesen im Lot zu halten. Denn es macht wenig Sinn, in einer Aufzuchtsituation größere Konflikte innerhalb der Gruppe zu haben; weil natürlich das Ziel des Ganzen ist, eine hohe Erfolgsrate zu haben.

In einer solchen Konfliktsituation ist es auch nicht empfehlenswert, dass man sich dazwischenwirft. Ich musste da schon um mein Leben fürchten. Folgende Konstellation: Wir hatten einen Stall in zwei große Räume unterteilt. In jedem war eine Familiengruppe mit je vier Sauen, mit großen, kistenartigen Rückzugsmöglichkeiten für jede Sau und ihren Wurf. Der Rest der Stallhälfte war frei zugänglich. Und dann ging noch ein Auslauf raus. Da war ein Gitter, durch das die Ferkel nach drüben wechseln konnten. Allerdings waren dafür nicht alle Gitterabstände breit genug.

Ich war gerade mit der Schaufel beim Ausmisten. Plötzlich gab es irgendeine Irritation. Die Sauen gaben Alarm – das tun sie mit einem bellenden Laut –, und die Ferkel versuchten, so schnell wie möglich nach Hause zu kommen. Aber eins blieb in diesem Gitter stecken, weil's mit hoher Geschwindigkeit durch den falschen Zwischenraum wollte. Innerhalb von Sekunden standen alle acht Sauen zu beiden Seiten des Gitters. Das Ferkel schrie wie nur was. Die Sauen waren wirklich gestresst, irritiert, wussten nicht, was los ist, hörten nur das Ferkel schreien und sahen: Das kann nicht raus. Bis eine der Sauen von der gegenüberliegenden Seite hinging und dem Ferkel – wahrscheinlich aus Überforderung – von seitlich hinten mit einem schnellen Kopfschlag die ganze Bauchdecke aufschlitzte. Sauen verfügen ja über ein extrem scharfes Gebiss. Und durch diesen Schlitz entleerte sich nun der ganze Bauchraum, weshalb das Ferkel auf einmal nach vorne durchs Gitter rutschte.

Ich stand mit meiner Schaufel dort, wo das Ferkel hinwollte, um zur Mutter zu gelangen. Alles, was ich bis jetzt schilderte, dauerte nicht mehr als zwanzig Sekunden. Das Ferkel schleppte sich in seine Kiste, die Muttersau schaute es an, gab wieder Alarm, und nach weiteren höchstens vier Sekunden stand ich mit dem Rücken zur Wand: vor mir vier große Sauen, die mir in Kopfhöhe gegenüberstanden – derart große Sauen können sich ja aufrichten ... Und ich hatte halt noch dieses Bild vor Augen, was sie mit ihren Zähnen anrichten können. Ich stand da mit meiner Schaufel an der Wand – Gott sei Dank war meine Kollegin, mit der ich damals die wissenschaftliche Arbeit machte, so geistesgegenwärtig und veranstaltete sofort einen irrsinnigen Lärm, wodurch die Sauen kurzfristig abgelenkt waren und ich über die halbhohe hölzerne Auslaufbegrenzung hinter mir fliehen konnte. Aber da merkte ich das erste Mal so richtig: Selbst diese domestizierten Tiere können in Situationen geraten, wo sie für dich lebensbedrohlich sein können.

Damals kam wahrscheinlich noch hinzu, dass in der kommerziellen Schweinehaltung ja hauptsächlich negative Reize in der Begegnung mit dem Menschen gesetzt werden. Das Futter kommt automatisiert. Man kann sie also nicht damit belohnen. Und auf der anderen Seite: Die Maßnahmen zur Gesundheitsbetreuung und zum Management sind nicht selten schmerzhaft oder sogar sehr schmerzhaft. Und das wird vom Tier mit dem Menschen verbunden. Wodurch wiederum klar ist, dass diese Tiere, wenn du Maßnahmen setzen willst – selbst positive –, sehr skeptisch uns gegenüber sind.

Dass Poldi so kooperativ war, lag sicherlich daran, dass sie noch kaum schlechte Vorerfahrungen gemacht hatte – danach hatte ich natürlich getrachtet. Aber es lag auch am Charakter. Der kann ja – wie die Intelligenz – bei Schweinen sehr unterschiedlich sein. Wenn Sie da bei einer Gruppe aufmerksam in den Stall reingehen, werden Sie merken, dass die Gruppe sehr aufmerksam *Sie* beobachtet. Da wird möglicherweise nach dem ersten Alarmlaut, nach dem alle stillstehen – quasi wie gemalt –, ein Entwarnungslaut kommen, von einem eher ranghöheren Tier. Und dann werden Sie sehen, dass diese Gruppe in unterschiedlicher Ängstlichkeit oder Interessiertheit der einzelnen Individuen auf *Sie* zukommt. Da gibt's Tiere, die bleiben immer hinten im Eck. Die bewegen sich nicht oder drehen sich seitlich ab. Während ein, zwei andere dastehen, als würden sie Ihnen sagen: »Was willst du, Alter? Was willst du hier?« Die haben aufgestellte Ohren und zeigen mit allem, was sie sind, mit ihrer ganzen Persönlichkeit, dass sie keine Angst haben. Im Gegenteil: Sie sind absolut selbstbewusst und wissen genau, wer sie sind.

Poldi hat in diesem System noch weitere sechs Würfe zur Welt gebracht. Sie war dann annähernd zehn Jahre und bekam von daher zunehmend Probleme im Bewegungsapparat, die sicherlich sehr schmerzhaft waren; sie fiel schließlich auch im Rang zurück. Beim letzten Wurf – nach insgesamt hundertdreiundsechzig aufgezogenen Ferkeln! – war sie nicht mehr die Leitsau. Und nachdem wir im Forschungsbetrieb repräsentative Versuchstiere brauchen, weil wir uns ja an den Gegebenheiten der Produktion orientieren müssen und die Produktion nicht aus Sauen besteht, die sechzehn Würfe haben, sondern aus solchen, die drei, vier Würfe haben, und diese Sauen auch genetisch schon ganz anders sind – da hatte sich in der Zwischenzeit viel geändert –, wurde Poldi dann der Schlachtung zugeführt. Das tat mir sehr leid. Aber es ließ sich nicht vermeiden.

Dünne Haut

Erzählt von Jürgen Foß, Vellahn/Mecklenburg-Vorpommern

Mitte der Neunziger arbeitete ich, zusammen mit meiner heutigen Frau Tanja, beim Tierheim Siegen – teils ehrenamtlich, teils angestellt; ich war hauptberuflich als Physiker tätig. Da rief eines Tages jemand an, auf einer bestimmten Weide würde ein verlassener Hänger stehen, in dem zwei Schweine drin sind.

Tatsächlich: Als wir da hinkamen, fanden wir zwei kleine Schweine, die etwa vier Wochen alt waren, höchstens fünf. Beide völlig dehydriert – es war sehr warm –, lagen in ihrem eigenen Kot; eins der beiden war schon so gut wie tot und das andere ebenfalls in sehr schlechtem Zustand. Wir riefen die Polizei und den Tierarzt, versorgten die Schweine mit Wasser, und die Tierärztin erlöste das eine schon vor Ort von seinem Leid. Das andere nahmen wir mit, mit dem Segen der Polizei.

Bei der Tierheimarbeit liegt der Fokus ja in der Regel auf Hunden und Katzen – wir hatten auch Kaninchen und andere Kleintiere –, aber weniger auf landwirtschaftlichen Tieren. Deshalb wussten wir mit dem Schwein zuerst gar nicht so richtig was anzufangen und nahmen es mit in den Wohnbereich. Das heißt nicht in unsere Wohnung, aber in nen Nebenraum. Und dann wurde dieses Schwein – wir nannten es Luzie – halt so langsam hochgepäppelt. Es konnte nicht stehen; wir stellten es mit den Händen immer wieder auf und zeigten ihm, dass man auf Beinen stehen kann.

Nun lebten bei unserem Wohnhaus auch Hühner, Schafe und Hunde. Und zwischen all diesen Tieren gab es für uns bald keinen Unterschied mehr: Wenn wir rausgingen und irgendwen riefen – egal ob Schaf oder wen auch immer –, das Schwein war meistens dabei. Und das war etwas, was viele Menschen berührt hat. Du musst dir vorstellen: Das sogenannte Alte Tierheim – unser Wohnbereich – war ein Stück vorgelagert, und dann kam erst das eigentliche Tierheim. Das heißt, alle Leute, die zum Tierheim wollten, mussten erst mal an unserem Haus vorbei, also auch an unserem Zaun. Da machten sich die Hunde natürlich nen Spaß, jeden, der vorbeiging, anzubellen. Das fing vorne an und ging den ganzen Zaun runter. Und das Schwein machte mit. Es sprang wie die Hunde am Zaun herum, konnte zwar nicht bellen, aber war ansonsten der Meinung: Das gehört so, das muss so sein. Die Menschen, die bei uns am Haus vorbeigingen, sahen also: Hunde, die nen Zaun hochspringen, und direkt dazwischen ein Schwein, was dasselbe macht. Und das hatte für viele nen gewissen Aha-Effekt. Dass sie sagten: »Wie kann das sein? Ein Schwein, das sich verhält wie ein Hund!«

Was uns betrifft, veränderte die Erkenntnis, dass ein Schwein ein Freund sein kann, genau wie ein Hund, unsere Art und Weise des Umgangs mit landwirtschaftlichen Tieren völlig. Wenn unser Hund ne Krankheit hatte, gingen wir mit ihm selbstverständlich zum Tierarzt. Wenn das ein paar hundert Euro kostete, dann war das so. Und wenn nun Luzie was hatte, machten wir das auch. Wenn das ein paar hundert Euro kostete, dann war das so.

Die Freundschaft mit ihr war schließlich sogar einer unserer Gründe, mehr für solche Tiere machen zu wollen. 2004 verließen wir das Tierheim – wo Luzie noch viele Jahre lebte; sie war mit ihren inzwischen dreihundert Kilo leider viel zu groß, um sie mitzunehmen – und gründeten einen Verein, der sich »Die Tierfreunde e. V.« nannte. Da lag der Fokus eher auf Öffentlichkeitsarbeit. Die Menschen sollten darüber informiert werden, wie die Tiere in den Zucht- und Mastanlagen leben müssen. Wir wollten aufrütteln. Denn das ist in der typischen Tierheimarbeit kaum möglich.

Es dauerte nicht lange, da bekamen wir ne Meldung, dass es in Siegen, also da, wo wir lebten, ne Legebatterie gäbe; da müsse man mal kucken, was da los sei. Also gingen wir tagsüber mit den Hunden vorbei, mussten aber feststellen: Das waren keine Hühner, das waren Schweine, ne Schweinemast. Da ging ein Weg dran vorbei – und von drinnen hörtest du die Schweine quieken, schreien, was auch immer.

Wir liehen uns ne Videokamera, nahmen ne Taschenlampe und gingen in der nächsten Nacht einfach dort rein. Zaun gab es nicht. Tür war offen – wie so häufig in diesen Anlagen. Das war das erste Mal, dass ich eine Schweinemastanlage von innen sah. Ich war völlig schockiert. Ich sah diese Schweine, und bei jedem einzelnen dachte ich: »Mensch, wenn das Luzie wäre: Du würdest jetzt hier schreien und sofort die Polizei rufen.« Es war überall nur dreckig und eng, und die Schweine waren verletzt – dazu diese harten Spaltenböden. Wir nahmen das auf Video auf, erstatteten Anzeige und machten einen Riesenrabatz. Schalteten die Medien ein – erst die Lokalpresse, dann die Überregionalen; es gab einen Fernsehbeitrag. Für uns war die Situation in diesem Stall der absolute Skandal.

Danach dauerte es wiederum nicht lange, und wir bekamen einen Anruf aus dem Nachbarkreis: Dort sei ebenfalls eine schlimme Mastanlage. Wir wieder hin. Diesmal noch mit Verstärkung, mit Leuten, die solche Recherchen schon länger machten und die ich vorher gar nicht kannte. Und es war dasselbe Spiel. Die Zustände waren ähnlich. Mir war bis dahin gar nicht klar gewesen, dass das der völlige Normalzustand ist. Das war für mich der nächste Schock. Und es nahm mich auch emotional unheimlich mit; weil ich immer an einzelne Tiere in diesen Gittergestellen denken musste.

Diese Arbeit begleitet uns bis heute. Sie ist professioneller und größer geworden, das Team ist größer geworden, wir lernten, dass sehr auf Hygiene geachtet werden muss, um keine Krankheiten in den Stall oder aus dem Stall zu tragen. Einwegkleidung. Professionelles Equipment. Aber die Haut wird eher dünner als dicker. Ich wurde kontinuierlich empfindlicher. Bis heute. Wenn wir heute irgendwo hingehen, stehe ich am liebsten draußen Wache und gehe nicht rein. Weil, ich ertrag's nicht mehr.

Zum Beispiel – das ist erst drei Jahre her, da ging's auch wieder um Schweine: eine der großen Anlagen in der ehemaligen DDR, in Thüringen. Sechzigtausend Schweine. Und zwar sowohl Schweinemast als auch Schweinezucht. Es wird ja unterschieden zwischen dem Bereich, wo die Ferkel produziert werden – dem sogenannten Abferkelbereich –, und dem sogenannten Zuchtbereich, wo die Tiere gemästet und schlachtreif werden. Als wir da reingingen, standen wir in einer Halle mit etwa vierhundert Tieren, zwei lange Reihen von Gittergestellen – Kastenstände heißen die –, jeweils zwei Meter lang, siebzig Zentimeter breit und nen Meter hoch. Ein Stand direkt am andern. Und da steht jeweils eine Sau drin, ausgewachsen, dreihundertfünfzig Kilo, zu dem Zwecke, dass sie dort befruchtet und auf den Anfangsverlauf der Schwangerschaft überwacht wird. Sie kann sich gerade mal mit angezogenen Beinen hinlegen, sie kann aufstehen, aber sie kann sich nicht umdrehen.

Ein solches Tier wird dort schier wahnsinnig. Ich erlebte in dieser Halle zum ersten Mal, wie die Anlage, mit der das Futter verteilt wird, anfing zu laufen. In der Regel hast du ja ein automatisches Futtersystem, mit Flüssigfutter, das durch ein Rohrsystem fließt und der Sau irgendwann direkt in den Futtertrog platscht. Aber wenn das vorne rechts die ersten Schweine mit Futter versorgt, dauert es bestimmt zehn Minuten, bis auch die hinten links was kriegen. Und in dieser Zeit drehen die absolut durch. Futter ist halt die einzige Abwechslung für sie. Eines der Schweine fing an, immer mit dem Kopf hin und her zu schlagen, immer gegen die Gitterstäbe, und dabei wie am Spieß zu schreien. Ich dachte: »Das gibt's gar nicht.« Plötzlich waren alle am Schreien. Ein ohrenbetäubender Lärm. Bis der Futterbrei beim jeweiligen Schwein ankam. Dann war Ruhe. Sie leckten ihren Futterbrei auf und legten sich wieder hin.

In diesen Kastenständen dürfen Schweine eigentlich nicht länger als vier Wochen bleiben. Danach sollen sie in den Gruppenbereich, damit die trächtigen Sauen in der Gruppe laufen können; bis sie schließlich, kurz vor dem Geburtstermin, wieder in ähnliche Stände kommen – die sogenannten Abferkelstände –, die aber dort nicht unmittelbar in Reihe stehen, sondern innerhalb kleiner Separees. Und dort werden dann die Ferkel geboren. Eigentlich! Denn worauf ich hinauswill: Wir waren ja gar nicht in dem

Bereich, wo die Ferkel geboren werden. Das findet in ganz anderen Hallen statt. Wir waren im Zuchtbereich. Auf einmal hört jemand von uns dieses typische Quieken von Ferkeln. Ich sag noch: »Das kann nicht sein, hier kann niemand quieken.« »Okay, lass uns kucken.«

Wir gehen dem Quieken nach – plötzlich laufen da überall kleine, frischgeborene Ferkel zwischen den Schweinen in den Kastenständen rum und werden nacheinander zertreten. Der Betreiber hatte es tatsächlich geschafft, die Schweine bis zum Geburtstermin, nonstop, in diesen Kastenständen zu halten. Und nun hatten sie halt ausgerechnet in dieser Nacht angefangen abzuferkeln, wie es heißt. Die werden ja alle gleichzeitig befruchtet, von daher liegen die Geburten nah beieinander. Und diese Kleinen liefen nun da rum und suchten aus Instinkt die Mutter, die sich aber nicht hinlegen konnte, weil ja unten alles voller Ferkel war. Ich hab's ja schon erklärt: Diese Kastenstände bestehen aus Metallrohren – die zwar die Sau fixieren, aber die Ferkel nicht am Durchschlüpfen hindern. Und nun irrten die Ferkel durch die ganze Halle. Teilweise waren sie schon zertreten, teilweise wurden sie vor unseren Augen zertreten. Wir versuchten selbstverständlich, sie ganz schnell zu nehmen, aber ein paar Meter weiter wurden schon wieder neue geboren. Wir schafften es einfach nicht, diese Ferkel in Sicherheit zu bringen. Das war ne Situation, die war völlig unerträglich. Du hast gesehen, wie die Ferkel zertreten wurden, unabsichtlich natürlich, weil die Schweine sich ja gar nicht nach ihnen umdrehen konnten – und eine dieser Schweinemütter kuckte mir halt direkt in die Augen. Wobei ja gerade Schweine einen sehr intensiven Blick haben, der dem des Menschen sehr ähnlich ist. Von daher geht es dir unglaublich nahe, die Wirkung dieses Blicks zuzulassen. Ich wär fast zusammengebrochen. Und den anderen ging's genauso. Das war ein absolut prägendes Erlebnis.

Am nächsten Tag saß ich vor unserer Ferienwohnung (wir nehmen uns in der Regel irgendwelche Ferienwohnungen, wo wir mit dem Team übernachten) und hab nur noch geheult. Und deshalb freue ich mich umso mehr, dass es demnächst losgeht und wir auf unserem Lebenshof, den wir inzwischen betreiben, auch noch vier Schweine aufnehmen. Wir haben im Moment schon alles Mögliche an Puten, Hühnern, Schafen – und jetzt kommen Schweine. So können wir zumindest mal ein paar Schweinen was Gutes tun.

Mutige Angsthasen

Erzählt von Roland Gockel, Berlin

Einmal durfte ich für einen Film über Feldhasen die Kameraarbeit machen. Und man hat ja so seine Klischeevorstellung vom Hasen: der Angsthase; der Hase, der irgendwo rumsitzt und vor sich hinmümmelt, der vielleicht auch ein bisschen einfach gestrickt ist und der folglich schnell langweilig wird.

Nun sorgten aber die Hasen, die wir beobachteten und filmten, für einige Überraschungen. Natürlich ging ich davon aus: »Okay, das ist ein Fluchttier, also brauche ich eine lange Zoomlinse, um ihn zu filmen.« Bei diesen langen Supertelelinsen ist es aber oft so, dass man – ähnlich wie man das vom Fernglas kennt – einen gewissen Mindestabstand braucht, um das Tier überhaupt scharf zu kriegen. Da gab es mal ne Situation, in der ich auf dem Ackerboden lag – nicht besonders gut getarnt – und mit der Kamera und dem Tele einen Hasen im Visier hatte und froh war, dass ich ihn so gut erwische. Aber auf einmal kommt er immer näher! Und ich sehe auch so richtig im Tele, dass er mich wittert und wahrnimmt. Er kommt näher und näher. Bis er sich innerhalb der Mindestdistanz von 2,7 Metern befindet und ich ihn gar nicht mehr scharf kriegen *kann*. Und leckt sich da seine Pfoten. Sehr, sehr selbstbewusst. Genau wissend, dass er, wenn ich aufspringen würde, der weitaus Flinkere von uns beiden wäre. Dass er, als schnellstes heimisches Wildtier, so richtig Gas geben könnte und ich nicht.

Ein andermal hatte ich ne Situation, dass ich im Frühjahr – also zu einer Zeit, in der sich die Hasen, einfach als Paarungsspiel, oft gegenseitig jagen – auch wieder mit der Kamera mit ihnen mitschwenke, wie sie da wild übers Feld rennen. Wirklich kreuz und quer. Plötzlich macht der erste Hase an einer Straße eine Vollbremsung, sodass ich meinen Schwenk vergeige. Der Hase kuckt links, kuckt rechts und läuft dann über die Straße. Gefolgt von den anderen. Er ist sich völlig gewahr: »Hier ist ne Straße. Ich muss kucken, ob da irgendwas fährt.« Er hat's völlig im Griff.

Ein paar Tage später warte ich ebenfalls wieder auf Hasen, und es ist eine Weihe in der Luft – also ein durchaus kräftiger Greifvogel. Und dieser Greifvogel hat einen Junghasen ausgemacht. Er stößt herunter, packt ihn von oben an Oberkörper und Nacken und trägt ihn davon. Nun ist der Junghase aber nicht mehr *ganz* klein. Er ist fast schon zu groß für den Vogel, der sich so ein bisschen hochquält. Vielleicht hat er ihn auch nicht gut erwischt; er würde gern noch mal in Ruhe runtergehen, noch mal zupacken oder ihn zuerst tothacken. Aber dazu ließen es die anderen Hasen nicht kommen. In dem Moment, als der Vogel mit dem Hasen in den Fängen auffliegt, rennen fünf andere Hasen aus verschiedenen Richtungen heran. Und zwar definitiv nicht nur Elterntiere. Und die verfolgen nun diese Weihe – die einfach nicht an Höhe gewinnt – derart, dass sie so langsam nervös wird. Hasen können auf offenem Feld siebzig Stundenkilometer erreichen. Und damit rasen sie jetzt hinter diesem Greifvogel her. Immer hinter und unter ihm. Bleiben so richtig dran, bis ihm schließlich alles zu viel wird und er den Hasen fallen lässt und seine Beute aufgibt.

Was aus dem Hasen wurde, konnte ich mit dem Tele

nicht mehr sehen. Ich denke mal, dass er davongekommen ist. Aber was ich irre fand, war, dass Hasen, die man ja sonst nur als Einzelgänger kennt, sich auf einmal zu einem Verband zusammenfinden, sich überhaupt nicht um ihre eigene Haut kümmern, sondern eine gemeinsame Verteidigungsschiene auffahren und diesem Greifvogel richtig Stress machen. So viel zum Thema Angsthase.

Ein Männlein steht im Walde

Erzählt von Gerhard Wendl, Olching/Oberbayern

Einmal bekam ich in meiner Vogelauffangstation einen jungen Dompfaff, der aus dem Nest gefallen war. Den brachten mir Leute. Er war vielleicht drei oder vier Tage alt und nicht mehr als zwei Zentimeter groß. Diesen Dompfaff zog ich auf. Und wenn man einen Dompfaff per Hand aufgezogen hat, kann man ihn nicht mehr in die Natur zurückgegeben. Er ist draußen gar nicht überlebensfähig. Normalerweise fliegt er dort eine Zeit lang mit den Eltern mit – bei Dompfaffen sind das ungefähr vierzehn Tage – und lernt in dieser Phase alles, was er braucht; was er fressen soll und so weiter.

Von Vögeln weiß man ja, dass sie auch den Gesang erlernen. Das Potenzial dazu ist genetisch schon vorhanden, aber die Feinheiten lernen sie von den Altvögeln. Während der Brutzeit singt das Männchen in der Regel in der Nähe, und von diesem Gesang lernen die Jungen. Wobei der Dompfaff schon deshalb besonders geeignet ist, etwas nachzupfeifen, weil er einen eher leisen Gesang hat, der von Haus aus viele Pfeiftöne beinhaltet. Ich weiß zum Beispiel von einem Mann im Harz – das ist mindestens fünfzig Jahre her –, der holte immer junge Dompfaffen aus dem Nest und zog sie auf. Denen sang er Lieder vor. Und wenn sie die Lieder konnten, verkaufte er sie für teures Geld.

Diese Geschichte fiel mir wieder ein, und ich dachte mir: »Ich pfeif meinem Dompfaff jetzt ein Liedchen vor –

›Ein Männlein steht im Walde‹. Schaun wir mal, was dabei rauskommt.« Ich wusste noch gar nicht, ob's ein Männchen oder ein Weibchen ist. Weibchen sind fürs Nachpfeifen nicht so geeignet; aber darauf komme ich noch.

Ich pfiff ihm also von klein auf dieses Lied vor. Immer wieder. Immer »Ein Männlein steht im Walde«. Bloß die erste Strophe. Mehr kann ich überhaupt nicht.

Als er ein bisschen älter war, fing er an zu lernen, so richtig Gesangsstudien zu betreiben: »Ist das jetzt das Richtige oder das Falsche?«, fing an zu üben und so weiter. Und so kam es dazu, dass er dieses Lied ganz wunderbar beherrschte – alle freuten sich.

Irgendjemand gab ihm den Namen Fridolin. Und dieser Fridolin saß meistens in einem großen Käfig, der in einer Holzhütte stand, die hier mehr oder weniger mein Aufenthaltsraum ist. Und dadurch sowie aufgrund der ganzen Aufzucht war er natürlich auf mich geprägt. Ich war sein Dompfaff, seine Mutter und sein Vater zugleich.

Nach einem Jahr wurde er geschlechtsreif. In der Natur hätte sich so ein junger Dompfaff ein Weibchen gesucht und angefangen zu brüten; was Fridolin logischerweise nicht konnte, weil er ja im Käfig saß. Aber sobald er mich sah, sang er auf Teufel komm raus: »Ein Männlein steht im Walde«. Nur, eigenartigerweise: Wenn weiblicher Besuch kam – also Frauen –, fing er an zu fauchen. Sobald eine Frau die Hütte betrat: »Chchch!«

Dieser Dompfaff war ewig lange bei mir. Bis einer von meinen Helfern, die ich hier habe, mal die Tür vom Käfig nicht richtig zumachte. Ich kam in der Früh rein: »Ach du Schande, wo ist der Fridolin?«

Nach drei Tagen mähte und rechte ich Gras – da saß er

auf einmal auf meinem Rechen. Ich sag: »Ja, Fridolin, was machst du denn da?« Ich konnte ihn mit der Hand nehmen. Er war total erschöpft, halb verhungert. Das war für mich auch der Beweis, dass er draußen nicht überlebensfähig war. Ich setzte ihn in den Käfig; er machte sich gleich übers Futter her und erholte sich ziemlich schnell.

Aber dann passierte etwas. Ich bekam ein Weibchen, ein älteres Dompfaff-Weibchen von draußen, das eine Flügelverletzung hatte. Man konnte es, genau wie Fridolin, nicht mehr der Natur zurückgeben. Und dieses Weibchen setzte ich eine Zeit lang, vielleicht drei oder vier Wochen, neben Fridolin, in der Hütte, in einen separaten Käfig. In *denselben* hätte ich sie nicht setzen können, weil: Die zwei hätten sich wegen Fridolins Prägung wahrscheinlich gegenseitig umgebracht.

Ein Jahr später setzte ich das Weibchen zu einem anderen Dompfaff-Männchen in eine Voliere; das war ebenfalls lädiert, also nicht auswilderbar. Allerdings war es, im Gegensatz zu Fridolin, nicht menschengeprägt. Und siehe da: Die zwei fingen an zu brüten.

Irgendwann sagt meine Lebensgefährtin zu mir: »Du, hast du den Fridolin da hinten reingetan?«

Sag ich: »Nee, wieso?«

»Aber da singt doch der Fridolin.«

Da fiel mir auf, dass dieses zweite Männchen und das Weibchen, beide, dieselbe Melodie sangen: »Ein Männlein steht im Walde«.

Das heißt also, Fridolin gab die Melodie an das Weibchen weiter und das Weibchen an das zweite Männchen. Und das, obwohl Weibchen viel seltener singen als Männchen. Das ist bei denen nur ab und zu so ein eigenartiger, eher leiser Gesang, wenn sie brutlustig sind, wenn sie in der Anpaarungsphase sind, dann bieten sie sich dadurch den Männchen an.

Und interessant war auch: Alle vier Jungen, die die zwei dann hatten, pfiffen das Lied ebenfalls. Was bedeutet: Der Mann – weil er ja derjenige war, der das Singen übernommen hatte – gab es an die Kinder weiter. Und so sang die ganze Familie »Ein Männlein steht im Walde«. Das Einzige, was sich im Laufe der Zeit veränderte, war die Form. Sie interpretierten dann immer Sachen hinein. Und das tat auch Fridolin. Nach Jahren noch. Er dichtete immer wieder was dazu, gab teilweise ganz eigenartige Laute von sich. Der war immer der Star. Da fragten mich schon so viele Leute: »Lebt der Fridolin eigentlich noch?« Aber logischerweise starb er irgendwann.

Schuss nach hinten

Erzählt von Rosie Koch, Berlin

Ich war ein paar Jahre lang jedes Jahr für zwei, drei Monate im Meru-Nationalpark in Kenia, um dort, im Rahmen meiner Doktorarbeit an der Washington University in St. Louis, Nacktmulle zu erforschen. Und Nacktmulle leben ja unter der Erde. Um sie markieren zu können, muss man sie also erst mit Fallen fangen und aus der Erde rausholen. Alle! Bis zu zweihundert Tiere pro Kolonie. Da saß man manchmal fünf Tage und tat nichts anderes als Nacktmulle zu fangen. Nur um sie, nach dem Markieren, wieder ins selbe Loch zu schicken, aus dem man sie rausgeholt hatte. Und im nächsten Jahr wieder dasselbe. Aber nur auf diese Weise kannst du sehen, was in der Zwischenzeit geschah. Wer noch da ist. Wer nicht mehr da ist ...

Wir waren ein kleines Team. Mein Professor, der schon die letzten zwanzig Jahre jedes Jahr da war, ein Kollege und ich. Jeder hatte seine eigene kleine Holzhütte in so einer Art Camp. Eigentlich war es ein normales Camping-Camp. Da übernachteten durchaus auch mal Touristen, aber eher selten; denn sie kamen entweder zu ner anderen Zeit oder schliefen in ordentlichen Lodges, nicht in solch primitiven Holzhütten. Außer jeweils einer schmalen Pritsche war da nichts drin. Du musstest dein ganzes Zeug mitbringen, auch Kochzeug.

Und im gleichen Camp, in den Bäumen, etwa zehn, zwölf Meter weiter, schliefen auch ziemlich viele Anubispaviane.

Tagsüber suchten sie in der Savanne und im Busch nach Nahrung und kamen abends wieder ins Camp, suchten dort die Freiflächen nach Insekten und essbaren Pflanzen ab und gingen danach schlafen. An sich war das unproblematisch. Aber da gab es einen Typen – ein sehr stattliches Männchen, das eines Tages plötzlich da war. Wir nannten ihn Mister Big Stuff, was so viel heißt wie Mister Muskelprotz, weil er immer rumlief wie so ein Bodybuilder mit riesigen Muckis. Er war fast einen Meter lang, von der Kopfrumpflänge her, und alles reiner Muskel!

Und dieser Typ kam nun stetig näher. Am Anfang konnten wir frühmorgens noch draußen sitzen und unser Frühstück essen. Er blieb in zehn Metern Abstand sitzen. Bald waren's aber nur noch sieben Meter, danach noch fünf, dann noch zwei, und am Ende saß er direkt vor uns. Natürlich tat er immer so, als wäre gar nichts, und mümmelte da an seinen Gräsern. Aber er war einfach sehr, sehr nah. Bis er – als ich versehentlich mal die Tür aufgelassen hatte – auch zu mir in die Hütte kam. Als ich mich umdrehte, stand er auf einmal da, auf allen vieren – das sieht bei Pavianen oft so aus, als ob unsereins auf geballten Fäusten ginge –, riss sein Maul auf und zeigte seine Zähne. Und das war nicht gut. *Gar nicht gut.* Man erschreckt sich nicht nur zu Tode, sondern weiß auch: Diese Zähne sind voller Bakterien, und man will wirklich nicht gebissen werden.

Er kam dann noch ein anderes Mal zur Tür rein. Ich jagte ihn jedes Mal wieder raus. *Noch* ließ er sich rausjagen. Aber wir wollten natürlich vermeiden, dass er auch das letzte Fünkchen Scheu vor uns verlor, denn das hätte sein Todesurteil bedeuten können. Anubispaviane sind nicht gefährdet. Da wird in so einem Park nicht lange gefackelt.

Bevor es Ärger mit Touristen gibt oder vielleicht sogar Verletzungen, wird so ein »Problemtier« oft einfach erschossen. Also erzählten wir niemandem von ihm und versuchten, selber mit der Situation klarzukommen.

Nun hatte mein Professor jedes Jahr irgendwelche *Gadgets* dabei, irgendwelche technischen Spielereien, um die Löwen und so weiter zu vertreiben, die uns »ganz bestimmt« mal überfallen würden. Und in diesem Jahr war sein neuestes Gadget: Bärenspray! Eines Tages meinte er: »Okay, passt auf, Leute. Wir müssen Mister Big Stuff endlich ne Lektion erteilen. Sonst stirbt er. Und zwar machen wir das folgendermaßen …«

Was er sich überlegt hatte, war eine ziemlich aufwendige Aktion, die nur funktionieren konnte, wenn wir einen freien Tag hatten. Hin und wieder, wenn wir alle Nacktmulle wieder in ihr Loch geschickt hatten, mussten wir die nächste Kolonie erst mal mit rohen Süßkartoffeln anfüttern und konnten sie erst am Tag darauf fangen. Das heißt, am Vortag gab's irgendwann nichts mehr zu tun. Meistens nutzten wir die Zeit, um endlich mal ein bisschen Wäsche zu waschen, aufzuräumen, zu putzen oder Daten zu bearbeiten.

Und das war nun genau so ein Tag. Ich hatte Wäsche gewaschen, wir hatten Zeit und beschlossen: Wir legen eine Banane so in die Nähe der Eingangstür, dass Mister Big Stuff denkt, wir hätten sie zufällig vergessen. Und drinnen wartet mein Professor mit seinem Bärenspray. Und sobald der Affe sich die Banane schnappt, bekommt er eine Ladung Bärenspray ins Gesicht, sodass er nie mehr vergisst, dass man in menschliche Behausungen nicht gehen soll.

»Okay, super Idee.«

Mein Professor versteckte sich also in meiner Hütte. Und mein Kollege und ich versteckten uns in der Nebenhütte; so als wäre niemand da. Am Abend kamen die Paviane wie immer von ihren Streifzügen ins Camp zurück, und Mister Big Stuff lief sofort breitbeinig und so nah wie möglich an den Hütten vorbei, um zu kucken, ob wir was liegen gelassen hatten. Und natürlich ging er – ganz klar! – über die Terrasse meiner Hütte und entdeckte auch gleich die Banane. Allerdings dachte er sich wohl schon: »Aha, okay Leute, da stimmt was nicht. Die lassen keine Bananen einfach so liegen.« Er sah sie immer von der Seite an, lief weiter und tat so, als hätte er nichts gesehen. Aber immer wieder ging der Kopf zur Banane zurück. Er setzte sich vor die Hütte, popelte ein bisschen im Gras, sah wieder rüber, stand auf, ging ein Stück weg, kam wieder zurück, popelte erneut betont unauffällig im Gras – und wieder und wieder sah er nach der Banane.

Irgendwann konnte er nicht mehr. Er musste sich die Banane holen und schritt nun also zur Tat: ging die Terrasse hoch, zur Tür, vor der die Banane lag – in diesem Moment reißt unser Professor die Tür von innen auf, springt nach draußen und steht nun also Mister Big Stuff gegenüber. Der Professor sprayt, mit seinem Bärenspray, direkt auf den Affen. Und genau – exakt! – in diesem Moment kommt eine Windbö von vorne. Die Pfeffersspraywolke steht noch ne halbe Sekunde zwischen den beiden – und weht schließlich meinem Professor ins Gesicht. Komplett! Alles! Der Professor und der Affe stehen noch ne Weile da und kucken sich an, dann nimmt der Affe die Banane, und der Professor rennt ins Haus. Und während der Affe vor dem Haus sitzt und die Banane isst, hörst du von drinnen meinen Professor schreien. Mein Kollege und ich, wir konnten nicht mehr. Wir mussten uns erst mal vor Lachen den Bauch halten – leider! –, bevor wir ihm natürlich zu Hilfe kamen. Wir schrubbten ihm das Gesicht – ich weiß nicht, *was* wir alles taten ...

Aber damit hatte die Demütigung noch kein Ende. Als alles wieder vorbei war, alle sich beruhigt hatten, die Augen wieder okay waren – der Affe saß inzwischen ein bisschen weiter weg und wunderte sich wahrscheinlich –, setzte ich mich auf meine Terrasse, auf meinen Stuhl. Und es fing auf einmal so komisch an zu jucken. Da fiel mir ein: »Ja klar, auch der Stuhl hat Pfefferspray abbekommen.« Also duschte ich, zog frische Wäsche an, die ich von der Leine auf der Terrasse nahm – *ich dachte, ich muss sterben*! Die ganzen Klamotten, alles, war voller Pfefferspray. Den Rest des Tages verbrachten wir damit, das ganze Haus, komplett, auch innen – denn es hatte nur Gitterfenster ohne Glas –, mit Seifenlauge abzuwaschen. Alles *im* Haus und *am* Haus und *vor* dem Haus war voller Pfefferspray.

Und wir hofften einfach nur, dass Mister Big Stuff uns nicht sah.

Ein paar Tage später mussten wir uns irgendwie rächen und legten ihm ein Brötchen mit Chilischoten hin. Das aß er ebenfalls. Natürlich! Aber er blieb wieder ganz cool, drehte uns nur so ein wenig den Rücken zu, sodass wir nicht viel mehr sahen, als dass er das Maul sehr, sehr weit aufriss und sich büschelweise Gras reinstopfte. Ansonsten verzog er keine Miene und ging auch erst nach einiger Zeit weg. Er wahrte seine Würde. Aber ich glaube, ein bisschen weh tat's ihm doch.

Geschichte einer Annäherung

Erzählt von Hilal Sezgin, Lüneburger Heide

Ab und zu kriege ich E-Mails, in denen ich gefragt werde: »Kannst du noch *dieses* Tier aufnehmen? Kannst du noch *jenes* Tier aufnehmen?« Kühe, Schweine und – nachdem viele Leute wissen, dass ich vor allem Schafe habe – natürlich Schafe. Ich sage grundsätzlich: »Nein.« Denn ich will die Tiere ja pflegen, bis sie alt sind. Wenn sie jung und gesund sind, machen sie kaum Arbeit, aber sobald du auch nur einem einzigen Schaf täglich eine Spritze geben musst, weil es zum Beispiel Schmerzen hat wegen einer Arthritis, wird es schnell sehr anstrengend.

Meine Ausrede ist deshalb in der Regel, dass meine Herde zum Glück ein bestimmtes Virus nicht hat, das die meisten Schafe latent in sich tragen. Das bricht manchmal aus und manchmal nicht. Und durch Zufall haben das meine Schafe alle nicht.

Aber dann schickte mir letzten Herbst jemand eine E-Mail: Da ging's um ein Schafspaar. Männchen und Weibchen. Eine Heidschnucke – das sind diese Silbernen, mit eher struppigem Fell und schwarzem Gesicht – und einen Kameruner; die sind eher klein und braun, sehen fast ein bisschen ziegenähnlich aus und haben im eigentlichen Sinn gar keine Wolle, nur ein Winterfell, das sie aber wieder verlieren. Deswegen musst du sie auch nicht scheren.

Nun passiert es ja oft, dass Tiere nicht gut gehalten werden. Davon hört man – aber oft geht's um Nachbarn, und man will nicht gleich was unternehmen. In diesem Fall war es so, dass die beiden immer nur zu zweit in einem kleinen Garten gehalten worden waren. Die Lämmchen, die jedes Jahr geboren wurden, kamen jedes Mal um. Da war ein kleiner Teich, mit Wasserlinsen drauf – und das kapierten die Lämmchen nicht und ertranken. Das letzte verhungerte möglicherweise sogar. Angeblich, weil es nicht an die Zitzen kam. Da sagte mir ein Schäfer zwar inzwischen: »Das gibt's gar nicht«, aber das Mutterschaf, die Heidschnucke, wurde einfach nie geschoren. Irgendwann war das wie ein geschlossener Block. Wie eine Hecke. Da konntest du vorne noch ein bisschen Kopf sehen, aber sonst – Brust, Beine –, das war alles bis auf den Boden runter zugewachsen. Sie konnte den Kopf gar nicht mehr drehen.

Als das letzte Lämmchen auch wieder gestorben war, sagten die Nachbarn: »Jetzt reicht's!« Sie zeigten den Besitzer an, verständigten das Veterinäramt – und das brachte die beiden, als vorübergehende Lösung, zu einem privaten Tierschutzverein. Dort wurde die Heidschnucke – sie heißt Isolde und er Tristan – erst mal freigeschnippelt. Per Hand. Das dauerte drei Stunden. Und das muss dann ganz süß gewesen sein: Sie probierte erst mal ganz verwundert, wie man eigentlich den Kopf bewegen kann. Während er danebenlag und aufpasste. Die beiden hingen wie Kletten aneinander.

Dann waren sie erst mal ein paar Wochen bei diesen Tierschutzleuten. Bis ich sagte: »Na gut, wenn sie dieses Virus nicht haben, nehm ich sie.« Also wurden Bluttests gemacht. Sie hatten das Virus *nicht*.

Bevor sie zu mir kamen, wurde Tristan erst mal noch kastriert, weil, sonst habe ich hier demnächst ein paar hundert Schafe. Kastrieren geht ja auch unblutig; unter Betäubung. Da werden die Samenstränge für ein paar Sekunden abgedrückt – und normalerweise entwickeln sich die Hoden dadurch zurück. Das sieht dann aus wie ein leerer Sack.

Damit die Kastration aber richtig anschlagen konnte, und auch, damit die beiden anfangs ein kleines Stück zur Orientierung haben, brachte ich sie erst mal in einen abgetrennten Bereich meines Gartens, wo sie die Herde gar nicht sehen konnten – dachte ich.

Aber das war dann total reizend; ich hatte mich schon oft gewundert: Wenn Tristan schon lange angefangen hatte zu essen, stand Isolde meist noch da und kuckte. Ich fragte mich: »Was macht sie denn? Warum isst sie nicht?« Nach einiger Zeit hatte ich mich schon fast daran gewöhnt und dachte: »Na ja, das ist halt so. Die steht eben erst noch rum.« Bis ich merkte – als die Herde auf der anderen Seite des Hauses mal an einer Stelle war, von der offenbar die Witterung gut rüberziehen konnte: »Ah! Sie riecht, dass da andere Schafe sind! Sie steht nicht nur rum. Sie schnuppert!«

Später fand ich heraus, dass es sogar eine Ecke gab, von wo aus sie die Herde sehen konnte. Das ging aber nur von dieser Ecke aus. Und auch nur, wenn die Herde an einen bestimmten Punkt der Weide ging. Was natürlich selten der Fall war. Aber sie stand immer an dieser Ecke bei der Gartentür. Und wenn die anderen vorbeizogen, wurde gekuckt und gekuckt und gekuckt. Und die anderen kuckten auch. Das war *so* süß; denn die beiden kannten ja bis dahin gar keine Herde.

Irgendwann dachte ich: »Okay, scheiß drauf!«, und machte die Tür auf, sodass sie in den *ganzen* Garten konnten. Was aber zur Folge hatte, dass sie nun nicht mehr in ihren eigenen Teil des Gartens gingen. Das war ein bisschen blöd, denn ich hatte ihnen diesen Teil auch deshalb gegeben, weil sie da in einen Schuppen gehen konnten. Es war Winter. Aber selbst bei Schneesturm blieben sie nun immer am Zaun stehen. Immer möglichst nah bei den anderen.

Und wenn du die Verantwortung für so viele Tiere hast, nimmst du halt Anteil an so was. Ich kann dann echt teilweise nicht so gut schlafen, wenn ich weiß: Da ist jemand krank. Oder bei der Vorstellung: Die stehen da draußen im Schneesturm. Also baute ich mit ner Freundin, in so ner Nacht-und-Nebel-Aktion – unter Zuhilfenahme der Autoscheinwerfer, weil es schon stockduster war – im neuen Garten eine Art Zeltdach; mit dicken, festen Plastikplanen, Autoreifen, Steinen und Schnüren. Da gingen sie endlich drunter.

Ein paar Wochen später war ich schon drauf und dran, sie zu den anderen zu lassen. Aber dann schnappte ich mir mal Tristan und tastete ihm die behandelten Hoden ab – in solchen Dingen bin ich inzwischen recht geübt –, aber die waren noch total dick. Dachte ich: »Oh, das ist mir zu gefährlich. Das geht noch nicht.«

Also rief ich wieder den Tierarzt. Der fand ebenfalls, dass die Hoden noch zu groß sind. Dass ich warten soll. Eineinhalb Wochen später kam noch ein anderer Tierarzt. Meine Herde ist in so nem Gesundheitsprogramm der Tierärztlichen Hochschule Hannover. Sagte ich: »Können Sie sich den auch mal ankucken?« Und er meinte: »Tja, da ist überhaupt nichts mit Kastration.« Also mussten wir noch mal kastrieren. Und noch mal warten.

Aber irgendwann kam doch der große Moment – dass ich sie zu den anderen lassen durfte. Dazu muss ich sagen, dass ich vor fünf Jahren schon mal eine ähnliche Situation hatte. Da hatte mir mein Nachbar – ohne Ankündigung – drei Ziegen vorbeigebracht. Zwergziegen. Da stand plötzlich ein Transporter. Ich dachte schon: »Oh nein, jemand holt die Schafe!« Die gehörten ja nicht mir, sondern ich hatte sie mehr oder weniger nur übernommen. Aber auf einmal kamen da drei Ziegen raus.

Und diese Ziegen näherten sich an wie im Bilderbuch. Schafe schlafen ja durchaus nicht immer im Stall. Aber in dieser Zeit – es war ebenfalls Winter – schliefen meine eben drin; und die Ziegen zuerst *vor* dem Tor. Alle drei. In der zweiten Nacht, ungelogen: *im* Tor. Und in der dritten Nacht: *drin!* Ich dachte: »Das gibt's ja nicht! – dass die sich da so rantasten.« Auch, dass sie ähnliche Grenzen ziehen wie wir Menschen. Dass sie genau wissen: Da ist das Tor, da ist draußen, da ist drinnen. Schafe dagegen haben meist ein Problem, überhaupt zu erkennen, wenn etwas *in* etwas anderem ist. Die verstehen das nicht: *in.* Wenn ich zum Beispiel im Haus bin und das Fenster aufmache und rufe, kucken sie immer dort hin, von wo ich normalerweise komme – und verstehen gar nicht, dass ich ja direkt aus dem Fenster rufe. Wahrscheinlich sehen sie nur den Kopf – und das zählt irgendwie nicht.

Aber bei Isolde war das von Anfang an ganz anders! Wenn sie im Garten vor dem Fenster stand und ich drinnen vorbeiging – klick –, war sie sofort hellwach. Wie angeschnippt.

Von daher, aber auch weil sie es immer so mit vollzogen hatte, wenn die Herde auf der Weide vorbeilief, dachte ich natürlich: »Sie und Tristan freuen sich bestimmt riesig, wenn sie zur Herde dürfen. Das gibt bestimmt die große Party.« Aber gar nicht! Sie nahmen die Herde gar nicht zur

Kenntnis, sondern rasten gleich raus auf die Weide. Nur so: »Gras, Gras, Gras!« Und abends wollten sie gleich wieder rein, zu »ihrer« Stelle im Garten, wo sie bis dahin ihr Fressen bekommen hatten.

»Oh Gott«, dachte ich, »wo soll das hinführen?« Die Weide ist nämlich sehr groß, fast zwei Hektar. »So wird das ja *gar* nichts mit der Annäherung.«

Dann dauerte es erst mal sechs, acht Wochen, bis es wenigstens ein Stückchen näher wurde. Obwohl es gar keine Feindseligkeiten seitens der Herde gab. Im Gegenteil. Einmal sah ich, wie die beiden auf die anderen zugingen – und alle so: »Huch!«, und fast ein bisschen wegliefen. Es ist also auch bei Tieren nicht so, dass sie denken: »Hoppla, wir gehören zur selben Spezies. Alles klar!«

Aber durch die gegenseitige Distanz gibt es inzwischen ein Problem mit dem Fressen. Ich füttere die Schafe nun mal drin. In so ner Raufe. Und Tristan und Isolde muss ich draußen füttern. Noch dazu: Immer wenn ich ihnen einen Haufen Heu hintun will, flitzen sie vor lauter Angst erst mal raus auf die Weide. Erst wenn sie weit draußen sind, drehen sie sich um und kucken mich an. Obwohl sie schon vorher wussten, dass ich kommen würde. Denn Punkt Fütterungszeit stehen sie meist schon da und warten.

Inzwischen verkürzen sich immerhin schon mal die Wege. Irgendwann waren's nur noch zwanzig Meter, die sie wegliefen. Und manchmal kann ich beobachten – oben vom Badezimmer aus oder auch sonst, wenn sie denken, dass ich nicht da bin –, dass sie mal kurz in *Richtung* Stall gehen, kurz reinkucken, oder sogar ganz kurz *in* den Stall gehen – so: »Aber nur zwei, drei Se-kun-den!« – und dann wieder raustrippeln. Und wenn ich für sie klar ersichtlich anwesend bin – zum Beispiel, wenn ich die anderen im Stall füttere –, kommen sie wenigstens schon mal um die Ecke, und Isolde legt den Kopf schief und kuckt: »Wann kommt sie denn endlich zu *uns*?« Aber sobald ich rausgehe – immer noch: erst mal weg! Das hat inzwischen schon fast was Rituelles. Man muss auf jeden Fall zuerst weglaufen, wenn ich komme.

Nur, Teil der Herde sind sie immer noch nicht. Immerhin hat gerade eine der Zwergziegen angefangen, Interesse an den beiden zu zeigen. Und zwar beobachte ich seit zwei, drei Wochen – wenn die Herde drin ist und Tristan und Isolde draußen unter dem Vordach –, dass diese Zwergziege so halb rausgeht. Sie nimmt eindeutig eine Zwischenposition ein. Oder wenn die beiden tagsüber draußen unter dem Vordach liegen, legt sie sich ebenfalls dorthin. Nicht direkt bei ihnen, aber nahe dran. Und seit ein paar Tagen – ganz neu! – hat sie auch angefangen, mit ihnen zu fressen. Weshalb ich einen zweiten Extrahaufen Futter eröffnen musste, weil ich Angst hatte, dass sonst nicht alle zu ihrem Recht kommen.

Jetzt ist es aber auf einmal so, dass sich immer mehr Schafe von drinnen nach draußen schleichen und mit den dreien draußen fressen. Das ist bei denen nicht anders als bei uns, dass *neue* Dinge immer besser sind als alte Dinge. Man will zwar Vertrautes, aber man will vor allem neue Dinge. Und verbotene Dinge sind natürlich noch besser. Das ist bei allen Tieren so. Was auf der anderen Seite des Zauns ist, ist immer besser; also genau das, was eigentlich gar nicht für sie gedacht ist. Das ist ein universelles Gesetz. Ein universelles psychologisches Gesetz. Von daher ist das gerade die große Mode – das Beste überhaupt –, wenn man gar nicht mehr drinnen isst. Sondern man isst jetzt draußen.

Zugabe!

Der Traum

Erzählt von Stefan Braito, St. Magdalena/Südtirol

Ich hatte eigentlich einen normalen Job. Und zwar war ich Carabiniere. Aber eines Nachts hatte ich einen Traum von einem Mann mit langen Haaren und rotem Stirnband und Schmuck um den Hals. Er kam mir vor wie ein Indianer. Saß im Schneidersitz da und sah mir in die Augen; ganz ruhig, völlig friedvoll und sagte: »Komm zu mir.«

In den nächsten Wochen erinnerte ich mich immer wieder an diesen Traum. Er beschäftigte mich derart, dass ich anfing, über indianische Kultur im Internet zu recherchieren, und dann auch über Schamanismus. Eines Tages stieß ich auf ein Buch mit dem Bild eines Indianers, eines Schamanen – und es war derselbe, den ich in meinem Traum gesehen hatte. Es war sogar dasselbe Bild. Dieselbe Einstellung. Ich dachte: »Wie ist das möglich?« Es war auch unwahrscheinlich, dass ich das Buch vorher irgendwo gesehen hatte, denn es war erst ein, zwei Jahre zuvor erschienen und das auch nur in Amerika. Außerdem war diese ganze Richtung ja eine neue Welt für mich. Als Carabiniere hatte ich bis dahin andere Sachen im Kopf. Reale Sachen. Alles, was ich sehen und anfassen konnte; das interessierte mich.

Aber jetzt bestellte ich sofort das Buch. Es war eine Biografie über diesen Indianer. Und die fesselte mich derart, dass in mir der Wunsch entstand, ihm zu begegnen und zu schauen, was er mir über meinen Traum erzählen kann. Wobei mir dieser Wunsch eher unverständlich war. Vom

Kopf her dachte ich: »*Was* will ich da machen? Spinn ich total?« Ich hatte eine neun Monate alte Tochter, und meine Frau war bereits mit dem nächsten Kind schwanger. Aber ich konnte nicht anders – wenig später flog ich nach Amerika. Es hieß, dass dieser Indianer in Guatemala und Mexiko eine dreieinhalbwöchige Reise zu den Tempeln der Mayas begleiten würde.

In Guatemala angekommen fuhr ich mit einem Shuttle in ein kleines Dorf in der Nähe von Tikal. Das ist so eine Maya-Stätte. Da gab es ein kleines Hotel, in dem sich alle trafen. Ich kannte natürlich niemanden. Abends kamen drei Leute, die uns betreuen sollten und die uns ein wenig erzählten, wo es morgen hingehen soll und was wir vorhaben. Die drei meinten auch gleich: »Leute, seid euch darüber bewusst, dass es hier nicht so ist wie bei euch zu Hause. Wir sind hier im Dschungel. Hier gibt's wilde Tiere. Handgroße Taranteln. Berglöwen. Schlangen verschiedener Art. Passt deshalb auf, wo ihr eure Füße hinsetzt.«

Am nächsten Morgen fuhren wir mit einem Pick-up in Richtung dieser Tempelstätte. Die Straße bestand nur aus einer Art Erdweg, neben dem immer wieder gelbe Warnschilder mit schwarz stilisierten Tieren standen. Berglöwen. Jaguare. Schlangen. Ständig kamen solche Schilder: »Achtung, Berglöwen«. Und gleich das nächste Schild: »Achtung, Taranteln«.

Schließlich kamen wir an den Platz, an dem wir unser Camp errichten sollten; jeder mit seinem Zelt. Als wir fertig waren, hieß es, wir sollten uns nachmittags im Betreuerzelt versammeln. Der Indianer aus meinem Traum war immer noch nicht da. Ich dachte: »Dann wird er wahrscheinlich am Nachmittag da sein.« Bei der Versammlung erzählte aber einer der Betreuer – der sich so ein wenig als Leiter herausstellte –, dass der Indianer nun gar nicht dabei sein würde, sondern die Leitung an ihn abgegeben hätte.

Ich sagte: »Das kann nicht sein«, fragte noch mal nach: »Was heißt das jetzt?« Aber die drei meinten, sie wüssten genauso gut über alles Bescheid und könnten uns alles zeigen. Ab dem Moment hörte ich nicht mehr zu. Mich hatte ja vor allem *er* interessiert. Ich dachte: »Jetzt sitze ich dreieinhalb Wochen im Dschungel fest. Was soll ich denn die ganze Zeit machen?«

Dann hieß es, ich solle mich abends noch mal einfinden. Gut, ging ich also noch mal da hin. Der Reiseleiter war alleine. »Okay«, sagte er, »ich weiß, du bist eigentlich nicht wegen des Programms da, aber schau halt einfach, ob du was damit anfangen kannst.« Er sagte, es ginge um Persönlichkeitsbildung. »Du wirst deinen Charakter verfeinern, indem du dich mit der Natur verbindest. Und dieser Zugang wird dir auch etwas über dich selbst spiegeln.« Es würde sicherlich eine Herausforderung sein, aber »du wirst dich neu erleben«. Dann fragte er mich, ob das für mich in Ordnung wäre. Ich dachte ein bisschen nach und sagte: »Tja, was anderes bleibt mir ja auch nicht mehr übrig, oder?«

»Gut«, meinte er, dann würde er mir empfehlen, am nächsten Morgen eine Übung zu machen. Er zeigte mir einige Atemübungen und sagte am Schluss: »Wichtig ist vor allem, dass du das in der Natur machst, und zwar vor Sonnenaufgang.«

Das war mir natürlich alles völlig suspekt. Als Carabiniere hatten wir nie solche Sachen gemacht. Wir hatten gelernt, beim Schießen den Atem anzuhalten, bevor wir abdrückten; aber wenn man das als Atemübung bezeichnet – ich weiß nicht. Jedenfalls machte ich mir ein paar Notizen in einem kleinen Buch, musste aber dann ja erst mal die Nacht im Zelt verbringen. Uns war vorausgeschickt worden, dass wir uns nicht sorgen sollten, wenn wir nachts ungewöhnliche Schreie hörten. Weil nämlich Jaguare einen bestimmten Schrei hätten, und weil die Brüllaffen, die's dort auch gäbe, den Jaguarschrei immer wieder imitieren würden. Und als Laie könne man beides nicht unterscheiden.

Dann versuchte ich halt zu schlafen, merkte aber bald, dass die Geräusche wirklich immer lauter wurden. Irgendwann fing etwas Komisches zu brüllen an. Zuerst nur vereinzelt. Aber jeweils so, dass auf den ersten Schrei gleich von woanders der nächste Schrei kam. Es war ein Hin und Her und Hin und Her, und immer wieder. Mal ganz laut und viel und dann wieder gar nix. Ich machte kein Auge zu und war am Morgen todmüde. Nun hatte ich aber am Abend zuvor noch mit zwei anderen gesprochen, die ebenfalls diese Übungen machen sollten. Und weil uns ein bisschen unwohl bei dem Gedanken daran war, hatten wir vereinbart, uns kurz nach fünf vor den Zelten zu treffen. Aufstehen musste ich also sowieso. Und als ich die beiden nun sah, nahm mein Mut auch wieder zu.

Also gingen wir zu dritt – eine Frau, ein Mann und ich –, bewaffnet nur mit Taschenlampen, in den Dschungel. Wir fanden einen Pfad, schauten immer wieder vorsichtig nach links und rechts, bewegten uns langsam, versuchten, so wenig Geräusche wie möglich zu machen; aber doch *so viele* wie nötig, um den Tieren ein Zeichen zu geben, dass *wir* jetzt hier sind. Es war so ein Nichtwissen: Wie laut sollen wir sein? Wie leise sollen wir sein? Das Problem war auch, dass wir trotz der Taschenlampen so gut wie nichts sahen. Wenn wir nach oben leuchteten, erblickten wir nur die Kronen unglaublich hoher, eng zusammenstehender Bäume, sodass man den Himmel nicht mal erahnen konnte. Und dazwischen alle möglichen Gewächse. Alles in Grüngrau. »Eine grüngraue Mauer«, sagte ich. »Ich seh nur eine grüngraue Mauer.«

Aber an einer Stelle entdeckten wir zum Glück eine Öffnung nach oben und sagten: »Die müssen wir im Blick behalten, sonst wissen wir gar nicht, wann Sonnenaufgang ist.« Wir gingen also dorthin und verständigten uns darauf, uns ein bisschen zu verteilen, um unsere Übungen zu machen. Jeder ging in eine andere Richtung davon und setzte sich dann irgendwo nieder. Ich konnte die beiden noch sehen, aber nur undeutlich, weil dazwischen ja Pflanzen waren. Also las ich mit der Taschenlampe meine Notizen und fing an, die Übungen zu machen, schaute aber immer wieder: »Wird's schon hell? Wird's schon hell?« Bei der letzten Übung musste ich die Augen schließen. Als ich sie wieder öffnete, war es schon ein bisschen heller geworden. Ich blickte zu den anderen rüber und merkte, dass sie noch nicht fertig waren. Deswegen fing ich an, Liegestütze, Kniebeugen und so weiter zu machen. Als ich gerade bei den Kniebeugen war, nahm ich rechts von mir auf einmal eine Bewegung wahr. Ich behielt die Stelle im Blick und sah schließlich, wie dort die Blätter auseinandergingen und eine Form erschien, wie eine Kopfform. Aber ich wusste nicht, was es für ein Kopf sein könnte, weil immer wieder andere Formen dazwischen waren. Also versuchte ich, mich leise zu verhalten, weil ich verstehen wollte, mit was ich es zu tun hatte. Aber als *ich* ruhiger wurde, wurde diese Form da drüben – sie war etwa zwanzig Meter entfernt – ebenfalls ruhiger und dadurch irgendwie undeutlich. Dachte ich mir: »Vielleicht war das doch nichts.« Aber sobald ich wieder anfing, mich zu bewegen, bewegte es sich dahinten auch wieder. Das ging ein paar Minuten so weiter. Plötzlich schälte sich etwas ganz und gar aus den Blättern und wandte sich von mir aus gesehen nach links. Etwas Braunes, fein Glänzendes, das sich immer weiterbewegte und von dem ich nicht wusste, was es ist. Bis es sich komplett vor den Stamm eines dieser riesigen Bäume bewegt hatte, wodurch ich es zum ersten Mal gut sehen konnte. Es war eine *riesige* Katze. Mit einem dicken, langen Schwanz. Und ich schaute und schaute und fragte mich: »Ist das jetzt wirklich ein Berglöwe?« Denn die Schritte, die dieses Tier da machte, die waren so leise. Nicht das geringste Geräusch war zu hören.

Und dann blieb es stehen und bewegte den Kopf in meine Richtung. Ich dachte, ich spinne. Es hatte schwarze Ringe unter den Augen! Tiefschwarz, wie mit Kajal angemalt. Und durch diesen Kontrast bekamen die Augen so ein helles, grünes Funkeln. Und durch dieses Funkeln wusste ich nicht: Schaut dieses Tier jetzt mich an? Schaut es irgendwas hinter mir an? Ich drehte mich ein wenig um, hatte aber immer mehr das Gefühl: Es schaut mich an! Und es war dabei ganz ruhig. Und *blieb* ruhig. Ich dachte: »Boh!« Zuerst war's nur ein »Wow« gewesen. Aber schließlich kam so richtig dieses »Boh« hoch. Ein massives, körperliches »Boooohhhh!«. Es war tatsächlich ein Berglöwe!

Dann erinnerte ich mich wieder an die anderen. Die waren ja auch noch da! Ich drehte mich vorsichtig nach ihnen um, weil ich ihnen zeigen wollte: »Schaut! Schaut mal!«

Aber beide waren gerade bei dieser letzten Übung, bei der man die Augen geschlossen hat. Mein erster Impuls war: »Scheiße, die werden mir das nicht glauben. Keiner wird mir das glauben.« Man muss sich vorstellen: Ich bin Carabiniere. Wenn ich da keine Beweise habe, glaubt mir niemand. Das war mir eingeimpft. Da fiel mir ein: »Ich hab nen Fotoapparat mit!« Er steckte in einer Tasche an meinem Gürtel. Also nahm ich ihn und pirschte mich ein paar Schritte an, um ein gutes Foto zu machen. Aber da merkte ich: Der Kopf bewegte sich wieder. In diesem Moment – ich war auf einmal wie eingefroren, konnte mich nicht mehr bewegen. Stattdessen sprang mein Gehirn wieder an. Es dachte: »Spinnst du? Du bist hier doch nicht im Wohnzimmer, wo du vielleicht 'n Film schaust. Geh keinen Schritt weiter.« Und dann sah *ich* den Berglöwen an und *er* mich. Die Zeit dehnte sich immer weiter. In Wirklichkeit verharrte ich wieder nur ein paar Minuten, aber mir erschienen sie wie Stunden. Und während wir uns da in die Augen schauten, kam's mir so vor wie: Wer gibt zuerst auf? Wobei ich natürlich versuchte, ihn meine Angst nicht spüren zu lassen, sondern so ruhig wie möglich zu bleiben. Und dadurch sah ich immer mehr, wie leuchtend kraftvoll diese Augen waren. Und das erwärmte und erfüllte mich immer mehr. Ich war wie verzaubert, fand dieses Tier wunderschön und schmolz nur noch dahin.

Aber plötzlich ging so eine Art Zuckung durch mich hindurch. Wie ein Blitz. Mich hat's richtig durchgebeutelt. Ich sah dem Berglöwen weiter in die Augen, und auf einmal sah ich ein Bild: Kinder. Menschenkinder. In der Natur. Auch dieses Bild war derart präsent! Dann merkte ich aber, dass sich der Berglöwe wieder bewegt hatte. Er hatte sich ein paar Schritte näher herangepirscht. Und wieder war ich fasziniert von seinem Gang. Ich konnte sein Gewicht spüren. Wie konnte er da trotzdem so graziös, fast balletttänzerisch gehen? So fein, und doch so kraftvoll und mächtig. Wie konnte diese Kombination derart gelingen?

Dann kam er allerdings immer näher! Ich sah, was er für riesige Pratzen hatte, und dachte: »Ich werd doch jetzt hier nicht als Futter enden!« Aber auf einmal erinnerte er sich an die Richtung, die er zuerst eingeschlagen hatte, wandte sich wieder nach links und ging langsam, majestätisch, graziös vorbei, blieb sich meiner völlig bewusst, ohne dass ich aber noch interessant für ihn gewesen wäre. Er bewegte sich wieder auf diese grüngraue Wand zu und verschwand irgendwo dazwischen.

Die beiden anderen glaubten mir natürlich kein Wort, aber im Camp sagte der Reiseleiter zu mir: »Weißt du überhaupt, was das für ein Riesengeschenk ist, so ein zurückgezogen lebendes Tier zu sehen? So etwas ist in freier Wildbahn kaum möglich.« Und weil ich ja aus der Alten Welt käme und mich hier in der Neuen Welt befände, würde ich mit dieser Begegnung auch selber in eine neue Welt eintreten. Ich würde Erfahrungen machen, die mein altes Leben total auflösten.

Ich sagte mir: »Na, das wird sich ja bald zeigen.« Schließlich hatte ich noch über drei Wochen vor mir. Aber schon nach der Hälfte dachte ich: »Ich halt's nicht mehr aus. Ich werd verrückt.« Immer wenn jemand irgendwas sah, redeten alle gleich von Zeichen. Wenn im Fluss ein Krokodil schwamm, meinte garantiert einer: »Was wird das mit dir zu tun haben?« Das wurde mir mit der Zeit viel zu viel. Ich zog mich immer mehr zurück. Aber dann sagte ich mir:

»Das kann's ja nicht sein. Entweder ich verschließ mich noch mehr, oder ich versuche, diese angebliche neue Welt wirklich mal zu erforschen.« Und da beschloss ich: »Okay, ich stell mir jetzt mal nicht mehr diese ständigen Fragen: ›Macht das Sinn? Spinnen die total?‹, sondern ich mach einfach alles mit. Das volle Programm.« Und da taten sich für mich ganz neue Welten auf. Ich machte Erfahrungen, die ich nicht einordnen konnte. Zum Teil bis heute nicht.

Als ich wieder zu Hause war, musste ich das natürlich mit meinem bisherigen Leben in Einklang bringen. Das war zuerst schwierig. Noch dazu konnte ich anfangs wegen des Jetlags nicht schlafen. Ich legte also – so wie ich's gelernt hatte – einen Kreis aus Steinen, mit den Himmelsrichtungen, setzte mich da rein und stellte alle möglichen Fragen. Und eine der ersten Fragen betraf dieses Bild, das ich in Gegenwart des Berglöwen gesehen hatte. Die Kinder in der Natur. Und dann fand ich heraus, dass es meine Aufgabe war, eine Schule zu gründen, um Kindern mithilfe der Natur beizubringen, wie sie in ihrer Welt mit ähnlich viel Würde und Schönheit und Grazie leben und überleben können wie der Berglöwe in seiner. Ich fragte mich natürlich: »Wie soll ich das denn machen? Wie gründet man eine Schule?« Ich hatte keine Ahnung.

Dann erinnerte ich mich aber immer mehr daran, dass ich ja diesen Medizinmann noch nicht erlebt hatte. Nach ein paar Monaten hatte ich wieder einen Traum – wieder sehr intensiv –, in dem er mir in die Augen sah und sagte: »Du bist noch nicht gekommen. Wenn du jetzt nicht kommst, komm *ich* nicht mehr.« Ich dachte: »Was mach ich jetzt?«, und fand schließlich heraus, dass er in Phoenix, Arizona, wohnte. Ich flog also dorthin und saß irgendwann zusammen mit ein paar anderen Leuten in einem Raum. Draußen fuhr ein Pick-up vor. Ein Mann stieg aus, kam zur Tür rein, mit kurzen Hosen, mit Flipflops, mit nem T-Shirt, mit ner Baseballkappe auf, mit ner Zigarette im Mund, mit nem Dr. Pepper in der Hand – das ist die Cola, die's da drüben gibt –, mit nem dicken Gürtel um, und auf der rechten Seite ner riesigen Knarre. Weiße Haare, helle Haut, blaue Augen, und setzte sich auf den Stuhl, der schon für diesen indianischen Mann vorbereitet war. Nur sah er überhaupt nicht indianisch aus.

Und dann erzählte er uns einige Dinge über die Natur und über die Möglichkeiten, unsere Persönlichkeiten in der Natur zu entwickeln. Ich verstand anfangs kaum ein Wort von seinem Südstaatenenglisch. Er erzählte und erzählte, und als er fertig war, fragte ich ihn, wann ich ihn allein sprechen kann. »Okay, morgen bei mir zu Hause.« Fuhr ich also am nächsten Tag dort hin. Er sagte: »Setz dich nieder.« Ich setzte mich nieder. »Was führt dich zu mir?« Ich erzählte ihm von meinem Traum und fragte ihn, wer der indianisch aussehende Mann darin gewesen wäre. Daraufhin zeigt er mir das Originalfoto aus meinem Buch. Dort war es schwarz-weiß gewesen. Aber bei ihm zu Hause war es in Farbe. Und deswegen konnte ich sehen, dass er ein rotes Stirnband hatte. Wie in meinem Traum. Er sagte, der Mann auf dem Foto sei er. Es wäre vor vielen Jahren aufgenommen worden. Damals hätte er die Aufgabe bekommen, Menschen zu suchen, die sein Wissen weitertragen würden. Und deswegen hätte er gerufen: »Komm zu mir.« Und ich hätte diese Nachricht eben Jahre später – Zeit würde da sowieso keine Rolle spielen – empfangen.

Tja, und dann flog ich die nächsten neuneinhalb Jahre

immer wieder rüber und lernte; durfte allerhand Erfahrung sammeln, die ich heute unter anderem in der Schule – die ich dann doch noch gründete – anwende. In dieser Schule arbeite ich vor allem mit Kindern, mit Jugendlichen, ganz besonders mit Buben und männlichen Jugendlichen, die ja heute noch mehr um ein stimmiges Selbstbild ringen als Frauen und Mädchen. Da geht es wirklich ums Überleben. Und dieses Thema verpacke ich in die Strategien des Überlebens in der Natur. Ich nannte sie Berglöwenschule.

Gefleckter Schatten

Erzählt von Sibylle Wiemer, Fintel/Nordheide

Meine Mutter ging 1952 nach Argentinien. Sie war damals achtundzwanzig und folgte meinem Vater, der um einiges älter war als sie. Er lebte zu der Zeit schon ein halbes Jahr da. Das Ganze war schon deshalb aufregend, weil die beiden noch nicht verheiratet waren und eine alleinstehende Frau in ein so streng katholisches Land eigentlich gar nicht einreisen durfte. Mein Vater musste erst aus Misiones – das ist der nördlichste Teil des Landes – nach Buenos Aires fahren und von dort ans Meer, um meine Mutter zu heiraten.

Die Weiterreise war abenteuerlich. Die Bundesstraße nach Norden, die es heute noch gibt, war damals nur ein roter, in den Busch geschnittener Sandweg. Ab der Provinzhauptstadt Posadas war überhaupt kein Weiterkommen mehr. Das war reiner Urwald dort. Die beiden mussten fliegen. Mein Vater flog zu der Zeit schon kleine einmotorige Maschinen, meine Mutter noch nicht.

In den Fünfzigern gab es ja einen unglaublichen Hype um Mahagoni, Teakholz und andere Regenwaldhölzer. Deswegen hatte mein Vater mitten im Busch eine Holzsägerei gegründet. Auf einem kahl geschlagenen Hügel hatte er ein Wohnhaus auf Pfählen gebaut. Und weil er halt arbeiten musste, war meine Mutter tagsüber meist alleine – eine Deutsche, die bis dahin noch nichts von der Welt gesehen hatte und sich sogar vor Spinnen fürchtete –; und nun hörte sie von unter dem Haus Geräusche, die von irgendwelchen großen Tieren stammen mussten. Sie wollte lieber erst gar nicht kucken, *was* für Tiere das waren.

Eines Tages steht sie auf der Terrasse – das Haus besaß eine Terrasse einmal rundrum, von der aus man einen weiten Blick über den Urwald hatte –, kuckt runter in den Garten und sieht eine riesige Anakonda aufs Haus zukommen. Meine Mutter war wie erstarrt. Wie das Kaninchen vor der Schlange starrte sie die Anakonda an. Aber als die ganz kurz vor dem Haus war, schoss auf einmal etwas unter dem Haus hervor; und sie sah eine Rieseneidechse, die mit einem gezielten Schwanzschlag der Anakonda das Genick brach und sie unters Haus zog. Danach hörte meine Mutter es die ganze Nacht lang schmatzen. Jetzt wusste sie, woher die Geräusche stammten. Wie sich herausstellte, hatte sie es mit einer ganzen Gruppe von Rieseneidechsen zu tun. Sie nannte sie »Opa Lagarto und seine Familie«.

Mit der Zeit lernte sie ein paar Nachbarn kennen. Es gab da eine kleine Siedlung, wo unter anderem ein Doktor Ruez lebte, der sich als Arzt um die Guaraní-Indianer kümmerte. Mit ihm war sie dann sehr viel zusammen, unterstützte ihn bei seiner Arbeit, und dadurch kam sie auch in Kontakt mit den Guaranís. Zum Beispiel hat sie eine junge Indianerin eingestellt, die ihr bei der Hausarbeit helfen sollte – Guggi hieß sie und war im Grunde noch ein Mädchen. Einmal kam Guggi zu ihr und sagte: »Señora, die Wäsche steht unten am Fluss, ich kann's gerade nicht ändern, ich muss mal schnell mein Kind kriegen; in zwei Stunden bin ich wieder da.« Und meine Mutter kam ja noch aus der Zeit mit Wochenbett und allem. Guggi brauchte dann immerhin *drei* Stunden. Aber danach war sie schon wieder voll auf der Höhe und sagte: »So, jetzt kann ich die Wäsche fertig machen.«

Eines Tages kamen ein paar Guaranís mit einem kleinen Korb zu meiner Mutter, in dem eine zwei bis drei Monate alte Raubkatze lag. Die Indianer sagten, sie hätten, um sich selber zu verteidigen, eine Ozelot-Mutter töten müssen, hätten dann aber ihr Gesäuge gesehen und den kleinen Kerl als Nächstes auch schon mauzen gehört. Und so hatten meine Eltern auf einmal einen jungen Ozelot im Haus – den natürlich hauptsächlich meine Mutter großzog. Das war relativ einfach, weil Puzz – so nannte sie ihn – schon Fleisch fressen konnte. Eine Zeit lang wurde sie, überall wo sie hinging, von ihm begleitet. Aber dann ging er mehr und mehr seiner eigenen Wege. Nur wenn abends die Sirene der Holzsägerei ging und meine Mutter anfing, die Messer zu schärfen, um meinem Vater was zu essen zu machen – sie hatte beim Schleifen nen ganz eigenen Rhythmus –, kam der Ozelot aus dem Urwald. Er war derart groß geworden, dass sie ihm das Fleisch nur noch von der Veranda herunterwarf.

Irgendwann kamen die Indianer erneut; diesmal wirklich total zerknirscht. Sie meinten, das würde so gut wie nie passieren, aber sie hätten schon wieder eine Ozelot-Mutter töten müssen. Es war eine ähnliche Geschichte wie zuvor: Sie hatten sich auf der Jagd befunden, waren aus dem Gebüsch heraus von einem Ozelot angegriffen worden und hatten ihre Pfeile auf ihn abschießen müssen – das war ja damals alles noch mit Pfeil und Bogen. Wieder sahen sie das Gesäuge und krochen daraufhin durchs Unterholz, wo sie eine Höhle mit zwei Babys darin fanden, die noch nicht mal die Augen aufhatten und von daher höchstens acht oder neun Tage alt sein konnten.

Nun hatten meine Eltern also sogar zwei kleine Ozelots

im Haus. Sie nannten den einen Puzz zwei, weil er genauso aussah wie der erste, und den anderen Pinocchio. Aber nun konnten diese Kleinen ja noch kein Fleisch fressen. Meine Mutter war sehr verunsichert, weil sie wusste, dass Kuhmilch für Katzenkinder nicht geht, überlegte dann lange herum und verdünnte schließlich Kondensmilch mit Wasser und vermischte das mit ein bisschen Hackfleisch. Das war recht mühselig, aber funktionierte so halbwegs. Zu der Zeit hatte die Hauskatze meiner Eltern allerdings gerade Junge. Und als meine Mutter gerade mal wieder versuchte, die beiden Ozelotbabys mit diesem Milchersatz zu füttern, kam die Katze und schleppte das eine am Kragen zu ihrem Schlafplatz. Zuerst sah es so aus, als ob sie sich nur um das stärkere der beiden Geschwister kümmern wollte, aber nach einer Weile kam sie noch mal, nahm auch das andere mit und versorgte beide von nun an mit Milch; obwohl meine Mutter natürlich zufüttern musste – sowohl bei den Ozelotbabys als auch bei der der Katze –, denn die arme verausgabte sich völlig. In Nullkommanix waren die Ozelots so groß wie sie selbst.

Was dann total witzig war: Ein paar Mal brachte die Katzenmutter lebendige Mäuse mit, um ihrer ganzen Truppe beizubringen, wie man jagt. Und jedes Mal sprangen die Ozelots auf und hatten die Maus schon verschlungen, bevor die Katzenkinder überhaupt wussten, was los ist. Sie waren unheimlich schnell; gar nicht vergleichbar mit Hauskatzen.

Die beiden wurden also erwachsen, blieben mehr oder weniger am Haus und lebten dort mit meinen Eltern. Puzz eins hatte inzwischen ganz und gar aufgehört zu kommen. Ob die beiden Jungen ihn verjagt hatten oder ob er weitergezogen war, das weiß man nicht. Auf jeden Fall entwickelte meine Mutter ein inniges Verhältnis zu den beiden. Ihr besonderer Liebling, ihre Seelenkatze, war aber Pinocchio – der wiederum gar kein gutes Verhältnis zu meinem Vater hatte. Er zerfetzte ihm immer mal wieder die Hosenbeine oder fauchte ihn an, wenn meine Eltern mal Streit hatten.

Puzz zwei dagegen fing irgendwann an, durch die Siedlung zu streunen und bei einer alten Dame im Hühnerstall zu wildern; weil das natürlich ein Leichtes für ihn war. Eines Tages wollte die Dame ihn verjagen und traf ihn versehentlich mit dem Besenstil genau vorne auf die Nase. Und ein solcher Schlag ist halt sogar bei Großkatzen oft tödlich. Er blutete aus der Nase und aus dem Maul und starb. Die alte Dame brachte meiner Mutter abends das Fell.

Durch diesen Tod wurde die Beziehung zwischen meiner Mutter und Pinocchio noch enger. Er streunte zwar oft herum, blieb auch mal über Nacht weg, kam aber immer wieder. Eigentlich hätten meine Eltern einen Käfig bauen müssen, in dem sie ihn einsperren konnten, falls mal jemand kam. Wobei die Leute in der Umgebung wussten, dass sie in seiner Gegenwart vorsichtig sein mussten, dass sie vor allem keine schnellen Bewegungen machen durften – aber Fremde wussten das nicht. Einmal saß meine Mutter in der Sonne im Garten und hatte nicht im Blick, wo Pinocchio gerade war. Da kam ein neuer Postbote und rief vom Gartentor aus: »Hola, hola, Señora!« Der Ozelot sprang unterm Schatten hervor und zog ihm die Krallen einmal von der Schulter über den Oberarm; eine richtig schlimme Verletzung, die mit vielen Stichen genäht werden musste.

Es gibt auch eine Geschichte, da kam meine Mutter

nach Hause und erfuhr von Guggi, der Ozelot wäre krank. Er sprang immer nur völlig hysterisch-hektisch im Kreis und versuchte, seinen Schwanz zu fassen. Dabei machte er seltsame Geräusche und schlug mit den Vordertatzen in die Luft. Für meine Mutter sah es zuerst aus wie ein epileptischer Anfall, aber dafür dauerte es zu lange; sie war in größter Sorge und verstand überhaupt nicht, was er hatte. Das Rätsel löste sich auf, als sie am Nachmittag anfangen wollte zu kochen, denn sie erwartete am Abend Gäste. Dafür hatte sie einen großen Rehbraten in Rotwein eingelegt und ihn katzensicher oben auf dem Wohnzimmerschrank versteckt. Aber nicht ozelotsicher. Die Schüssel stand zwar noch auf dem Schrank, aber sie war leer. Pinocchio hatte den ganzen Braten aufgefressen. Mit anderen Worten: Meine Mutter hatte einen besoffenen Ozelot zu Hause und nichts mehr für die Gäste zu essen.

Und so lernte also eine junge, durch den Krieg noch zusätzlich verunsicherte Frau, mit dem Urwald und auch mit einem Ozelot zu leben. Es gibt Bilder mit meiner Mutter, da steht sie in einem dieser typischen Fünfzigerjahrekleider, eng tailliert, in Gummistiefeln, Gewehr in der einen Hand, und hinter ihr sitzt der Ozelot. Wo immer sie hinging – zu den Indianern oder zu Doktor Ruez oder zur Sägerei von Papa: Der Ozelot kam mit. Manchmal sah sie ihn, manchmal nicht. Manchmal ging sie und wusste: Er ist irgendwo im Gebüsch. Und wenn sie ankam, war er plötzlich wieder neben ihr. Wie ein gefleckter Schatten.

Für die Indianer war es natürlich etwas ganz Besonderes, dass jemand einen ausgewachsenen Ozelot hatte, der ihn beschützte. Die waren ja noch, wie der westliche Kulturmensch immer so schön sagt, ganz »primitiv«; liefen auch noch nackt herum; die Männer hatten einen minimalen Lendenschurz, die Frauen waren alle barbusig, hatten die Kinder vorne dranhängen. Aber diese »Primitiven« konnten Epilepsie behandeln, hatten eine exzellente Wundheilung mithilfe verschiedener Blätterbreie und lebten überhaupt in Eintracht mit der Natur. Meine Eltern sprachen immer voller Hochachtung von ihnen.

Dann war meine Mutter eines Tages erneut unterwegs, flog nach Posadas, und als sie wiederkam, waren die Indianer alle ganz aufgeregt; der Ozelot sei krank; diesmal offenbar ernstlich. Meine Mutter ging runter zu ihm in den Garten, aber er ließ sie nur bis auf ein, zwei Meter an sich ran, während er sonst sofort ankam und um ihre Beine schnurrte. Nach einiger Zeit stand er auf und lief in Richtung Urwald – und meine Mutter hinterher; und der Ozelot immer weiter, immer tiefer in den Wald hinein. Und dann legte er sich hin und stand nicht mehr auf. Als sie endlich zu ihm hingehen konnte, da war er schon tot.

Jahre später verließen meine Eltern Argentinien und kehrten nach Deutschland zurück. Aber meine Mutter erzählte immer, dass Pinocchio sicherlich der einzige Ozelot war, der je von einem Menschen mit bloßen Händen mitten im Urwald beerdigt wurde.

Die Erzählerinnen und Erzähler

Ramón Luis Alvarez Ojeda
Lebte zur Zeit der ersten Gespräche zusammen mit Marion Peccator in Chile; heute beim wunderschönen Alpsee im Allgäu.

Kalle Anwander
Zog früher als Erzieher mit verhaltensauffälligen Kindern im Planwagen übers Land. Lebt jetzt mit Frau und Eseln im Hügelgebiet nördlich des Teutoburger Walds.

Johannes Baumgartner
Lehrer und Forscher am Institut für Tierhaltung und Tierschutz der Veterinärmedizinischen Universität Wien.

Stefan Braito
Naturlehrer und »Clowndoctor« aus einem kleinen Dorf unterhalb der dramatisch-schönen Geislerspitzen in Südtirol.

Sabine Bruns
Tierphysiotherapeutin aus dem dünn besiedelten Flachland zwischen Elbe und Weser.

Erich Fähnle
Zum Zeitpunkt der Gespräche 79-jähriger Imker und Apitherapeut von der Hochfläche der Schwäbischen Alb.

Roland Gockel
Aus Duisburg stammender Kameramann und Tierfilmer. Lebt zusammen mit Rosie Koch in einer schönen, mit Tier-Fundstücken aus aller Welt angefüllten Dachgeschosswohnung in Berlin-Friedenau.

Uli Jonas
Heilpraktikerin aus einem kleinen Dorf im Hügelland zwischen Dachau und Augsburg.

Lotte Klein
Lebt in einem kleinen, alten Haus an einem Waldrand zwischen München und dem Starnberger See und war zum Zeitpunkt des letzten Gesprächs 77 Jahre alt.

Julia Knechtel
M.Sc.-Biologin und Hundetrainerin sowie Verhaltensberaterin für Hunde.

Nadia Knöpfel
Betreibt einen Gnadenhof für ehemalige Rennpferde in der Nähe von Zürich.

Rosie Koch
Eine aus Balingen stammende Tierfilmerin und Biologin. Lebt zusammen mit Roland Gockel in Berlin-Friedenau.

Hania Korolczuk
Übersetzerin aus dem rauen, kalten Riesengebirge in Polen.

Michael Lakermann
Chemiker und Vogelkundler, der sich im Kölner Raum seit mehr als 30 Jahren um Greifvögel kümmert.

Marie Mannschatz
Autorin und Meditationslehrerin.

Randolf Menzel
Hirnforscher und Zoologe. Leitete jahrzehntelang das Neurobiologische Institut der Freien Universität Berlin.

Karin Mück
Gründerin des Kuhaltersheims (in dem auch noch zig andere Tierarten leben) in der Nähe des Jadebusens bei Bremerhaven.

Conrad Nolte
Lehrer für Transzendentale Meditation und Hobby-Imker über den Dächern Hannovers.

Erika Orth
Ehemalige Schreibwarenladenbesitzerin aus München; zum Zeitpunkt der Gespräche 80 Jahre alt.

Marion Peccator
Webdesignerin, die zur Zeit der ersten Gespräche noch in Chile wohnte (jetzt mit ihrem Mann Ramón Luis Alvarez Ojeda im Allgäu).

Christine Peter
Sorgt am Krefelder Zoo seit 2004 für die Beschäftigung von Menschenaffen.

Ralph Schmidt
Diplom-Psychologe und Outdoor-Trainer.

Hilal Sezgin
Schriftstellerin und unvermutete Schafhirtin (sowie Kaninchen-, Gänse- und Ziegenmama) aus der Nähe von Lüneburg.

Sonja Simon
Heilpraktikerin und gelernte Bio-Bäuerin.

Nina Steigerwald
Lebt auf einem wunderschönen Hof inmitten unendlicher norddeutscher Weiten; zusammen mit Pferden, Schafen, Hunden, Hühnern ...

Helmut Sütsch
Fuchsfilmer und -beobachter seit über 40 Jahren.

Axel Wasmann
Meditationslehrer, Körpertherapeut und Shiatsu-Praktiker in Hamburg.

Gerhard Wendl
Betreibt ein riesiges privates Vogelparadies direkt am Olchinger See in Bayern; eine grüne Arche.

Jens Westphalen
Biologe und Tierfilmer aus Hamburg.

Sibylle Wiemer
Reitlehrerin und Reittherapeutin aus dem Elbe-Weser-Dreieck, die mit ihrem vollgestopften Kombi (samt Hund) ständig in ganz Deutschland unterwegs ist.

Marianne Wondrak
Tierärztin und Agraringenieurin, die inzwischen als Universitätsassistentin am Messerli Forschungsinstitut der Veterinärmedizinischen Universität Wien arbeitet.

Volker Zahn
Ehemaliger Leiter der Frauenklinik am Klinikum Straubing und Gründer des Arche-Noah-Hofes in Peiting, mit Blick auf die Ammergauer Alpen.